UN

VOYAGE D'ÉTAT-MAJOR

DE CORPS D'ARMÉE

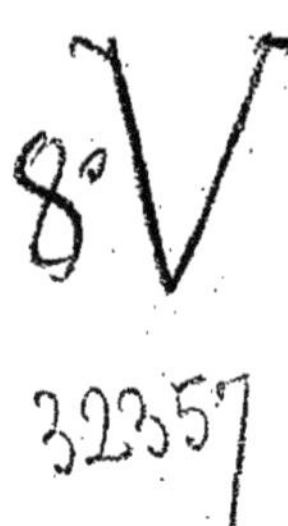

PARIS. — IMPRIMERIE R. CHAPELOT ET Cᵉ, 2, RUE CHRISTINE.

Général DE LACROIX
VICE-PRÉSIDENT DU CONSEIL SUPÉRIEUR DE LA GUERRE

UN
VOYAGE D'ÉTAT-MAJOR
DE CORPS D'ARMÉE

COMPTE RENDU DÉTAILLÉ

Par E. BUAT
Capitaine d'artillerie

PARIS
LIBRAIRIE MILITAIRE R. CHAPELOT ET Cie
IMPRIMEURS-ÉDITEURS
30, Rue et Passage Dauphine, 30

1908

AVANT-PROPOS

Il m'advint récemment de faire la rencontre d'un officier d'état-major dont la valeur militaire m'est depuis longtemps connue et que des relations suivies ont mis en pleine confiance avec moi. Mon jeune camarade venait de prendre part à un voyage d'état-major : je l'interrogeai naturellement sur les travaux qu'il y avait effectués et sur le profit qu'il pensait avoir tiré de cet exercice au point de vue de son instruction tactique : il me fit à peu près la réponse que voici :

« Le temps resta superbe, mais la chaleur un « peu excessive; les moissons coupées, le sol excel« lent, invitaient aux longues chevauchées à travers « champs; je ne me fis pas prier. Quelques haies, pas « assez hautes pour être dangereuses, pas assez basses « non plus pour m'enlever le plaisir de les considérer « comme des obstacles, coupaient agréablement les « itinéraires. Je cheminais généralement avec X... « que vous connaissez bien; nous avions tous deux

« la vague mission de reconnaître une portion de « terrain sur laquelle étaient supposées se mouvoir des « troupes amies et ennemies. Nous nous entretenions, « X... et moi, de la situation militaire qui nous avait « été exposée en ses très grandes lignes, et nous dis- « cutions à perte de vue, sans arriver à nous enten- « dre. Il y avait à cela une excellente raison : « faute d'une définition exacte des emplacements « occupés par nos troupes fictives et des points pos- « sédés par l'ennemi, chacun de nous s'efforçait de se « peindre à soi-même, par imagination, un tableau « de la situation ; les données étant peu précises, les « tableaux différaient et, comme nous ne prenions « pas la précaution de nous communiquer d'abord le « résultat de nos réflexions intérieures sur le sujet, « nos solutions aussi étaient dissemblables. Ce n'est « qu'un peu avant le terme du voyage que nous « reconnûmes notre erreur et convînmes de nous « donner une base de discussion puis, la situation « étant fermement posée, de comparer nos décisions : « l'accord se fit comme par enchantement.

« Après une matinée de plein air, le thermomètre « étant très haut et, pour plusieurs d'entre nous, le « désir de repos quelque peu pressant, la tâche de la « journée était considérée comme terminée. Le soleil « descendant, néanmoins, nous voyait réunis à la « mairie de la localité : on parlait de l'opération du « lendemain et l'on ne perdait pas de vue qu'une « grande unité comme celle que nous étions supposés

« faire manœuvrer aurait, à la guerre, grand besoin « de vivre, de se ravitailler en munitions, de soigner « et d'évacuer ses blessés; mais tout cela paraissait « dit bien plutôt pour rappeler l'existence de services « importants que pour en prendre réellement souci. « Cela dura cinq jours sans variante appréciable. Et « maintenant, mon général, je me permets de vous « laisser le soin de répondre vous-même à la question « que vous m'avez posée. »

Cette description peut paraître peinte en couleurs trop vives; l'expérience d'une longue carrière m'autorise à croire la teinte forcée en quelques points, mais exacte en son ensemble. En tout cas, la conversation que je viens de rapporter m'a suggéré l'idée de publier une relation d'un voyage d'état-major vécu et d'y faire figurer non seulement les ordres donnés et le récit des opérations effectuées, avec les commentaires correspondants, mais encore les mesures adoptées pour l'organisation et la direction matérielles dudit voyage.

J'ai confié au capitaine Buat, mon officier d'ordonnance, le soin de rédiger cette relation : pour ce faire, il a utilisé les notes prises et les documents recueillis par lui sur le terrain; de mon côté, je me suis efforcé de lui faciliter la reconstitution, exacte quant au fond et quant à la forme, des développements critiques que m'avaient paru mériter certains épisodes des opérations étudiées.

J'ose espérer que la partie du présent compte rendu relative aux mouvements des troupes est de nature à fournir quelques enseignements tactiques à ceux des officiers qui voudront bien la lire et que celle touchant à l'organisation même de l'exercice ainsi qu'à la méthode de travail employée pourra rendre quelques services aux directeurs de voyages d'état-major, dont la science ne serait généralement pas en défaut s'il ne leur manquait parfois la pratique matérielle indispensable pour atteindre le but instructif à quoi tend ce genre de travaux.

Général De Lacroix.

Paris, le 1er novembre 1907.

ABRÉVIATIONS

Q. G.......... Quartier général.
É.-M .... État-major.
C. A........... Corps d'armée.
É. N. E........ Éléments non endivisionnés.

ARTILLERIE.

$A. D_2$........ Artillerie de la 2e division.
A. C.......... Artillerie de corps.
T. C.......... Train de combat.
$P. A^2$........ 2e échelon du parc d'artillerie.
$G. P. A^1$...... 1er lot de munitions de grand parc d'artillerie.
S. M. A....... Section de munitions d'artillerie.
S. M. I....... Section de munitions d'infanterie.
$S. P_2$........ 2e section de parc d'artillerie.
$S. M. G. P_1$... 1re section de (1er lot de) munitions de grand parc d'artillerie.
É. T.......... Équipage de transport.
Conv. requis.. Convoi requis.

GÉNIE.

G. C.......... Génie de corps.
P. G.......... Parc du génie.

INTENDANCE.

$T. R_2$........ 2e section des trains régimentaires.
C_3........... 3e section de convoi administratif.
C. Pain....... Convoi de pain (requis).
P. B.......... Parc de bétail.

SANTÉ.

Amb. . . . . Ambulance divisionnaire.

A. C. ‡ . . . . Ambulance de corps.

H. C_2. . . . . Hôpital de campagne n° 2.

ÉTAPES.

T. É R . . . . . . Tête d'étapes de route.

T. É. G . . . . . Tête d'étapes de guerre.

G. R. . . . . . . Gare régulatrice.

PREMIÈRE PARTIE

DOCUMENTS RELATIFS A LA PRÉPARATION MATÉRIELLE DU VOYAGE

I. — Composition du personnel et du matériel.

A. — *Personnel officier.*

DIRECTION.

1 général commandant le corps d'armée, directeur ;
1 chef d'état-major ;
2 officiers adjoints ;
2 officiers chargés de la représentation de l'ennemi (1) ;
2 officiers chargés de la coordination des services (1) ;
1 officier du train des équipages (2).

SERVICES.

Artillerie :

1 commandant de l'artillerie du corps d'armée ;
1 officier adjoint ;
2 officiers représentant l'artillerie de corps ;
1 officier commandant du parc d'artillerie du corps d'armée.

---

(1) Les fonctions exactes de ces officiers seront définies plus loin.
(2) Faisant fonctions de commandant du quartier général.

Génie, Télégraphie, Postes :

1 officier du génie ;
1 officier adjoint.

Intendance :

1 fonctionnaire, directeur du service de l'intendance du corps d'armée ;
1 adjoint à l'intendance ;
1 officier d'administration, officier d'approvisionnement.

Santé :

1 fonctionnaire, directeur du service de santé du corps d'armée ;
1 médecin-major adjoint.

PAR DIVISION.

1 général commandant la division ;
1 officier d'ordonnance ;
1 chef d'état-major ;
1 officier d'état-major (services) ;
1 commandant de l'artillerie ;
2 généraux de brigade ;
2 officiers d'ordonnance ;
4 colonels (ou lieutenants-colonels).

CAVALERIE.

1 commandant de la cavalerie ;
1 officier adjoint.

B. — *Personnel auxiliaire et matériel.*

Direction et cavalerie :

1 escorte composée de :
1 maréchal des logis, 1 brigadier, 6 cavaliers (dont 1 maréchal ferrant) ;

1 automobiliste (avec 1 voiture automobile) ;
3 secrétaires d'état-major ;
4 vélocipédistes ;
2 fourgons à bagages.

Services :

1 fourgon à bagages.

Par division :

1 escorte composée de :
1 brigadier, 6 cavaliers (dont 1 maréchal ferrant) ;
3 secrétaires d'état-major (dont 1 par brigade) ;
4 vélocipédistes (dont 1 par brigade) ;
2 fourgons à bagages.

C. — *Observations auxquelles cette composition a donné lieu.*

L'expérience a prouvé que la composition en personnel et en matériel, détaillée ci-dessus a donné toute satisfaction, sauf sur deux points : on a reconnu nécessaire d'affecter en propre aux officiers et fonctionnaires des services quelques cavaliers d'escorte (1) ; il est avéré aussi que, toutes les fois que le personnel est logé en entier dans la même localité, ce qui doit être le cas général dans un voyage de corps d'armée, le nombre des vélocipédistes est trop élevé. Il y aurait une juste balance à établir entre ces deux catégories de personnel, escorte et vélocipédistes, dont l'un est à augmenter, et l'autre à diminuer.

La voiture automobile est indispensable au directeur du voyage, qui doit profiter des intervalles de temps compris entre deux rendez-vous pour parfaire ses reconnaissances personnelles. Il combine, à cet effet, ses déplacements en voiture et à cheval.

II. — Ordre pour la réunion et la dislocation du personnel et du matériel.

A) *Officiers.* — Les officiers désignés pour participer

(1) Les uns et les autres ont à mettre pied à terre au cours des recon-

au voyage de cadres de corps d'armée se trouveront, le 27 mai, à Saint-Étienne-de-Saint-Geoirs : ils rejoindront par chemin de fer. La conférence d'inauguration aura lieu, à 3 heures du soir, à la mairie de la localité précitée.

B) *Personnel auxiliaire. Fourgons.* — Le personnel auxiliaire (secrétaires, vélocipédistes, automobiliste, fourgons, escortes, chevaux et ordonnances) arrivera le 26 mai à Saint-Étienne-de-Saint-Geoirs ; il voyagera par voie de terre (1).

Le commandant du quartier général lui donnera des ordres pour l'installation au cantonnement : dans ce but, il arrivera à Saint-Étienne le 26 au matin.

Si plusieurs détachements ont à quitter la même garnison, ils seront formés en un détachement unique, par les soins du commandant d'armes, lequel fixera le point et l'heure de départ ainsi que les étapes successives à parcourir.

C) *Indemnités.* — Les indemnités pour les officiers seront celles prévues par le règlement sur le service des frais de route du 18 mars 1901 (page 46).

Les hommes de troupe auront droit à l'indemnité journalière exceptionnelle.

La nourriture des chevaux sera assurée au moyen d'une allocation de deux francs par jour et par cheval. Le montant des indemnités pour les journées allant du 27 mai (inclus) (2), au 1er juin (inclus) (3), sera versé par les offi-

---

naissances de nature diverse qui leur sont confiées : il importe qu'ils puissent faire tenir leurs chevaux.

(1) Toutefois, les officiers dont les chevaux auraient à parcourir une distance supérieure à 60 kilomètres sont autorisés à embarquer leurs montures et ordonnances en chemin de fer.

(2) Lendemain de la concentration.

(3) Veille de la dislocation.

ciers ou chefs de détachement, le 26 mai, entre les mains de l'officier d'approvisionnement, à charge pour celui-ci d'assurer la nourriture de tous les chevaux pendant ladite période.

Le même soin incombera, pendant les routes, aux chefs des divers détachements.

D) *Gîtes successifs :*

26-27 mai, Saint-Étienne-de-Saint-Geoirs (Isère).
28 mai, Champier (Isère).
29 mai, Champier (Isère).
30 mai, Saint-Jean-de-Bournay (Isère).
31 mai, Saint-Georges-d'Espéranche (Isère).
1er juin, la Verpillère (Isère).

Les officiers seront libres le 1er juin après l'exercice de la matinée.

La dislocation du personnel troupe s'effectuera le 2 juin au matin. L'organisation des détachements et les étapes de retour seront fixées, avant le départ, par les commandants d'armes intéressés et remises, par écrit, aux chefs desdits détachements.

E) *Bureaux.* — A l'arrivée au gîte, les secrétaires organiseront les bureaux. La direction disposera, dans la limite des locaux disponibles, d'une salle spéciale ; les services et chacune des divisions également.

La salle des délibérations de la mairie, ou l'une des salles d'école, sera disposée de telle sorte que tous les officiers du voyage puissent assister à la conférence qui aura lieu chaque après-midi. Le sergent secrétaire de la direction est spécialement chargé de prévoir cette installation.

F) *Repas. Tables.* — Les repas seront pris au cantonnement, à midi et à 7 heures du soir.

Il sera formé, autant que possible, quatre tables (1) :

1 pour la direction et la cavalerie ;
1 pour les services ;
1 par division.

Le commandant du quartier général, secondé par l'officier d'approvisionnement, sera chargé de commander les repas et d'en arrêter le prix.

G) *Logement. Commandement du convoi journalier.* — Le commandant du quartier général fera le logement pour tout le personnel (hommes et chevaux) participant au voyage. Il dirigera aussi le convoi journalier : il sera aidé, en ces diverses fonctions, par les gradés des trois escortes, les cavaliers seuls devant accompagner les officiers sur le terrain.

Le convoi rompra chaque matin, à 7 heures : les caisses à bagages des officiers et les sacs des hommes de troupe seront chargés en conséquence.

III. — Emploi général du temps et méthode de travail.

La matinée est réservée pour le travail sur le terrain, l'après-midi pour le travail de bureau.

A) *Le travail sur le terrain* comportera l'étude pratique des solutions à donner à des situations de guerre définies soit par écrit, soit verbalement, par le directeur du voyage.

Les officiers seront divisés en groupes plus ou moins nombreux suivant l'importance des actions à étudier. Dans chaque groupe, chacun assumera un ou plusieurs rôles et

(1) Cette prescription a pour but d'accélérer le service des hôteliers.

rédigera les ordres écrits ou verbaux qu'il serait appelé à donner dans la réalité.

Les ordres donnés et les dispositions prises en conséquence seront discutés, sur le terrain même, en des points de rendez-vous successifs, fixés par le directeur.

B) *Le travail de bureau* comprendra deux parties : dans la première (à partir de 2 heures du soir), on rédigera les ordres aux troupes et aux services découlant de ceux donnés, à 2 heures, par le directeur agissant à titre de commandant du corps d'armée, objet des études du voyage ; dans la deuxième (à 4 heures), on expliquera, en séance générale, la situation des troupes et des services au jour considéré ainsi que les ordres donnés pour le lendemain.

C) *Heure de départ pour les travaux sur le terrain.* — 6 heures du matin, au plus tard. On emmènera les cavaliers et vélocipédistes à volonté, sauf information à donner au commandant du quartier général.

D) *Heure du quartier général.* — Heure de la localité.

A titre de renseignement, la correspondance des dates réelles avec celles du thème est indiquée ci-dessous :

27 mai, 30 août ;
28 mai, 31 août ;
29 mai, 1er septembre ;
30 mai, 1er septembre ;
31 mai, 2 septembre ;
1er juin, 2 septembre.

DEUXIÈME PARTIE

DOCUMENTS RELATIFS A LA PRÉPARATION TACTIQUE DU VOYAGE

I. — Programme des travaux tactiques par journée.

1re journée (27 mai). — Établissement de la situation initiale.

2e journée (28 mai). — Essai de forcement par une division de cavalerie, d'une ligne d'avant-postes ennemis établie à l'entrée de défilés boisés.

Reconnaissance de la même ligne d'avant-postes par une avant-garde de corps d'armée ; enlèvement d'un défilé puis d'un autre, adjacent au premier.

Déploiement complet de l'avant-garde et extension du combat de front.

3e journée (29 mai). — Étude des dispositions préparatoires à une attaque de nuit sur un point des avant-postes ennemis qu'il est important d'avoir en sa possession au lever du jour.

Exécution de l'attaque et établissement sur le terrain conquis ; travaux de fortification à effectuer.

4e journée (30 mai). — Combat de front ; acheminement d'une troupe d'attaque jusqu'au dernier couvert d'où elle partira pour l'attaque.

Placement et dispositif de la troupe d'attaque ; exécution de l'attaque et refoulement d'un retour offensif ; appui donné à l'attaque par une division de cavalerie ; exploitation du succès ; début de poursuite.

5e journée (31 mai). — Poursuite ; débordement successif des échelons opposés par l'adversaire aux tentatives d'enveloppement.

6e journée (1er juin). — Action retardatrice exercée par une cavalerie pourvue d'artillerie à cheval contre une troupe (en marche) d'infanterie et d'artillerie.

Procédés à utiliser par cette troupe pour se soustraire à l'action retardatrice de la cavalerie (manœuvre à double action).

II. — Thème de la manœuvre.

(Cartes nos 1 et 2.)

A) *Situation générale.* — Une armée rouge (amie) venant de la vallée du Rhône, s'est dirigée par Saint-Marcellin sur Grenoble à l'effet d'investir cette place forte.

Elle a détaché, le 30 août, à partir de Saint-Marcellin, dans la direction de Lyon — ville ouverte que l'ennemi (parti bleu) s'efforce de transformer en place du moment — un corps d'armée (1er) et une division de cavalerie (9e.

Le 29 août, des troupes adverses (bleues) ont quitté Lyon se dirigeant sur Bourgoin ; d'autres ont suivi, le lendemain 30, dans la soirée. On estime à un corps d'armée environ la force totale des détachements que l'ennemi, après organisation, sera en mesure d'opposer au 1er corps dans la marche de ce dernier vers Lyon (1).

B) *Situation particulière au parti rouge, le 30 août au soir.* — Le 30 août au soir, le 1er corps est arrivé dans

(1) Non compris la garnison à laisser dans cette place.

la région : Brezins, Saint-Étienne-de-Saint-Geoirs, Saint-Geoirs, Serre-Nerpol, Châtenay, où il s'est cantonné.

Dans l'après-midi du même jour, la 9e division de cavalerie s'est heurtée à des fractions de cavalerie adverse tenant les débouchés méridionaux de l'arête boisée comprise entre le Grand-Lemps et la Côte-Saint-André. Repoussée, la cavalerie bleue (une brigade environ) s'est repliée vers le Nord. La 9e division de cavalerie s'est établie pour la nuit au Grand-Lemps, la Frette et environs, poussant des avant-postes au Lac, Longechenal et au Mottier ; elle a reconnu la présence de l'infanterie ennemie aux abords de Champier, d'Eydoche et de Saint-Didier-de-Bizonnes.

C) *Composition et stationnement du parti rouge, le 30 août au soir.* — Le 1er corps d'armée a la composition normale (1) ; la 9e division de cavalerie comprend deux brigades — 9e de cuirassiers (17e et 18e), 8e de dragons (15e et 16e) — et 2 batteries à cheval.

1er corps d'armée.......	Quartier général : St-Étienne-de-St-Geoirs.
1re division...........	Id.
1re brigade d'infanterie. 2e — 2 groupes d'artillerie ... 1 compagnie du génie .. 1 escadron de hussards..	Stationnées en profondeur, par brigades successives, dans la zone : Saint-Étienne-de-Saint-Geoirs, Saint-Geoirs, Serre-Nerpol, Chasselay, Brion, les Cours.
2e division...........	Quartier général : Brezins.
3e brigade d'infanterie.. 4e — 2 groupes d'artillerie ... 1 compagnie de génie .. 1 escadron de hussards .	Stationnées par brigades accolées (la 4e brigade en échelon refusé à gauche), dans la zone Brezins, Saint-Siméon-de-Bressieux, moulin Ruel, le Collet, le Martinet.

Les avant-postes s'étendent, de la gauche à la droite,

(1) Les régiments d'infanterie sont à trois bataillons.

depuis Châtenay jusqu'à la station de la Côte-Saint-André (1) (4e brigade) et, de là, par la plaine de Bièvre, jusqu'au chemin de Saint-Étienne-de-Saint-Geoirs à Saint-Hilaire-la-Côte (3e brigade). Le reste du front est couvert par la 9e division de cavalerie.

Artillerie de corps...	3 groupes montés... 1 groupe à cheval...	Saint-Geoirs et écarts.
Compagnie de génie de corps		Saint-Geoirs et écarts.
9e division de cavalerie..	Quartier général : la Frette.	
9e brigade de cuirassiers. 8e brigade de dragons.. 2 batteries à cheval.....	La Frette, Grand-Lemps et environs.	

D) *Situation des divers services à la date du 30 août (11 h. 59 du soir). — Chemins de fer.* — Les ravitaillements de l'armée rouge suivent la voie ferrée de Marseille à Valence, prolongée par la ligne de Valence à Grenoble. Ce dernier tronçon est le seul, au nord de Valence, qui soit en état d'être exploité (personnel et matériel) jusques et y compris la station de Moirans (2).

Valence est gare régulatrice ; les stations de Saint-Marcellin, Vinay, Tullins et Moirans peuvent être utilisées, chacune, comme tête d'étapes de guerre pour un corps d'armée au moins.

La station-magasin du 1er corps et de la 9e division de cavalerie est à Montélimar ; l'arsenal de l'armée se trouve à Avignon.

Artillerie. — Le parc d'artillerie du 1er corps est ainsi divisé :

1er échelon.	Sections de munitions d'infanterie nos 1 et 2.. Sections de munitions d'artillerie nos 6, 7, 8, 9.	A Vinay.

---

(1) Cette station est située sur la ligne de Saint-Rambert-d'Albon à Grenoble, à 3 kilomètres ouest de Brezins. L'omission de cette indication par le directeur, donna lieu à une confusion, ainsi qu'on le verra plus loin.

(2) Le thème met ainsi le 1er corps et la 9e division de cavalerie dans

2e échelon.	Sections de munitions d'infanterie nos 3, 4, 5. / Sections de munitions d'artillerie nos 10, 11, 12.	A Saint-Marcellin.
3e échelon.	Sections de parc nos 1 et 2. / Section de réparation du matériel	Id.

Le grand parc de l'armée comprend une division spéciale affectée en propre au 1er corps et à la 9e division de cavalerie. Ses échelons sont répartis de la manière suivante :

1er échelon (sur roues)........................ A Romans.
2e échelon (sur wagons)........................ A Valence.
3e échelon (station-magasin)........................ A Montélimar.
4e et 5e échelons (arsenal)........................ A Avignon.

Intendance. — Les trains régimentaires sont avec les troupes ; la section qui a distribué, le 30 au soir, les vivres pour la journée du 31, est vide.

Les convois administratifs n'ont pas fonctionné jusqu'à ce jour, les réapprovisionnements ayant eu lieu quotidiennement par contact direct des trains régimentaires avec le train de vivres amené par la voie ferrée.

Deux sections (non encore chargées en pain) sont à Romans ; les deux autres sections contenant du pain de guerre se trouvent encore à Valence.

Les vivres du sac sont au complet.

Le corps d'armée a pu trouver jusqu'ici, sur le pays, la viande qui lui était nécessaire. Les voitures à viande sont chargées (repas du 31 au soir et du 1er septembre au matin). Des dispositions sont à prévoir pour le réapprovisionnement ultérieur (constitution des troupeaux) (1).

Santé. — Les ambulances divisionnaires sont avec leurs

---

une situation telle que, plus ils s'avanceront vers le Nord, plus ils s'éloigneront de la voie ferrée.

(1) En fait, la région que traversera le 1er corps est très riche en bétail de toute nature. La prescription qui précède a été donnée pour fournir l'occasion de faire fonctionner à plein le service de l'intendance.

divisions, ayant détaché auprès de chacun des régiments une grande voiture pour blessés.

L'ambulance de corps est à Chasselay.

Quatre hôpitaux de campagne mis à la disposition du 1er corps se trouvent à Vinay (1), avec le 1er échelon du parc d'artillerie.

Le service des évacuations est organisé aux gares de Valence, Saint-Marcellin, Vinay, Tullins et Moirans.

Génie. — Le parc du génie est à Saint-Marcellin; l'équipage de pont a été détaché à l'armée de siège de Grenoble.

Télégraphie. — Le quartier général du corps d'armée est relié par le fil de la grande route à Saint-Marcellin et, de là, à Voreppe où se trouve le quartier général de l'armée. Le bureau de Saint-Marcellin relie également Saint-Étienne-de-Saint-Geoirs à Romans, Valence, et aux diverses stations de la ligne : Valence-Moirans.

Une demi-compagnie de télégraphistes, avec le matériel correspondant, est affectée au 1er corps; elle cantonne à Saint-Étienne-de-Saint-Geoirs.

Trésorerie et postes. — Le service est normalement organisé à l'avant ; la correspondance a été jusqu'ici apportée et emportée par le train de vivres journalier.

Étapes. — Le 1er corps ne possède aucune direction spéciale des étapes et des services ; le chef de l'état-major, représenté durant le voyage par deux officiers, est chargé d'en remplir les fonctions.

L'armée dispose d'un certain nombre d'unités d'étapes casernées à Valence.

---

(1) Ce nombre, d'ailleurs inférieur à celui de la composition réglementaire, a été reconnu insuffisant.

E) *Ordre général d'opérations n° 1 pour la journée du 31 août.*

ARMÉE ROUGE.

—

1er CORPS D'ARMÉE.

—

ÉTAT-MAJOR.

—

3e Bureau.

Saint-Étienne-de-Saint-Geoirs, 30 août,
6 heures du soir.

1. — Une brigade de cavalerie ennemie a été rejetée vers le Nord par notre 9e division de cavalerie qui tient par ses avant-postes, le Lac, Longechenal, le Mottier.

La présence de l'infanterie adverse est signalée aux abords de Champier, d'Eydoche et de Saint-Didier-de-Bizonnes.

2. — Le 1er corps se portera, demain 31 août, dans la direction de Bourgoin en s'efforçant de bousculer l'ennemi qui voudrait s'opposer à son passage.

3. — Il marchera sur trois colonnes.

AVANT-GARDE.

Général commandant la 3e brigade.	3e brigade................ 1 groupe d'artillerie .... 1 compagnie du génie...... Demi-escadron divisionnaire.	Par Brezins, Gillonnay, la route de Longechenal, Pierres-Beauge, Eydoche.

GROS.

Colonne de gauche.		Colonne de droite.	
4e brigade......... 1 groupe d'artillerie. Demi-escadron divisionnaire........	Par la Côte-Saint-André, Champier.	1re division........ Demi-compagnie télégraphique...... Artillerie et génie de corps	Par la Frette, Bévennis et Bizonnes.
Général commandant la 2e division.		Général commandant la 1re division.	

Les deux colonnes du gros se constitueront des avant-gardes particulières. La demi-compagnie télégraphique marchera derrière la tête d'avant-garde de la colonne de droite, l'artillerie et le génie de corps entre les deux brigades de la 1re division.

4. — *Heures de départ.* — La voie ferrée de Saint-Rambert-d'Albon à Grenoble sera franchie par le gros des avant-gardes des trois colonnes, savoir :

3e brigade, à 5 heures du matin ;

4e brigade et 1re division, à 6 heures du matin.

5. — *La 9e division de cavalerie* aura mission :

a) De tenir, au profit du corps d'armée, les débouchés nord de la bande boisée située entre Longechenal et la Côte-Saint-André, puis ensuite d'assurer l'accès de l'avant-garde dans la région libre d'Éclose ;

b) De pousser sa découverte sur Lyon, par Bourgoin et Heyrieux à l'effet de renseigner sur la direction et l'importance des renforts acheminés par l'ennemi vers le Sud-Est.

6. — Le commandant de la 2e division couvrira son flanc gauche en faisant observer, de Commelle, la route conduisant par Lieudieu à Saint-Jean-de-Bournay.

7. — Des rapports sur la situation des colonnes du gros seront adressés pour 7 h. 30 du matin au commandant du corps d'armée qui marchera avec le gros de la 3e brigade.

8. — Les trains régimentaires (section pleine) réunis par division (ceux de l'artillerie et du génie de corps avec la 1re) se parqueront pour 10 heures du matin, entre Saint-Étienne-de-Saint-Geoirs et la station du même nom, où le prévôt du corps d'armée en prendra la direction. Ils y attendront de nouveaux ordres.

NOTA. — On ne saurait trop recommander, en pareille circonstance, de distribuer aux officiers tout le dossier de préparation matérielle et tactique du voyage, plusieurs jours avant celui fixé pour la concentration. L'avantage de cette mesure est de mettre chacun au courant de la situation, en sorte que la mise en train s'effectue sans difficultés, et sans perte de temps.

TROISIÈME PARTIE

TRAVAIL DE LA PREMIÈRE JOURNÉE (27 MAI)

I. — Explications du directeur.

A) *Situation militaire.* — A 3 heures du soir, le directeur inaugure la période des travaux en donnant lecture de l'hypothèse militaire servant de base aux futures études sur le terrain. Il passe rapidement sur la description du stationnement du corps d'armée et développe ensuite les prescriptions contenues dans l'ordre d'opérations n° 1 ci-dessus rapporté.

Il fait observer que l'ennemi, signalé à Champier, Eydoche et Saint-Didier-de-Bizonnes, tient la tête de trois défilés placés sur la route directe du 1er corps d'armée se dirigeant vers Lyon, que la région à l'ouest de ces trois défilés est entièrement couverte de bois et d'étangs, que la région à l'est, au contraire, est beaucoup moins couverte.

Dans ces conditions, arriver dans la région libre d'Éclose étant le but initial que doit se proposer le commandant du 1er corps, il a jugé nécessaire de faire marcher le corps d'armée sur trois colonnes, c'est-à-dire dans une formation telle que si l'avant-garde générale (3e brigade) — ayant Eydoche comme objectif — n'arrivait pas à forcer la porte que défend cette localité, il soit naturellement possible aux deux autres colonnes d'attaquer les défilés de Champier et de Saint-Didier-de-Bizonnes. L'une de ces portes étant ouverte, les autres tomberont par surcroît.

Cette considération justifie donc la marche sur trois colonnes, dont deux — celles des ailes — en retrait.

S'il arrivait, cependant, qu'on ne pût forcer ni l'un ni l'autre des passages, on serait alors dans l'obligation de déborder le système de l'ennemi pour le faire tomber. Cette opération exigerait l'emploi du plus grand nombre de forces possible, — d'artillerie, en particulier, — or, on sait que les terrains libres, et non les bois, se prêtent, seuls, à l'utilisation tactique d'effectifs importants et à la mise en œuvre de nombreuses batteries. D'où la force donnée à la colonne de droite (Est), dont l'itinéraire est le plus voisin du terrain libre.

Mais, avant d'attaquer Champier, Eydoche et Saint-Didier-de-Bizonnes, il fallait songer d'abord, l'ennemi n'étant pas inerte, à acquérir la certitude de déboucher au nord de l'arête boisée : Longechenal, la Côte-Saint-André. La 9e division de cavalerie ne devait donc récupérer sa liberté qu'au moment où elle saurait ce débouché assuré.

Cette certitude acquise, elle n'avait rien de mieux à faire — en dehors de sa mission de découverte sur laquelle il n'y a pas à insister — que de tenter, avant l'infanterie, d'ouvrir au corps d'armée l'un des passages barré par l'ennemi.

Ces rôles successifs, l'ordre d'opérations les lui confiait.

B) *Services*. — Le directeur indiquait ensuite la situation des divers services et en faisait expliquer le fonctionnement sommaire par l'officier d'état-major chargé de la coordination des services à la direction.

Il rappelait que, si les organes entrant ordinairement dans la composition du train de combat d'un corps d'armée (1) et figurant, à ce titre, dans les ordres d'opérations, n'apparaissaient pas dans le texte de l'ordre n° 1, ce n'était pas

(1) Ambulance de corps, 1er et 2e échelons du parc d'artillerie, etc.

le fait d'un oubli, mais seulement dans le but de fournir aux officiers et fonctionnaires représentant les divers services l'occasion de soumettre leurs propositions.

Ces explications préalables étant données, le directeur prescrivait :

1° Aux commandants des troupes d'établir :

a) L'ordre de stationnement de leurs unités pour la soirée du 30 ;

b) L'ordre d'opérations des mêmes unités pour la mise en marche du 31 août ;

2° Aux officiers et fonctionnaires représentant les services d'indiquer leurs *desiderata* à l'officier de l'état-major du corps d'armée compétent ;

3° A ce dernier officier, de rédiger les ordres ou instructions, demandes à l'armée, etc., de nature à assurer le fonctionnement régulier de tous les services du corps d'armée, dans la journée du 31 août du thème.

II. — Les ordres donnés (1).

A. — *Stationnement.*

1re division. — Stationnement des éléments de la 1re division, le 30 août :

Quartier général	Saint-Étienne-de-Saint-Geoirs.
Escadron divisionnaire	Les Pailliers.

(1) En raison de la brièveté du temps disponible, le directeur de la manœuvre s'est borné, lors de la reprise de la séance, à faire procéder à la lecture de ces ordres, mais il se réservait, en s'en faisant remettre un exemplaire, la possibilité de rédiger ultérieurement des observations écrites sur leur teneur. Des circonstances indépendantes de sa volonté ont fait que lesdites observations n'ont pu voir le jour avant la présente publication.

Compagnie du génie et demi-ambulance......	Les Haies.
1re brigade (état-major).	Les Cours.
1er régiment d'infanterie.	2 bataillons : Saint-Étienne-de-Saint-Geoirs. 1 bataillon : les Cours.
2e régiment d'infanterie.	Brion et zone : Brion, Renevier, Champon, Emptoz, Méary. 2 compagnies aux Foucoules.
Artillerie divisionnaire..	Le Beu et Saint-Michel-de-Saint-Geoirs.
2e brigade (état-major)..	Chasselay.
3e régiment d'infanterie.	Le long de la route de Saint-Marcellin à Saint-Étienne, depuis Perraud jusqu'à Chasselay (inclus). Limites à l'Est : Giroud, Munier, Durand (inclus).
4e régiment d'infanterie.	Serre-Nerpol et écarts.
Demi-ambulance divisionnaire...............	Chasselay.

Le stationnement de la 1re division, ci-dessus reproduit, a été détaillé par le chef d'état-major, dans le seul but de servir de point de départ aux opérations. Il y a lieu, par conséquent, de n'en pas confondre la contexture avec celle d'un ordre réel de stationnement, lequel se bornerait à indiquer les cantonnements des troupes non embrigadées, le siège du commandement des brigades et la zone affectée à chacune de ces dernières. On laisserait ainsi aux états-majors de brigades, le soin de répartir entre les régiments les localités à elles affectées, en tenant compte toutefois de la présence des éléments divisionnaires spécifiés dans l'ordre de la division.

Les ordres des brigades et des régiments reproduisirent nécessairement les indications fournies par le tableau de stationnement de la division.

Quelques points de détail sont, toutefois, à relever. On a, en certains cas, indiqué *grosso modo* la zone de cantonnements des grandes unités du corps d'armée et, ce faisant, l'on a bien agi, puisque cette notion était de nature à éclairer le lecteur sur la situation d'ensemble du 1er corps; en revanche, on a quelquefois omis d'indiquer les emplacements des quartiers généraux du corps d'armée et de la division; ce sont là renseignements à répandre le plus possible, attendu que le hasard, ou la position qu'il occupe, peuvent permettre à un chef en sous-ordre de recueillir des nouvelles exigeant une transmission urgente : il doit pouvoir les adresser non seulement à l'autorité immédiatement supérieure, mais encore, et directement, au commandement le plus élevé.

On devait également fournir quelques indications sur l'emplacement de la 9e division de cavalerie ainsi que sur la ligne occupée par les avant-postes de la 2e division. Chacun dort d'un sommeil plus tranquille s'il sait que, loin en avant de lui, se trouvent des amis qui veillent à la sécurité de son repos.

Certains ordres de régiments, enfin, continrent une prescription relative à la garde des cantonnements : quoique cette mesure soit bonne à rappeler, il reste entendu qu'elle est d'application courante à la guerre.

2e division. — La forme de l'ordre de la 2e division peut être offert comme un exemple d'ordre réel et, à ce titre, il est reproduit ci-dessous :

Quartier général de la division. État-major de la 3e brigade. Compagnie du génie. Escadron divisionnaire	Brezins.
3e brigade	Zone : Brezins, le Martinet, le Collet, Verdin, les Guillauds, ferme Gatel (ces localités comprises).
4e brigade	Zone : ferme Gatel, les Guillauds, Verdin, le Collet (ces localités non comprises), moulin Ruel, Charpenay, Saint-Siméon-de-Bressieux (état-major de la brigade).
Artillerie divisionnaire	Le Vaux, Jarfanière, château Bérard.
Ambulance divisionnaire	Moulin Ruel.
Avant-postes	Depuis Châtenay jusqu'à la station de la Côte-Saint-André (4e brigade) et, de là, par la plaine de Bièvre, jusqu'au chemin de Saint-Étienne-de-Saint-Geoirs à Saint-Hilaire-la-Côte (3e brigade), demi-peloton de cavalerie à chaque brigade.
Mot	X... X..

Les deux points suivants sont à signaler :

1° Il n'a été donné aucune indication sur l'ensemble du stationnement ainsi que sur le quartier général du corps d'armée ;

2° Les effectifs à affecter au service de sûreté (avant-postes) sont laissés à l'appréciation des généraux de brigade.

Le premier point a déjà donné lieu à développements ; quant au deuxième, il offre quelque importance. Si le commandant du corps d'armée a laissé au chef de la 2e division le soin de désigner les troupes d'avant-postes du corps d'armée, c'est que la 2e division était seule à fournir le service de sûreté et que le commandant du corps d'armée, *en raison de l'éloignement relatif de l'ennemi*, a cru pouvoir s'en rapporter à son subordonné. Celui-ci, orienté sur la situation, et en particulier sur la distance à laquelle se trouvait l'adversaire, devait personnellement fixer comment et par quoi le corps d'armée serait couvert.

La pratique s'est chargée, d'ailleurs, de prouver la justesse de cette observation. Il advint que la brigade la plus exposée (3e) crut pouvoir assurer le service de sûreté dans le secteur qui lui était assigné (de la station de la Côte-Saint-André au chemin de Saint-Étienne à Saint-Hilaire) au moyen d'un seul bataillon, tandis que la brigade placée en retrait et, par suite, la plus éloignée de l'ennemi (4e) jugeait nécessaire, au contraire, d'employer deux bataillons aux avant-postes.

Les ordres rédigés par les brigades et régiments pèchent par quelques points secondaires, mais ces détails ont cependant de l'importance, car il est difficile, à la guerre, où l'on n'est pas seul en cause, de préjuger des conséquences de telle ou telle disposition défectueuse.

Tout d'abord, une erreur fut commise par le colonel commandant le régiment chargé de fournir les avant-postes entre la route de Saint-Étienne à Saint-Hilaire et la station de la Côte-Saint-André, et la responsabilité en incombe, pour une large part, au directeur lui-même. Nul militaire, s'il ne connaît d'avance le pays, n'est forcé de savoir que la station de la Côte-Saint-André est celle située sur la ligne de Saint-Rambert-d'Albon à Grenoble, à 3 kilomètres nord de Saint-Siméon-de-Bressieux et à 3 kilomètres ouest de Brezins. Le colonel en question crut comprendre, au contraire, qu'il s'agissait de la gare du tramway placée à la sortie ouest de la Côte-Saint-André; bien que l'ordre du commandant de la brigade désignât la ligne de résistance des avant-postes : ferme Fangeat, le Not, M. Glandut, M. Milliat, cote 351, l'erreur restait possible. Quelques mots supplémentaires insérés dans le tableau de cantonnements du corps d'armée auraient évité cette confusion.

Le commandant de la même brigade, en réglant son dispositif de sûreté, crut devoir prescrire l'envoi de deux postes spéciaux, composés chacun d'une section d'infanterie et d'une patrouille de cavalerie, à Saint-Corps et à Chantemerle, c'est-à-dire aux débouchés nord principaux de la bande boisée séparant la Côte-Saint-André de la plaine de Commelle.

L'intention est évidente et louable, mais il est à craindre que d'aussi faibles fractions poussées loin en avant des avant-postes, sur des routes qui ne sont pas absolument des passages forcés pour l'adversaire (car, si le terrain des alentours est difficile, il est cependant perméable à l'infanterie) ne soient exposées à des mécomptes plus graves que ne sont importants les services à en attendre.

9e division de cavalerie. — Le chef (représenté) de la

9e division de cavalerie plaçait la brigade de dragons à la Frette (15e) et Bévennis (16e) ; la brigade de cuirassiers au Grand-Lemps ; l'artillerie à la Frette (faubourg sud-est).

Le service de sûreté était assuré par trois escadrons : un du 15e dragons au Mottier (Pierres-Beauge), un du 16e dragons à Longechenal, un du 17e cuirassiers à la ferme du Lac.

En cas d'alerte, la division devait se rassembler à la maison Mingrat. La Frette et le Grand-Lemps étaient reliés télégraphiquement. Enfin, à l'effet de se lier aux avant-postes d'infanterie qui, d'après l'ordre, devaient s'appuyer, à droite, au chemin de Brezins à Saint-Hilaire, un poste de 8 cavaliers était établi à Arguère, sur la route de la Frette à la Côte-Saint-André, à 1,500 mètres ouest de la première de ces localités.

B. — *Opérations.*

1re division. — Ordre d'opérations n° 1.

Saint-Étienne-de-Saint-Geoirs, 30 août,
7 h. 30 du soir.

1. — Ci-joint une ampliation de l'ordre d'opérations n° 1 du 1er corps d'armée.

2. — La 1re division marchera demain, en une seule colonne, dans l'ordre ci-après :

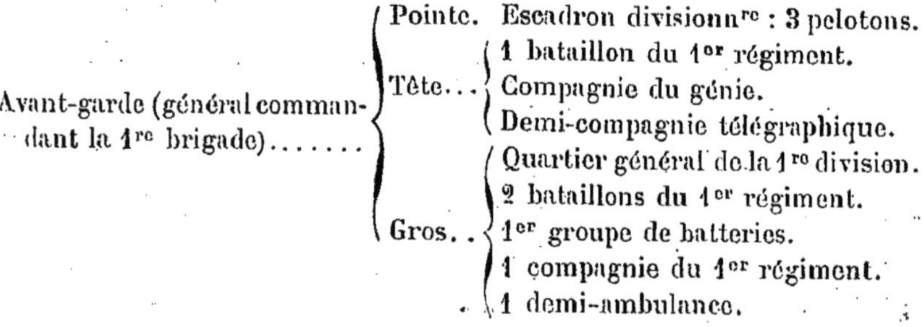

Avant-garde (général commandant la 1re brigade).......	Pointe.	Escadron divisionnre : 3 pelotons.
	Tête...	1 bataillon du 1er régiment.
		Compagnie du génie.
		Demi-compagnie télégraphique.
	Gros..	Quartier général de la 1re division.
		2 bataillons du 1er régiment.
		1er groupe de batteries.
		1 compagnie du 1er régiment.
		1 demi-ambulance.

Gros (1)	1 bataillon du 2e régiment. 2e groupe de batteries. 1 bataillon du 2e régiment. Compagnie du génie de corps. Artillerie de corps. 2e brigade. Demi-ambulance divisionnaire.
Arrière-garde	2 compagnies du régiment de queue de la 2e brigade.

3. — La surveillance sur le flanc est de la colonne sera assurée par un bataillon du 2e régiment et un peloton de l'escadron divisionnaire qui marcheront par Sillans directement sur le Grand-Lemps, le Lac, Brelière et la grande route de Bourgoin.

4. — *Point initial* (pour toute la colonne jusqu'à la 2e brigade) : passage à niveau (station) de Saint-Étienne-de-Saint-Geoirs.

Heures de passage :

	Matin.
1er élément du gros de l'avant-garde	6 h. 00
1er élément du gros de la colonne	6 h. 35
1er élément de l'artillerie de corps	7 h. 10

Point initial (pour tous les éléments à partir de la 2e brigade) : croisée des chemins marquée par le mot « Aures » de Croix de toutes « Aures ».

Heures de passage :

	Matin.
Tête de la 2e brigade	6 h. 10
Tête de l'ambulance divisionnaire	6 h. 48
Tête de l'arrière-garde	7 h. 00

Point initial (pour la colonne flanquante) : croisée des chemins à 800 mètres à l'est de la station de Saint-Étienne-de-Saint-Geoirs.

---

(1) On a omis de désigner le commandant du gros de la colonne (général commandant la 2e brigade).

Heure de passage de la tête du bataillon du 2e régiment, 6 h. 25.

Ce bataillon utilisera, pour s'y rendre, les chemins de la rive droite du torrent le Rival.

5. — La traversée du village de Saint-Étienne-de-Saint-Geoirs devra être entièrement dégagée à partir de 5 h. 15 du matin.

6. — Les trains régimentaires (section pleine) groupés par brigade, ceux de l'artillerie avec la 1re brigade, seront rendus, à 10 heures, au point indiqué par l'ordre du corps d'armée.

Les trains régimentaires (section vide) seront rassemblés, à 10 heures du matin, à la croisée de la route de Saint-Marcellin à Saint-Étienne avec le chemin de Serre-Nerpol. Le commandant de la force publique en prendra la direction. Des ordres ultérieurs feront connaître le point de ravitaillement.

L'ordre qui précède est complet, on pourrait presque dire trop complet, puisqu'il accompagnait une ampliation de l'ordre du corps d'armée et qu'il répète un certain nombre de prescriptions déjà renfermées dans ce dernier document. Il faut attribuer ce double emploi à ce fait que le général commandant la 1re division, astreint à remettre un exemplaire de son ordre au directeur et ne voulant pas se défaire de l'unique exemplaire de l'ordre du corps d'armée qui fût en sa possession, n'a pas été dans la possibilité de reproduire de façon exacte les indications qu'il eût fait, en réalité, porter dans la marge dudit ordre.

Le procédé est néanmoins bon à retenir : pour qu'il soit fructueux et évite des pertes de temps, il importe que le commandant du corps d'armée expédie à ses divisionnaires plusieurs éditions de son ordre, quatre au moins (1), en sorte que les généraux de division n'aient plus à ajouter, en face de chaque paragraphe, que les mesures d'exécution qu'ils jugent à propos d'ordonner, puis à transmettre aux brigades et à l'artillerie.

Qu'on ait jugé bon de détacher un bataillon sur le flanc droit à l'effet

---

(1) Un exemplaire reste à la division, deux vont aux brigades, le quatrième à l'artillerie.

d'avoir bientôt une force de quelque importance sur la grande route conduisant du Grand-Lemps à Bourgoin, c'est une idée à approuver. On y trouvait, en outre, l'avantage d'offrir à la 9e division de cavalerie, dont la zone d'action évidente ne pouvait être que la région de Bizonnes, un repli assuré.

Le mouvement du bataillon du 2e régiment, désigné pour faire le service de garde-flanc offrait, sans doute, quelques difficultés; mais il n'était pas possible, sans affaiblir par trop l'avant-garde, de prendre ce bataillon dans le régiment de tête (1er).

Le mouvement de la section pleine des trains régimentaires sur Saint-Étienne-de-Saint-Geoirs pouvait s'opérer sans difficultés, parce que l'arrière-garde devait avoir évacué Saint-Étienne vers 9 heures du matin et que les trains pouvaient, tout en suivant le même itinéraire que la colonne, se trouver à l'heure indiquée au point fixé; mais il n'en était pas de même de la section vide des unités stationnées à Saint-Étienne et à Saint-Geoirs. Pour être rendues à 10 heures à hauteur du chemin de Serre-Nerpol, il aurait fallu que ces voitures partissent avant 8 heures du matin de Saint-Étienne et de Saint-Geoirs : cette marche pouvait donner lieu à rencontres avec la colonne combattante. Il aurait été préférable d'agglomérer les trains vides, aux abords de la route de marche, peu avant l'heure du passage de l'arrière-garde et de ne les acheminer vers leur point de destination qu'une fois fini le défilé de l'arrière-garde.

On verra, d'ailleurs, qu'en prévision de ces difficultés et en vue de faciliter les ravitaillements du lendemain, un ordre spécial (services) prescrivait à la fraction vidée des trains régimentaires d'aller, le 30 au soir, à Chasselay (pour les éléments non endivisionnés et la 1re division) et à Roybon (pour la 2e division).

1re brigade. — L'ordre de mouvement de la 1re brigade, qui ne sera pas transcrit ici, reproduit toutes les prescriptions de celui de la division :

Il est trop long.

Cette longueur a eu pour conséquence d'augmenter la durée de sa confection et aurait conduit, à la guerre, à une expédition tardive.

D'ordinaire, et c'était ici le cas, la brigade peut se contenter d'indiquer la situation générale, le mouvement d'ensemble du corps d'armée, et de prescrire des rassemblements ou mouvements préparatoires en accord avec les ordres de sa division, se réservant de prescrire les détails d'exécution et de donner des explications plus circonstanciées dans les moments qui précéderont la mise en marche.

On pouvait dire ici :

1. — Le corps d'armée marche demain sur Bourgoin.

1re division et artillerie de corps, à droite, sur Longechenal.

2e division, à gauche, sur Eydoche, Champier.

2. — La 1re brigade formera : 1er régiment, 1 groupe d'artillerie et compagnie du génie, l'avant-garde; 2 bataillons du 2e régiment et 1 groupe d'artillerie, la tête du gros de la division.

3. — Le 1er régiment sera rassemblé, pour 5 h. 30, près et au sud-ouest de la station de Saint-Étienne-de-Saint-Geoirs. Il s'y rendra par le chemin de Saint-Étienne à Saint-Hilaire, puis par celui bordant la voie ferrée.

4. — Deux bataillons du 2e régiment, ayant entre eux le 2e groupe d'artillerie, se présenteront à la station pour 6 h. 30.

L'autre bataillon du 2e reçoit une mission et un ordre particuliers.

5. — Les trains régimentaires pleins arriveront à 10 heures du matin à la station de Saint-Étienne-de-Saint-Geoirs, où le prévôt du corps d'armée en prendra la direction.

De cette manière, toutes les prescriptions de la division se trouvent observées, en sorte que le 31 au matin, le général de brigade, venant au rassemblement du 1er régiment, avant le moment où la tête de colonne doit se mettre en mouvement (5 h. 45), est en mesure de former sans difficultés son avant-garde dans les conditions indiquées. Il profite du quart d'heure disponible entre 5 h. 30 et 5 h. 45 pour mettre les officiers au courant de la situation connue de l'ennemi et des projets du commandement.

C'est exactement dans cet esprit que le commandant du 1er régiment rédigeait, en six lignes, l'ordre pour son régiment :

« Demain, le régiment sera rassemblé à 5 h. 15 matin
« en formation de rendez-vous (colonne double) au sud-
« ouest de la station de Saint-Étienne-de-Saint-Geoirs.
« *Les ordres pour la journée seront donnés sur le terrain.*
« *Les trains régimentaires pleins arriveront à la même*
« *station à 10 heures du matin.* »

La vérité pour les unités de la force du régiment et de la brigade est, dans la plupart des cas, de s'en tenir à cette pratique.

Bien que trop long, l'ordre de la 1re brigade n'a cependant pas été compris dans son entier. Dans un ordre, il faut savoir écourter les explications qui n'ajoutent rien à la clarté de l'exposition, et, au contraire, ne pas craindre de développer celles nécessaires à la compréhension nette du texte. Ainsi, la 1re division avait prescrit que le passage à travers Saint-Étienne-de-Saint-Geoirs devrait être dégagé pour 5 h. 15 du matin, dans le but évident de laisser ce passage entièrement libre pour les troupes constitutives de la colonne. La prescription s'appliquait donc au 1er régiment, qui devait procéder à ses mouvements préparatoires de départ, de manière à n'avoir pas à traverser la grande rue de Saint-Étienne après 5 h. 15 du matin (1); mais, à partir de ce moment, le passage devenait utilisable, au contraire, par les éléments se rendant au point initial et, en particulier, par le 2e régiment.

L'ordre de la 1re brigade s'étant borné à reproduire la phrase de la division relative au dégagement de Saint-Étienne, il en est résulté que le commandant du 2e régiment a cru devoir, lui aussi, faire dépasser la localité par son régiment (2 bataillons) avant 5 h. 15 du matin, alors que la tête dudit régiment ne devait franchir la voie ferrée qu'à 6 h. 35.

Le 2e a donc rompu une heure environ plus tôt qu'il n'aurait dû le faire : c'était autant de pris sur le repos des troupes. On doit reconnaître que le commandant du régiment a fort judicieusement prescrit de profiter de l'heure d'attente qu'on aurait à passer aux abords du point initial pour faire préparer le café.

2e division. — Le général commant la 2e division prenait, le 31, le commandement de la colonne de gauche du corps d'armée (4e brigade mixte). Son ordre se bornait très heureusement, en transmettant un exemplaire de l'ordre du corps d'armée, à donner de brèves indications sur l'exécution.

1. — En conséquence de cet ordre (du C. A.), la colonne de l'Ouest (4e brigade, un groupe d'artillerie, un demi-escadron divisionnaire), sous les ordres du général de division, marchera dans l'ordre ci-après :

Avant-garde....	1 peloton de cavalerie. 1 bataillon. État-major de la division et de la brigade.

Distance : 1 kilomètre.

---

(1) C'est précisément pour satisfaire à cette prescription que, dans l'ordre

Gros .... { 1 bataillon.
Le groupe d'artillerie.
4 bataillons (moins deux sections).
Trains de combat.
2 sections d'infanterie.

2. — Le deuxième peloton de cavalerie (moins 1 maréchal des logis et 4 cavaliers) assurera l'exécution du paragraphe 6 de l'ordre du C. A. (observation de Commelle et de la route conduisant par Lieudieu à Saint-Jean-de-Bournay) (1).

3. — Un maréchal des logis et 4 cavaliers assureront la liaison avec la colonne du centre.

4. — Première halte horaire, 5 h. 50.

5. — En cas de rencontre, l'ennemi sera attaqué partout où il se présentera.

6. — Une section d'ambulance marchera avec chaque brigade.

Ne disant que ce qu'il est essentiel de dire (2), cet ordre laisse entière la part de décision revenant au chef de la 4e brigade; quant au général commandant la 3e brigade, il est considéré, et à juste titre, comme provisoirement soustrait aux ordres du commandant de la 2e division et conserve toute son initiative.

La 4e brigade répondait par un ordre aussi bref que suffisant :

« Ci-joint l'ordre de la 2e division.

« Le 7e prendra la tête.

---

de brigade proposé plus haut, on a fait rassembler le 1er régiment à 5 h. 30, en lui faisant prendre un itinéraire spécial.

(1) On pouvait profiter de ce peloton, dont la mission ne commencerait qu'une fois la colonne arrivée à la Côte-Saint-André, pour observer Sardieux, Ornacieux, puis Commelle.

(2) Peut-être aurait-il été expédient d'ajouter une indication relative à la réunion des trains régimentaires (pleins) vers le Bessey (sud de Brezins).

		Matin.
Heures de passage au point initial.	Bataillon d'avant-garde.......	6 h. 00
	1er bataillon du gros.	6 h. 15
	1er bataillon du 8e...........	6 h. 30
	Train de combat	7 h. 00

« Le général marchera avec le général de division en « tête de l'avant-garde. »

3e brigade. — La rédaction de l'ordre de la 3e brigade ne donne lieu à aucune observation : s'il est relaté ci-dessous, c'est en vue d'attirer l'attention sur l'une des dispositions qu'il renferme (place de l'artillerie) :

Suite à l'ordre général d'opérations no 1 du 1er corps.

1. — 3e brigade, avant-garde du C. A., suivra l'itinéraire : Brezins, Gillonay, Pierres-Beauge, Eydoche.

2. — *Point initial :* intersection des chemins Brezins, Gillonay et le Temple, la Frette (1 kilomètre nord de la station de Brezins).

3. — *Ordre de marche.* — La 3e brigade se constitue une avant-garde particulière, sous les ordres du colonel du 5e, comprenant :

1 peloton et demi de hussards;
2 bataillons du 5e;
Compagnie divisionnaire du génie;
Une batterie.

Le gros de cette avant-garde passera au point initial à 5 h. 10 du matin.

Le gros de la brigade, sous les ordres du colonel du 6e, marchera dans l'ordre suivant :

	Matin.
1 bataillon du 5e passant au point initial à.......	5 h. 40
2 batteries passant au point initial à.............	5 h. 45
6e régiment —	6 h. 00
1 section d'ambulance passant au point initial à...	6 h. 15

4. — Le bataillon d'avant-postes (1), se rassemblera à Maison Glandut, dès qu'il aura été dépassé par l'avant-garde et marchera à la gauche de la colonne.

5. — Le général de brigade marchera avec le gros de l'avant-garde particulière.

6. — *Liaisons*, par officiers montés, avec la 4e brigade sur la ligne : Gillonnay, la Côte-Saint-André ; avec la 1re division, sur la ligne Gillonnay, la Frette.

7. — *Communications intérieures*. — 4 cavaliers par régiment d'infanterie ; 4 cavaliers à la disposition du général de brigade.

On voit que, par cet ordre, le commandant de la 3e brigade divisait le groupe d'artillerie d'avant-garde générale en deux fractions : 1 batterie avec l'avant-garde particulière de la 3e brigade, 2 batteries avec le gros de la brigade.

Or, si l'on se reporte à l'ordre du colonel du 5e, lequel renferme les indications suivantes sur le passage des éléments au point initial :

Tète de l'avant-garde particulière. 2 compagnies du 1er bataillon		5 h. 05.
Gros de l'avant-garde particulière	2 compagnies du 1er bataillon. 2e bataillon	5 h. 10.

on en conclut que la batterie de l'avant-garde, en admettant même qu'elle fût placée après la compagnie divisionnaire du génie ce qui la laisserait sans fusils derrière elle, devait passer au point initial à 5 h. 19 (en chiffres ronds : 5 h. 20), soit à un quart d'heure, ou, en distance, 1,200 mètres derrière le premier fantassin (2).

Si donc les premiers coups de fusil échangés avec l'ennemi se tiraient à portée de 1,000 à 1,500 mètres, la batterie rattachée à l'avant-garde de la 3e brigade pouvait être exposée à se trouver, en colonne de route, à moins de 2,200-2,700 mètres de la première ligne adverse, à moins de 2,700-3,200 mètres du canon ennemi (3), c'est-à-dire en situation d'être rapidement atteinte et, peut-être, détruite.

---

(1) On se rappelle que la 3e brigade n'avait affecté qu'un seul bataillon du 6e au service des avant-postes.

(2) L'infanterie étant supposée parcourir 4,000 mètres en 50 minutes, soit 400 mètres en 5 minutes et 1,200 mètres en 15 minutes.

(3) Celui-ci étant établi à 500 mètres en moyenne en arrière de sa ligne d'infanterie.

L'envoi d'une batterie à l'avant-garde procurait-t-il, en compensation, au général commandant la 3e brigade un gain considérable de temps dans la disponibilité de son artillerie ?

Le reste du groupe de cette arme, marchait derrière le premier bataillon du gros (3e du 5e) lequel, d'après l'ordre du régiment, passait au point initial à 5 h. 40. Autant dire qu'il s'écoulait entre le passage, en un même point, de la batterie d'avant-garde et celui des deux batteries du gros, un intervalle de temps de 25 minutes, deux kilomètres en distance. On peut donc apprécier à 10 minutes environ, y compris le temps de l'envoyer chercher, la durée du trajet à faire par les deux batteries du gros pour rejoindre au trot la batterie d'avant-garde (1).

Théoriquement, ce gain de temps ne présenterait déjà qu'un infime avantage : dans la pratique, il sera plus faible encore attendu que, pendant ces 10 minutes, la batterie de tête d'avant-garde *ne pourra pas prendre position*. Le commandant de l'artillerie devra reconnaître la situation, et chercher la position sur laquelle pourront s'établir ses batteries; tout cela exigera plus de 10 minutes.

La poussée de l'artillerie vers les têtes de colonnes doit être limitée, en tout cas, par deux considérations : il faut que les batteries aient en avant d'elles une force d'infanterie suffisante pour les couvrir ; il est nécessaire aussi qu'elles n'aient pas à craindre de tomber inopinément sous le feu du canon adverse.

On n'oubliera pas enfin que l'artillerie n'a pas de plus grand ennemi que l'artillerie, c'est-à-dire l'arme qui peut l'empêcher par son feu de porter à l'infanterie amie le secours qu'elle lui doit. Réduire le canon de l'adversaire au silence sera donc généralement une tâche qui s'imposera initialement à l'artillerie. A cet effet elle ne saurait être trop forte, et la meilleure manière de l'avoir entière est encore de la faire marcher groupée.

Si la colonne de batteries paraît trop longue, rien n'empêche d'intercaler entre les groupes des fractions d'infanterie qui auront le double avantage de les protéger et d'accélérer la progression de l'infanterie dans le sens du mouvement en avant. Quant à l'artillerie, elle aura tôt fait, en doublant l'infanterie au trot, de se trouver à nouveau réunie.

9e division de cavalerie. — Le chef de la 9e division de cavalerie donnait, le 30 août au soir, l'ordre suivant :

I. — *Situation générale et renseignements sur l'ennemi.*

Conformes au thème (ordre général n° 1).

---

(1) Au trot de 240 mètres à la minute, les deux batteries parcoureraient 2,400 mètres en 10 minutes.

II. — *Mouvement du corps d'armée. But de l'opération. Zone de marche des différentes fractions. Place du général en chef.*

Conformes au thème (ordre général n° 1).

III. — *Reconnaissances d'officiers.*

La brigade de dragons fournira deux reconnaissances d'officiers (1 officier, 2 sous-officiers, 8 éclaireurs).

1° Vers Saint-Jean-de-Bournay, Heyrieux, Lyon............ 2° Vers Bourgoin, la Verpillière, Lyon....................	Mission : chercher à reconnaître la direction et l'importance des renforts acheminés par l'ennemi vers le Sud-Est.

Départ des reconnaissances : 1 heure du matin.

Les renseignements importants seront envoyés en double expédition : une pour le général en chef, l'autre pour le général de division.

IV. — *Découverte et patrouilles.*

Direction générale : le Nord, vers Bourgoin. — Reconnaissances extrêmes : Chatonnay à l'Ouest, le Rapoux à l'Est.

Ralliement le soir à la division qui a pour mission de se porter vers Éclose.

Départ du service de découverte : 3 heures du matin.

Ordres de détail (16e dragons).	1° Un parti de six chevaux sur Chatonnay par les bois de M. Pellet. 2° Un parti de dix chevaux sur Champier, par la crête boisée à l'ouest du défilé et sur les Effeuillers, la Bâtie, le Mollard, les Châtaigniers (1 officier). 3° Un parti de dix chevaux sur Champier par l'Est, Flevin, le Gayot, la grande route vers Éclose. 4° Un parti de dix chevaux sur Eydoche, Flachères, Grabissières, Éclose, le Ferrand (1 officier).

Ordres de détail (16e dragons) (*suite*).

5° Un parti de dix chevaux sur Saint-Didier-de-Bizonnes, le bois de Charpenne, les Planches, Châteauvilain.

6° Un parti de six chevaux sur Bizonnes, Belmont, le Ferrand, le Rapoux, Succieu.

7° Un parti de dix chevaux sur Montrevel, Biol, le Rapoux.

L'intention du général de division est de se porter sur Éclose par le nord-est d'Eydoche, Flachères.

En cas d'impossibilité, son intention sera de remonter au Nord par l'est des hauteurs boisées, soit par Saint-Didier, soit par Bizonnes et Belmont afin de gagner le plateau découvert d'Éclose par Rebaillères et le Rapoux.

Les renseignements importants seront envoyés en deux expéditions et par deux estafettes :

1° Au général de division dans le secteur indiqué de sa marche probable ;

2° Au général commandant le corps d'armée qui sera jusqu'à 7 h. 30 du matin avec la brigade d'infanterie d'avant-garde sur la route Gillonnay, Pierres-Beauge, Eydoche.

V. — *Marche du gros.*

Demain, 31 août, à 10 heures du matin, la division occupera les emplacements suivants quelle conservera, si faire se peut, jusqu'à l'arrivée de l'infanterie.

1° 15e dragons et une batterie commandés par le général de brigade à la Fillonnière.

2° 16e dragons et une batterie, avec le général de division à Longechenal, défendant la route de la Frette et de Bévenis (avec son canon et ses carabines).

3° Brigade de cuirassiers vers Lorge (nord du Lac), observant les routes de Bourgoin et de Saint-Marcellin.

4° Lorsque les têtes de colonne de l'infanterie déboucheront, le général de division indiquera un point de rassemblement, probablement la cote 563 (sud de Bizonnes).

VI. — *Convois.*

Les convois de la division seront parqués au Grand-Lemps où ils attendront des ordres.

Cet ordre est incontestablement très clair ; il renferme des dispositions excellentes, mais quelques autres, aussi, contestables : les unes et les autres seront examinées ci-dessous dans l'ordre même où elles se présentent.

III. — *Reconnaissances d'officiers.* — Le commandant de la division, bien qu'il ait fixé pour ces reconnaissances une heure de départ, a certainement voulu rappeler les directions sur lesquelles on les avait orientées, *dès la veille*, car elles auraient été certainement mises en route avant le 31 août.

D'autre part, des reconnaissances poussées aussi loin agissent dans le vide si elles n'ont rien en arrière d'elles pour les appuyer, les recueillir, remplacer les chevaux fatigués, leur fournir des estafettes.

Elles assument une mission de longue haleine, de durée inconnue : combien pourraient-elles envoyer de renseignements importants à raison de deux estafettes par nouvelle, avec les huit cavaliers dont elles disposent ? trois, quatre au plus. C'est bien peu. Il fallait donc faire marcher un demi-escadron sur chaque direction (demi-escadron renforcé en officiers). Cette fraction se serait avancée sur son itinéraire, postée en un point dans le voisinage de son objectif final (ou d'un objectif rencontré en route) et aurait lancé, de là, ses reconnaissances d'officiers, lesquelles eussent alors été certaines de trouver, à proximité, aide et protection et surtout de faire parvenir sûrement leurs nouvelles.

IV. — *Découverte et patrouilles.* — Il importe de bien s'entendre sur la terminologie : faute de cette précaution, il peut arriver que se produisent de regrettables confusions.

Dans le cas particulier qui nous occupe, la 9e division de cavalerie agit en liaison complète avec le corps d'armée : elle doit avoir, au service de ce dernier, deux systèmes organisés d'information et entièrement différents quant au but final :

1° L'un recherche l'ennemi éloigné, ce sont les reconnaissances d'officier plus ou moins appuyées par des escadrons ou fractions d'escadron comme il a été dit précédemment, c'est *la découverte proprement dite.* Elle travaille, *en vue de l'avenir*, dans le grand cadre de la situation générale ;

2° L'autre tient le contact avec l'adversaire rapproché et *déjà reconnu*, détermine, s'il se peut, les dispositions que prend l'ennemi en arrière des points *dont on sait qu'il est maître.* Il y a encore, en ce cas, découverte, mais *en vue du présent*, dans les limites de la situation particulière du moment.

Enfin, la cavalerie, *pour son propre compte*, est généralement contrainte de se constituer un service de reconnaissance organisé en vue de sa sûreté personnelle ; c'est encore un troisième genre de découverte.

Il est évident que si la cavalerie est à proximité de l'ennemi, des patrouilles lancées sur le front de l'adversaire pour le traverser n'y réussiront pas toujours et, bien qu'elles ressortissent au deuxième genre de découverte, se transformeront, *par la force des choses,* en patrouilles du troisième genre, mais un commandant de cavalerie ne peut pas, et ne doit surtout pas compter sur cette circonstance. Il faut donc qu'il organise spécialement la découverte qui veillera à la sûreté propre de sa division. Son ordre doit porter trace de cette distinction. On objectera que cela représente une consommation considérable de chevaux, mais était-il bien utile d'affecter soixante-deux chevaux à la double mission d'information (rapprochée) et de sûreté ?

Et, tout d'abord, fallait-il faire les partis aussi forts? Certainement non, car lorsqu'il s'agit de reconnaissances à courte portée comme celles-ci, le renseignement n'est bon qu'autant qu'il parvient très vite et, comme les distances sont peu longues, c'est ordinairement l'officier ou le sous-officier qui a recueilli l'information qui la rapportera le plus rapidement. Dès lors, deux ou trois hommes, pour éclairer sa marche ou surveiller les abords de son poste d'observation, lui suffisent.

Que fallait-il donc pour renseigner le commandant du corps d'armée?

1° Tenir le contact avec les trois points que l'on savait occupés par l'ennemi : Champier, Eydoche, Saint-Didier-de-Bizonnes. D'où trois patrouilles de quatre hommes qui joueraient, en même temps et naturellement, vis-à-vis de la division de cavalerie, le rôle d'éléments de sûreté, puisque leur mission n'impliquait pas recherche, mais seulement observation ;

2° Essayer de voir ce qui se passait derrière le bandeau tendu par l'adversaire sur les yeux de la cavalerie : faire, par suite, déborder ce bandeau par une reconnaissance, plus forte celle-là, qui tenterait de renseigner sur la place et la force des réserves adverses. A cet effet, il semble que la présence signalée de la cavalerie ennemie dans la région au nord de Bizonnes devait inciter à diriger cette reconnaissance, vers la plaine d'Éclose, plutôt par la région à l'ouest de Champier, que par celle située à l'est de Saint-Didier.

Enfin, pour sa sécurité personnelle, la division avait à se couvrir par une forte patrouille du côté de Biol. Soit, au total, 5 patrouilles : 30 à 40 chevaux au maximum.

On dira que la différence n'est pas grande et que l'économie est mesquine. Théoriquement, il semble qu'il en soit ainsi, mais dans la pratique, il en serait tout autrement; parmi toutes les reconnaissances à qui l'on a donné l'ordre de passer au travers du front ennemi, quelques-unes peut-être réussiront (1); dès lors, il faudra bien, en prévision de cette éventua-

(1) Comment reviendront leurs renseignements?

lité, prévoir d'avance leur remplacement en face des points les plus proches tenus par l'adversaire, c'est-à-dire désigner trois nouvelles patrouilles (encore une vingtaine de chevaux) chargées d'observer Champier, Eydoche et Saint-Didier. Si l'on n'agissait pas ainsi, on reconnaîtrait implicitement que le passage entre les postes ennemis est impossible et il serait alors bien inutile d'assigner aux reconnaissances de découverte des objectifs situés en arrière de ces postes.

Le commandant de la division manifeste encore l'intention, en ce paragraphe IV, de tenter le passage par le nord-est d'Eydoche (il faut comprendre par les abords de Saint-Didier) en vue d'atteindre la plaine d'Éclose. Cette idée est très juste

Il y a trois portes barrées, il faut essayer de percer l'une d'entre elles : celle d'Eydoche-Flachères est, *a priori*, à éviter en raison des difficultés de terrain que l'on rencontrerait si l'on parvenait à contraindre l'ennemi à évacuer Eydoche. Restent : Champier et Saint-Didier-de-Bizonnes. S'il choisissait Champier, le commandant de la division, en cas de non-réussite, s'exposerait à s'éloigner du terrain propre à l'action de la cavalerie, sans parler du danger qu'il trouverait à défiler d'abord dans le couloir compris entre Eydoche et l'arête montagneuse dont le Mottier occupe le pied.

C'est donc bien sur Saint-Didier-de-Bizonnes, tant en raison de la nature même de la région avoisinante (défilé le moins long conduisant à la plaine d'Éclose) qu'en raison de la possibilité conservée, en cas d'insuccès, de remonter vers le Nord, par un bon terrain, qu'il fallait prévoir l'effort à faire.

V. — *Marche du gros.* — On s'explique mal l'esprit qui a présidé à l'adoption des dispositions ordonnées en ce qui concerne le gros de la division, le 31 août au matin. On répartit, en somme, cette division sur un long cordon depuis la Fillonnière (1 régiment, 1 batterie), par Longechenal (1 régiment, 1 batterie), jusqu'à Lorge (1 brigade de cuirassiers). Il apparaît bien qu'on a voulu avoir les carabines les plus mobiles (dragons) aux points paraissant les plus importants à conserver, mais il semble que la solution à prendre pouvait être toute différente.

Et d'abord, il importait, puisqu'on avait une division, de se tenir toujours en mesure de combattre la cavalerie ennemie avec une supériorité incontestable de force, puis, la première mission accomplie (tenir les débouchés nord de la bande boisée située au sud de Mottier), on devait pouvoir passer sans plus attendre à la deuxième (forcer l'un des défilés) avec les moyens qu'elle exigeait. Pour ces deux raisons, il fallait tenir la division réunie.

Il est certain, d'autre part, que le premier rôle était affaire de carabines et surtout de canon. D'où la nécessité de rechercher une position pour le canon, sans toutefois disposer dans ce but de toute l'artillerie de la division puisqu'il y avait lieu de prévoir aussi le cas où l'on aurait à combattre la cavalerie ennemie.

On pouvait donc rassembler la division et une batterie en arrière de la longue croupe 563, Longechenal, avec ordre à la brigade de dragons de pousser deux escadrons au plus, pied à terre, à Longechenal et au débouché même de la route de la Frette à Champier (sud de Pierres-Beauge).

Une batterie, venant de la Frette avec les deux escadrons en question, aurait pris position à la cote 607 (1), d'où elle aurait dominé la région.

Le rassemblement aurait été couvert, vers le Mont, dans la direction de Bizonnes, par où pouvait se montrer la cavalerie ennemie. La batterie demeurée avec la division aurait, elle aussi, reconnu des emplacements sur la crête couvrante, d'où elle aurait pu agir sur les abords sud d'Eydoche.

Cette position de flanc de la division, jointe aux effets qu'on pouvait attendre du feu de la batterie postée à la cote 607, couvrait tout aussi efficacement les débouchés nord de la région boisée située au sud de Longechenal que l'égrènement général qui fut ordonné.

On fera remarquer enfin que ce n'est pas à 10 heures du matin, ce qui est certainement un *lapsus calami*, que la division de cavalerie devait se trouver en cette situation, mais aux premières heures du jour.

Vers 7 heures du matin, l'avant-garde générale du corps d'armée approchant, et l'ennemi n'ayant pas bougé, la cavalerie, désormais certaine que le débouché s'effectuerait sans obstacle, serait passée à l'essai de forcement du défilé de Saint-Didier-de-Bizonnes. Elle aurait été tout entière (sauf 1 batterie qui l'eut bientôt rejointe) disponible pour cette opération.

C) *Services.* — Le travail des officiers représentant les services a consisté à recueillir les propositions des différents chefs de service, à coordonner ces propositions, à établir les ordres d'exécution, à rédiger les demandes adressées télégraphiquement au directeur des services et des étapes de l'armée, en prévision des ravitaillements ultérieurs.

Ces ordres ou demandes seront ici relatés, par nature de service, en commençant par les ordres. On y ajoutera, au

(1) On verra que c'est en ce point même que s'établira, le 31 août, après reconnaissance, l'artillerie de l'avant-garde générale du corps d'armée.

fur et à mesure, les commentaires ou explications jugés nécessaires.

1° *Artillerie. — Ordre aux divisions, au commandant de l'artillerie, aux services de santé et de l'intendance (30 août, midi).*

1. — Il est constitué, sous le commandement du directeur du parc d'artillerie du corps d'armée, un train de combat du C. A. comprenant :

Le premier échelon du parc d'artillerie (1), l'ambulance de corps ;

Les hôpitaux de campagne n° 1 et n° 2.

2. — Il est constitué, sous le commandement du chef d'escadron d'artillerie le plus ancien, un groupement défini ci-après et qui portera le nom de « groupe des parcs » du C. A.

Deuxième et troisième échelons du parc d'artillerie (2).

Parc du génie du C. A.

Hôpitaux de campagne n° 3 et n° 4.

La première section de munitions de grand parc (3) sera, en outre rattachée désormais au groupe des parcs ; elle est avisée qu'elle aura à quitter Romans le 31, avec son train régimentaire au complet.

Suite à l'ordre général d'opérations n° 1 pour la journée du 31 août.

Saint-Étienne-de-Saint-Geoirs, 30 août,
6 heures du soir.

1. — Demain 31 août, le *train de combat* suivra la colonne de la 1re division et des éléments non endivi-

---

(1) S. M. I., nos 1 et 2; S. M. A., nos 6, 7, 8, 9.

(2) 2e échelon, S. M. I., nos 3, 4, 5; S. M. A., nos 10, 11, 12. 3e échelon. S. P., n° 1; S. P., n° 2. Section de réparation.

(3) Ou équipage de transport (sur roues).

sionnés : sa tête (premier échelon du parc d'artillerie) passera, à 7 heures du matin, à l'intersection des routes de Chasselay et de Serre-Nerpol à Saint-Étienne-de-Saint-Geoirs (2 kilomètres nord de Chasselay). Jusqu'à nouvel ordre, le train de combat, ne dépassera pas la Frette.

2. — Le quartier général du C. A. (moins les éléments laissés à Saint-Étienne pour assurer la permanence du quartier général en ce point) quittera Saint-Étienne, le 31 août, à 10 heures du matin et se rendra à la Côte-Saint-André (sortie nord sur la route de Champier) où il attendra de nouveaux ordres.

Enfin, l'ordre général n° 1 pour les services, qui est donné plus loin dans sa teneur (1), renfermait, à propos du groupe des parcs, les prescriptions suivantes :

4. — *Mouvement du groupe des parcs.* — Le 31, le groupe des parcs ira cantonner :

2e et 3e échelons du parc d'artillerie.... Parc du génie .... Hôpitaux de campagne nos 3 et 4	A Saint-Étienne-de-Saint-Geoirs.
1re section de munitions de grand parc, avec ses deux sections de T. R. pleines.	A Roybon.

Demandes au directeur des étapes de l'armée. — La première colonne du tableau ci-dessous indique les demandes faites, la deuxième, les réponses (fictives) reçues du directeur des services et des étapes de l'armée.

DEMANDES.	RÉPONSES (arrivées dans la nuit du 30 au 31 août).
Être en mesure de pousser en avant, le 31, le 2e échelon du grand parc d'artillerie. (En cas mobile ou 2e section de munitions de grand parc.)	Pris note. En cas mobile pourra être poussé de l'avant, le 31.

(1) Au paragraphe 2°) *Intendance.*

DEMANDES.	RÉPONSES.
Mettre sur wagons le 3e échelon du grand parc d'artillerie (station-magasin) (3e section de munitions de grand parc).	Le 3e échelon (station-magasin) du grand parc sera rendu à Valence le 31, à 7 h. 55 du matin et pourra continuer au delà.
Mettre sur wagons les 4e et 5e échelons (arsenal) du grand parc d'artillerie (4e et 5e sections de munitions du grand parc).	Les 4e et 5e échelons (arsenal) du grand parc arriveront à Valence le 31, l'un à 10 h. 55 matin, l'autre à 3 h. 55 soir, mais ils ne pourront pas être acheminés au delà dans la journée du 31.

2° *Intendance.* — a) *Ordre aux divisions, éléments non endivisionnés, intendance, santé (30 août, midi)* :

Après distribution des vivres du jour du 31, la section vide (T R_1) (1) des trains régimentaires ira cantonner, le 30 au soir, avec les malades à évacuer dans la journée du 31, savoir :

2e division	Roybon.
1re division et éléments non endivisionnés.	Chasselay.

Cette section sera accompagnée de la moitié du personnel des groupes de troupeaux de ravitaillement.

Ordre général n° 1 pour les services du 1er corps.

Saint-Étienne-de-Saint-Geoirs, 30 août,
7 heures du soir.

1. — *Distributions.* — Le 31 août, les trains régimentaires ne s'avanceront sur les cantonnements, pour y effectuer la distribution des vivres du jour du 1er septembre, que sur ordre du commandant du corps d'armée. L'admi-

(1) La notation T R_1, T R_2 a été reconnue commode pour la désignation des sections de trains régimentaires. On l'a étendue aux quatre sections de convois : C_1 C_2 (avec chargement réglementaire pain) et C_3 C_4 (avec chargement réglementaire en pain de guerre).

nistration fournira de la viande fraîche (repas du 1er septembre au soir et du 2 au matin).

2. — *Ravitaillement des trains régimentaires ; formation des troupeaux de ravitaillement.* — Saint-Marcellin sera tête d'étapes de guerre pour le 31 août.

La section vide des trains régimentaires (Chasselay et Roybon) accompagnée de la moitié du personnel des groupes du troupeau, se présentera à la gare de Saint-Marcellin, pour le ravitaillement :

Trains de la 1re division..........	à 7 heures du matin.
Éléments non endivisionnés.......	
Train de combat.................	
Groupe des parcs (moins la 1re section de munitions de grand parc).	
Trains de la 2e division...........	à 10 heures du matin.
Trains du Q. G. du C. A..........	

Les ravitaillements effectués, ces trains iront cantonner :

Ceux de la 1re division et éléments non endivisionnés à Chasselay ;

Ceux de la 2e division et Q. G. du C. A. à Roybon.

Train de combat, groupe des parcs (moins la 1re section de munitions de grand parc) à Varacieu.

Les personnels des groupes de troupeaux dirigés le 31 sur Saint-Marcellin prendront livraison, à la gare de cette ville, à 1 heure après-midi :

Celui de la 1re division, de 100 têtes de bétail, à conduire dans la soirée du 31, à Chasselay ;

Celui des éléments non endivisionnés, de 50 têtes de bétail, à conduire, dans la même journée au même point ;

Celui de la 2e division, de 100 têtes de bétail, à conduire dans la soirée du 31, à Roybon.

3. — *Mouvement des convois administratifs et du personnel des parcs de bétail.* — Les quatre sections du convoi (1),

(1) Dont deux (C_1 C_2) sont à Romans et deux (C_3 C_4) sont à Valence, le 30.

le personnel du parc de bétail et les voitures requises (1) à Valence viendront cantonner le 31 à Saint-Marcellin.

Les sections C_1 et C_2 (venant de Romans) se chargeront en pain, à la gare de Saint-Marcellin, à partir de 3 heures du soir.

4. — *Mouvement du groupe des parcs.* — Paragraphe reproduit précédemment.

Dès le 29 à midi, ordre avait été transmis au chef d'escadron du train des équipages, commandant le convoi administratif du corps d'armée, d'avoir à recueillir à Valence, Romans et localités voisines, 120 voitures attelées aptes au transport du pain (2). Le même officier devait informer le sous-intendant du convoi de cette disposition : on l'avisait que ledit convoi ne ferait pas mouvement le 30, mais que, dès le moment où il serait appelé à faire mouvement, il devait se faire suivre des voitures requises, lesquelles seraient chargées ultérieurement.

Enfin, le 30 encore, on prescrivait au général commandant la 9e division de cavalerie de se constituer un convoi de 40 voitures requises à la Frette, Bévenais, Grand-Lemps et Colombes, capable de porter un jour de vivres pour la division. Ce convoi, réuni au Grand-Lemps, devait y séjourner jusqu'à nouvel avis (3). On prévenait la division qu'elle ait à vivre sur le pays, son convoi requis ne pouvant être chargé, en tout cas, que le 1er septembre. Quant

---

(1) 120 voitures requises à Valence, sur ordre télégraphique daté du 29 et reproduit plus loin. Dans un précédent voyage d'état-major, on avait pu constater que le nombre des voitures et chevaux *non classés*, à Valence, dépassait de beaucoup le total de 120.

(2) C'est à ces voitures requises qu'il est fait allusion dans l'ordre général n° 1 pour les services.

(3) Abstraction faite des voitures classées ou affectées à la place de Grenoble, les localités précitées étaient amplement en état de fournir les 40 voitures en question, bâches comprises.

à la viande, l'administration, disait-on, serait en état d'en fournir le 1er septembre, dans l'hypothèse où la situation militaire le permettrait (1).

Demandes au directeur des services et des étapes de l'armée.

DEMANDES.	RÉPONSES.
Tête d'étapes de guerre demandée à Saint-Marcellin le 31, à partir de 7 heures du matin.	Ravitaillement quotidien et poste seront à Saint-Marcellin le 31, à 6 h. 50 du matin.
Ravitaillement extraordinaire de 2 jours pain biscuité (en kilogr.) (2), 250 têtes de bétail (3). Demandés à Saint-Marcellin, le 31 août.	2 jours pain biscuité, 250 têtes de bétail seront arrivés à la gare de Saint-Marcellin le 31 août, à midi 50.
Débarquer, dans la région de Moirans, deux sections du convoi auxiliaire, dès que possible.	Les deux sections de convoi auxiliaire sont demandées (4).

Les réponses aux diverses demandes exposées ci-dessus, parvenaient à Saint-Étienne-de-Saint-Geoirs dans la nuit du 30 au 31 août.

3° *Santé*. — Les prescriptions relatives au service de santé se bornent à peu de chose. On sait que les malades à évacuer devaient être concentrés, le 30 août au soir, à Chasselay et à Roybon. De là, ces malades devaient être emmenés, le 31 au matin, par les trains régimentaires (TR_1) se rendant au ravitaillement à Saint-Marcellin (§ 5 de l'ordre général n° 1 pour les services) (5).

(1) Ces trois derniers avis étaient expédiés à la 9e division de cavalerie, le 30 août, à 7 heures du soir.

(2) Destinés au chargement des sections C_1 C_2 du convoi administratif.

(3) Destinées à la formation des troupeaux de ravitaillement.

(4) Elles n'arriveront pas à temps pour servir au cours des journées des 31 août, 1er et 2 septembre qui forment le sujet des études du voyage.

(5) Les paragraphes 5, 6, 7 de l'ordre général pour les services traitaient : du service de santé, de la télégraphie, du trésor et des postes.

En ce qui regarde la marche du 31, les corps étaient avisés, le 31 au matin, lors de leur passage au point initial, qu'ils aient à déposer leurs malades et éclopés à (ou à les acheminer sur) des postes de recueil établis dans les conditions ci-après :

3e brigade, poste à Gillonnay, établi par la section d'ambulance marchant avec ladite brigade ;

2e division, poste à la Côte-Saint-André, organisé par les soins de l'ambulance de la division ;

1re division et éléments non endivisionnés, poste à la Frette, servi par du personnel détaché de l'ambulance de la 1re division.

4° *Télégraphie, trésor et postes.* — En vertu du paragraphe 6 de l'ordre général n° 1 pour les services, le commandant du génie était chargé de prévoir la liaison entre Saint-Étienne-de-Saint-Geoirs et la Frette, puis de relier aussitôt que possible le point de stationnement du commandant du corps d'armée, par une ligne téléphonique, avec la Frette.

On lui ordonnait également de vérifier l'état des fils reliant la Frette à Champier, à la Côte-Saint-André et à Rives.

Le fourgon de correspondance du C. A. (§ 7 de l'ordre général n° 1 pour les services) devait être rendu, le 30 août au soir, à Chasselay, se trouver le 31 à Saint-Marcellin pour 7 heures du matin, prendre le courrier au train quotidien de ravitaillement et revenir à Saint-Étienne-de-Saint-Geoirs pour midi environ.

A 1 heure, à Saint-Étienne-de-Saint-Geoirs, s'effectuerait l'échange de correspondances entre le fourgon du C. A. et les tilburys des divisions.

5° *Étapes.* — En prévision de l'établissement prochain d'une ligne d'étapes appelée à desservir le 1er corps, le commandant de ce corps d'armée avait fait demander, le 30, au directeur des services et des étapes, qu'à Moirans, point d'où l'on comptait faire partir la route du corps d'armée, par Rives, la Frette et Champier, on constituât, en dehors du commandement d'étapes déjà existant, et sous le contrôle de ce dernier :

1 commandement (spécial au 1er corps) de tête d'étapes de guerre.
1 section d'hôpital (spécial au 1er corps) d'évacuations.
1 bataillon d'étapes........ } A la disposition du 1er corps d'armée.
1 escadron d'étapes........ }

Le commandant d'étapes relevant du 1er corps aurait, en outre, à reconnaître, dès son installation, pour pouvoir être rassemblés à la première demande, le plus grand nombre possible de voitures de réquisition.

Le directeur des étapes, en réponse à ces demandes, avait fait connaître, dans la nuit du 30 au 31 août, que le commandement, la section d'hôpital, le bataillon et l'escadron d'étapes réclamés seraient arrivés à Moirans, le 31, à 10 h. 10 du matin, mais que le fonctionnement, au profit du 1er corps, ne pourrait commencer que le 1er septembre.

L'énumération qui précède de tous les ordres et demandes rédigées par l'état-major du 1er corps d'armée, dans les journées des 29 et 30 août, dispense d'insister davantage sur l'esprit de prévision qui doit inspirer les officiers chargés de la laborieuse mission de régler les mouvements des divers organes de ravitaillement ou d'évacuation et d'assurer l'apport régulier des approvisionnements de toute nature nécessaires à la vie d'une grosse agglomération de troupes.

III. — Répartition du travail pour la matinée du 28 mai.

Après avoir fait procéder à la lecture des ordres de stationnement et d'opérations pour la journée du 31 août, ainsi qu'au commentaire des ordres et demandes intéressant les services, le directeur fixait de manière précise la situation devant servir de base aux travaux à effectuer, sur le terrain, dans la matinée du 28 mai.

A cet effet, il donnait lecture de l'ordre ci-dessous, supposé donné le 31 août (1) à 7 h. 30 du matin, par le commandant du 1er corps.

A) *Ordre particulier n° 1, aux commandants des deux colonnes du gros du 1er corps.*

Le Mottier, 31 août, 7 h. 30 du matin.

1. — L'ennemi tient toujours avec de l'infanterie les abords sud de Champier, Eydoche et le bois voisin (sud), Saint-Didier-de-Bizonnes.

La 9e division de cavalerie n'ayant pu pénétrer (2) dans la région boisée avoisinant ces trois localités, se dirige sur Biol à l'effet de la déborder par le Nord.

2. — *L'avant-garde* (3e brigade mixte) va s'engager sur Eydoche, qui paraît assez faiblement occupé.

3. — *La 4e brigade*, couverte par son avant-garde à la Fillonnière, ainsi que sur la route de Saint-Corps à Champier, se rassemblera vers 565 (1 kilomètre Est de Saint-Corps.)

Suivant les circonstances, elle sera appelée, soit à s'engager sur Champier, soit à venir en réserve vers la Fillonnière.

Son artillerie, des abords de 570 (sud de la Fillonnière), se tiendra en mesure d'agir à volonté sur Eydoche ou sur Champier.

4. — *La 1re division* poussera son avant-garde aux abords du Mont, tenant le bois du Mont et la cote 544.

Le gros se rassemblera derrière la longue croupe 563, Longechenal. On reconnaîtra des itinéraires permettant de se porter rapidement soit sur Saint-Didier-de-Bizonnes, à

---

(1) Chaque officier reçut un exemplaire dudit ordre.

(2) A la suite d'une tentative hypothétique et vaine.

la suite de l'avant-garde de la division, soit sur Belmont et Biol.

5. — *Le commandant du corps d'armée* reste au sud du Mottier.

B) *Travaux à effectuer sur le terrain.* — *Officiers de la 1re division.* — Étude du rassemblement en arrière de la croupe 563, Longechenal et des dispositions de sûreté prises par l'avant-garde au bois du Mont et abords.

Officiers de la 2e division. — *3e brigade.* — Étude de l'attaque d'Eydoche.

4e brigade. — Étude du rassemblement à l'est de Saint-Corps et des dispositions de sûreté adoptées face à Champier, à la Fillonnière et à Commelle.

Emploi prévu de l'artillerie, reconnaissance des positions correspondantes et des itinéraires à employer pour y porter les batteries.

Officiers de l'artillerie de corps (1). — Le commandant de l'artillerie de corps opérera avec la 1re division.

Officiers de la 9e division de cavalerie. — Étude des opérations de la division en vue de forcer l'une des trois portes : Champier, Eydoche, Saint-Didier-de-Bizonnes. Dispositions à ordonner après échec de cette tentative.

C) *Premier point de rendez-vous.* — Le travail réparti, le directeur assignait aux officiers, à titre de premier point de rendez-vous, la lisière des bois au sud du Mottier. Chacun devait se trouver en ce point, à 8 h. 30 du matin, études faites.

Il était recommandé de rédiger, sur le terrain, tous les ordres écrits ou verbaux et, à l'issue de chaque matinée, de les remettre à un officier désigné de la direction.

---

(1) Le commandant du parc d'artillerie marchera avec le commandant de l'artillerie.

D) *Calques*. — Le directeur expliquait, en outre, que pour faciliter les travaux sur le terrain, les officiers chargés de la représentation de l'ennemi avaient établi des calques s'appliquant sur la carte au 80,000e et figurant la situation des effectifs adverses, visibles à divers moments.

Ces calques, destinés à remplacer les descriptions orales que le directeur ne peut donner personnellement, dans l'impossibilité où il est de se porter opportunément auprès de chaque groupe d'officiers, sont de nature, sinon à supprimer entièrement, du moins à diminuer beaucoup la part d'hypothèse que chaque chef de groupe est contraint de faire sur la position et les agissements de l'ennemi. Ils offrent, en outre, l'avantage d'éviter les suppositions différentes et mêmes contradictoires que font souvent, sur la même fraction adverse, deux chefs de groupe opérant dans le voisinage l'un de l'autre, mais mis en face d'une situation insuffisamment précisée.

Chaque officier, le 30 au soir, était mis en possession des calques se rapportant à la première phase de l'action, celle dont le compte rendu devait être fait au point de rendez-vous du Mottier.

Enfin les chefs de service recevaient mission :

Le commandant du génie, d'étudier le mode d'établissement des liaisons télégraphiques et téléphoniques prescrites par l'ordre relatif aux services.

L'intendant, de se rendre à Champier et d'y opérer le recensement des denrées qui pourraient, dans cette localité, servir au recomplétement des trains régimentaires.

Le médecin principal, de prévoir l'organisation d'un service de groupement des éclopés à la Frette, pour la colonne de la 1re division, puis de procéder, au cours de l'engagement de la 3e brigade, à l'installation du service de santé du champ de bataille (1).

(1) On verra que, dans les journées suivantes, le médecin principal

E) *Consommations diverses. — Pertes.* — Dans le but de provoquer le fonctionnement des services. Il était recommandé aux représentants des diverses unités ou formations (divisions, artillerie de corps, cavalerie, télégraphie, etc.), de fournir chaque jour, à 2 heures du soir, à la Direction (services), l'état des munitions ou du matériel consommés, des pertes subies et, en général, de tous les objets nécessaires au recomplétement des approvisionnements.

Des instructions concernant les bases d'établissement des consommations en munitions, ainsi que les données expérimentales, de nature à faciliter le calcul des pertes (morts, blessés grièvement, blessés légèrement, etc.) furent distribuées.

étudiera successivement le service des ambulances, pendant le combat, puis le fonctionnement du service de santé après une bataille (hôpitaux de campagne, évacuations, ensevelissement des morts, etc...), de telle sorte que le service complet sera passé en revue avant la fin du voyage.

QUATRIÈME PARTIE

TRAVAIL DE LA DEUXIÈME JOURNÉE (28 MAI)

§ 1er. — MATINÉE DU 28 MAI.

I. — Travail jusqu'à 8 h. 30 du matin.

Le 28 mai, à 8 h. 30 du matin, les officiers se trouvaient réunis autour du directeur à la lisière des bois au sud-ouest de Longechenal (1). Chacun des chefs de groupe rendait compte, successivement, du résultat de ses études sur le terrain.

A) *9e Division de cavalerie.* — Le commandant de la 9e division de cavalerie avait, la veille, donné verbalement au commandant de la brigade de dragons, l'ordre suivant :

« Demain matin 31, à l'aube, la brigade de dragons tentera d'enlever les avant-postes ennemis qui ont été reconnus au sud d'Eydoche et de Champier.

« L'attaque se fera sur le petit bois au sud d'Eydoche

---

(1) Il avait été reconnu, entre temps, que cet observatoire était plus favorable que celui fixé précédemment (sud du Mottier). Il avait donc fallu prendre des dispositions pour rallier les officiers se rendant au point de rendez-vous assigné dès la veille : une reconnaissance préalable eut évité ce contre-ordre au directeur.

« par le 16e dragons (1) (direction corne sud-est du bois).
« La batterie appuiera l'attaque, de la cote 607.

« Le 15e dragons fera, en même temps, une attaque « semblable (1) sur le moulin Bouvier.

« Ces attaques seront faites chacune par un escadron « morcelé en pelotons ou demi-pelotons.

« De toute manière, la brigade devra conserver les « débouchés nord des bois : Fillonnière, Longechenal, « jusqu'à l'approche des avant-gardes d'infanterie. »

L'erreur était grave, tout d'abord, que de vouloir attaquer l'adversaire *à l'aube*, c'est-à-dire à un moment où les colonnes du corps d'armée étaient non seulement loin des débouchés dont la cavalerie avait la garde, mais n'avaient même pas commencé leur marche vers le Nord. A proprement parler, le jeu était dangereux, car il était à craindre qu'en excitant l'adversaire par des attaques inopportunes, on ne l'incitât à rejeter les escadrons au delà de la zone libre et de peu de largeur située au sud d'Eydoche, et à tenir précisément les débouchés qu'il s'agissait, pour la 9e division, de conserver à tout prix pour le corps d'armée.

Mais les procédés d'exécution étaient plus défectueux encore : on se demande quel espoir pouvaient conserver deux malheureux escadrons (divisés en pelotons et en demi-pelotons) de percer le rideau des avant-postes adverses (2)? Puisqu'on avait pris la détermination d'attaquer, trop tôt, encore convenait-il d'effectuer cette tentative de telle manière qu'elle offrît quelques chances de réussite.

Que fallait-il pour cela? Choisir un point d'attaque et en tenter le forcement en appliquant sur lui le plus de carabines et de canons possible, le reste de la division, à cheval, se tenant prêt à passer par la brèche ainsi produite. On a, d'autre part et déjà, discuté le choix du point d'attaque (3) (Saint-Didier-de-Bizonnes); on sait aussi que la dispersion initialement ordonnée pour la division ne permettait pas d'attaquer Saint-Didier de-Bizonnes puisqu'on n'avait, en face de ce point, ni les carabines

(1) On sait que, par ordre, le 16e dragons devait être à Longechenal et le 15e dragons à la Fillonnière; chacun d'eux avec une batterie.

(2) Le représentant de la 9e division de cavalerie avait le calque lui indiquant les points occupés par l'adversaire. La carte no 3 reproduit les indications (en bleu) dudit calque.

(3) On doit s'étonner d'autant plus des deux directions d'attaque choisies le 31 au matin, que l'ordre de la veille faisait croire à une tout autre intention.

(dragons), ni les canons nécessaires. Il en résulte que, si le commandant de la division avait compris la nécessité d'agir *en force*, sur le *point le plus favorable*, il aurait renoncé de lui-même aux coups d'aiguille aussi dangereux qu'inefficaces dont il ordonna l'exécution à l'aube du 31 août.

Le commandant de la division de cavalerie ayant échoué dans ses tentatives, pour percer sur le moulin Bouvier et Eydoche, ordonnait vers 7 h. 30, au moment où l'avant-garde générale du corps d'armée commençait à déboucher sur le Mottier :

I. — La 9e division n'ayant pu pénétrer dans la région boisée : Champier-Eydoche, Saint-Didier-de-Bizonnes, va se porter sur Biol, à l'effet de déborder l'ennemi par le Nord ;

II. — Rassemblement de la division vers la cote 544 (sud-ouest du Mont), sous la protection de la brigade de cuirassiers.

III. — Arrivés au point de rassemblement, deux escadrons du 16e dragons se porteront aussitôt sur Grand-champ (nord de Bizonnes), avec mission de reconnaître Saint-Didier-de-Bizonnes.

En fait, il est un peu exagéré de dire, à 7 h. 30, que la 9e division de cavalerie n'a pas pu pénétrer dans la région boisée : Champier-Eydoche, Saint-Didier-de-Bizonnes, alors que deux escadrons seulement ont essayé jusque-là de faire irruption dans ladite région, et seulement sur Champier et Eydoche.

Puisque la division se rassemblait à la cote 544 (où elle devait être reconstituée vers 8 h. 30), il semble que l'occasion eût été bonne pour opérer une tentative nouvelle, et *en forces*, sur Saint-Didier-de-Bizonnes.

L'observation de ce point par deux escadrons ne répondait nullement au même ordre d'idées.

Dans un but d'enseignement, on a résumé ici les opérations qu'aurait pu effectuer la division de cavalerie, le 31 au matin (1).

Au jour levant, la division, en voie de rassemblement au sud de la cote

(1) Ce sont ces opérations que représente la carte n° 3.

563, au nord-ouest des Blaches-au-Liers (2 kilomètres est de Longechenal), est couverte par : deux escadrons de dragons postés à Longechenal et aux maisons situées au sud de Pierres-Beauge ; un escadron de dragons vers Bizonnes (1).

Les deux escadrons de Pierres-Beauge-Longechenal gardent l'entrée des routes conduisant à la Frette, poussent leurs patrouilles dans les directions de Champier, Eydoche, bois au sud de cette dernière localité et protègent une batterie disposée, en position de surveillance sur la hauteur 607.

L'escadron de Bizonnes patrouille sur Saint-Didier-de-Bizonnes, Belmont et Biol.

Dans cette position de flanc, par rapport à un adversaire débouchant de Champier (ou d'Eydoche) dans la direction de la Frette, la division de cavalerie constitue une telle menace pour l'ennemi venant se heurter, d'autre part, aux carabines des Pierres-Beauge (maisons de l'entrée du défilé) et au canon de 607 que rien ne peut passer puis s'engager dans le défilé, sans, au préalable, se débarrasser d'elle.

Dès avant 7 heures du matin, grâce à une liaison établie entre elle et l'avant-garde générale du corps d'armée (2), la 9e division, informée de l'arrivée prochaine de l'infanterie et n'ayant remarqué chez l'ennemi aucun symptôme de mouvement vers le Sud, devait rallier ses deux escadrons de Pierres-Beauge et, tout entière, se mettre en marche pour aller tenter le forcement du passage à Saint-Didier-de-Bizonnes.

Cette nouvelle opération, exécutée *peu avant le débouché de l'avant-garde*, ne pouvait, en attirant l'attention de l'ennemi sur Saint-Didier, qu'avoir une très heureuse influence sur la tournure des événements du côté d'Eydoche.

Selon le directeur, la tentative de passage pouvait s'effectuer de la manière suivante, étant données les positions occupées par l'ennemi (carte n° 3) aux abords de Saint-Didier, entre 7 heures et 7 h. 30.

La division, par Bizonnes, venait aux abords sud-est de Belmont glissant un régiment de dragons dans le vallon de Mas-de-Fanjat, un autre dans le vallon conduisant dans le Noiraud (3). En même temps la batterie

---

(1) Il reste bien entendu qu'une reconnaissance spéciale devait être chargée de voir en arrière du front adverse. Il est inutile de revenir sur ce point.

(2) Cette liaison était bien naturelle puisque le moment de la disponibilité de la division de cavalerie dépendait précisément de la marche de l'avant-garde du corps d'armée.

(3) Ce dernier régiment réduit à trois escadrons, car il y avait lieu de se couvrir sur Biol contre les entreprises possibles de la cavalerie ennemie de ce côté.

(les deux, au cas où celle de la cote 607 aurait pu rejoindre) étaient mises en position sur le plateau 523.

Dès le moment où les pointes des deux régiments de dragons se voient fusillées, on met : au Sud, deux escadrons de dragons pied à terre avec direction sur Saint-Didier; au Nord, un escadron de dragons pied à terre, avec direction sur les maisons de Noiraud et le canon donne sur Saint-Didier et la lisière du bois à l'ouest de ce village.

Les escadrons de dragons restés à cheval (ceux du Nord particulièrement), suivent les péripéties du combat, prêts à se jeter dans le terrain libre situé à l'ouest des maisons Noiraud.

La brigade de cuirassiers tenue suffisamment à portée (sud de Belmont) est prête à marcher, sans perte de temps, dans le sillage des dragons.

On doit dire que, dans la réalité, la brigade de cavalerie adverse serait probablement intervenue à temps pour empêcher la division de mener son attaque à bien et qu'en ce cas, il serait devenu nécessaire d'en découdre avec cette nouvelle force ennemie.

Après cet engagement de cavalerie, supposé heureux, mais suivi de l'échec de la tentative sur Saint-Didier, le commandant de la division aurait donné l'ordre suivant (qu'il donna en fait) :

« Direction Biol, par en Bernin. L'intention du général est de se porter « dans la zone découverte les Badinières-Éclose par le Rapoux et Franchi- « son aussi vivement que possible. »

Prescriptions un peu sommaires en vérité, mais sur lesquelles il n'y a pas lieu de s'attarder.

B) *2e division.* — *3e brigade.* — Le commandant de la 3e brigade, présent à l'élaboration de l'ordre particulier nº 1 donné aux deux colonnes du gros par le commandant du corps d'armée, prescrivait à son tour les dispositions suivantes, en vue de l'attaque d'Eydoche :

1. — Renseignements sur l'ennemi (calque nº 1).

2. — En vue d'assurer à la brigade, le débouché hors du défilé de Pierres-Beauge, le 5e occupera le plus tôt possible avec un bataillon, les points d'appui ci-après :

Station et cimetière de Longechenal ;
Arrêt du tramway entre Pierres-Beauge et Eydoche ;

---

(1) La carte nº 3 reproduit les indications de ce calque.

Lisière nord de { le Grand-Chemin, Regardin, Rosatière;

sous la protection de la batterie postée à la cote 626.

3. — Le 2e bataillon de l'avant-garde restera abrité sur les pentes est de 626 (1).

Puis au commandant du gros de l'avant-garde générale :

1. — Envoyer l'artillerie du gros à la cote 626.

2. — L'infanterie se rassemblera à l'est de 582, près de la route.

Le commandant de l'avant-garde, s'organisant une sorte de tête de pont à l'issue du défilé de Pierres-Beauge, réunissait, en somme, ses moyens à l'effet de procéder ensuite à l'attaque du bois d'Eydoche.

On remarquera que son premier soin est de faire venir l'artillerie du gros de l'avant-garde pour appuyer l'unique batterie qui se trouvait en tête ; il n'échappera pas que le temps employé par le bataillon de tête pour s'établir en tête de pont, ainsi que celui mis à profit par le commandant de l'artillerie pour reconnaître la position 626, étaient largement suffisants pour permettre l'arrivée des deux batteries restées en arrière.

On disposa d'un temps d'autant plus long, en la circonstance, que la position d'artillerie utilisable fut trouvée, non pas à la cote 626, mais bien sur la hauteur 607, de l'autre côté du défilé. En sorte que la batterie de tête, malgré son avance dans la colonne, ne réussit pas à prendre position avant les deux autres. C'était la preuve flagrante qu'elle n'aurait pas dû en être séparée.

Le bataillon de tête du 5e, en se rendant aux divers postes qui lui avaient été assignés, commença par échanger des coups de fusil avec l'adversaire posté à la lisière sud du bois d'Eydoche.

Le commandant de la brigade, vers 7 h. 45, donnait alors l'ordre suivant :

1. — L'attaque d'Eydoche sera organisée comme suit,

(1) On oublia la compagnie du génie.

sous la protection et avec l'appui du groupe d'artillerie en position à 607 :

A gauche : 5e (2 bataillons), axe du mouvement, Regardin, 493, Eydoche ;

A droite : 6e (1 bataillon et 1 peloton de cavalerie) partant de Longechenal station, avec direction sur la croupe sud-est d'Eydoche.

2. — Cette dernière attaque sera soutenue et protégée par les 2 bataillons restants du 6e qui demeurent à la disposition du général de brigade.

Cet ordre vise, en résumé, l'obtention d'une attaque de front sur le bois d'Eydoche combinée avec une tentative de débordement du même bois par l'Est et l'on doit faire au commandant de la 3e brigade le premier reproche de n'avoir pas, avant de prescrire les détails d'exécution, exposé tout d'abord l'idée d'ensemble de son opération.

On doit lui reprocher aussi d'avoir imposé au 5e, le chemin 493, Eydoche, car, pour une raison évidente de liaison entre l'attaque de front et l'attaque débordante, il eût été préférable de lui assigner cette direction, non comme axe de marche, mais comme limite de sa gauche.

En d'autres termes, il y avait lieu de coordonner l'action des 5e et 6e régiments sur la corne sud-est du bois d'Eydoche, de manière à exercer sur cet objectif une pression où tous les éléments participants auraient agi en complète liaison. On aurait ainsi évité la tentation à laquelle devait naturellement succomber le 5e de déborder la pointe sud-ouest du bois, ce qui avait le double inconvénient de conduire ce régiment à l'attaque d'une lisière faisant face au Nord-Ouest, non battue par l'artillerie, et d'exposer son flanc gauche à des contre-attaques débouchant de la région de Champier.

La solution proposée est analogue comme forme à celle du commandant de la 3e brigade, mais elle est mieux liée : le jeu est plus serré.

Le commandant de la 3e brigade, en revanche, a fort bien agi en affectant un peloton de cavalerie au bataillon du 6e chargé de la tentative de débordement du bois d'Eydoche et en laissant au colonel du même régiment l'emploi *complet* du seul bataillon mis à sa disposition par le fait qu'il le libérait de toute crainte d'attaque sur son flanc droit. Le général de brigade, en effet, se réservait très heureusement le soin de prendre avec les deux bataillons de réserve, restés à sa disposition, les mesures d'échelonnement nécessaires pour éviter toute intervention de l'ennemi sur le flanc nord de la première ligne.

Il était judicieux encore de laisser au commandant du 5e, pour son attaque de front, deux de ses bataillons, attendu que ce colonel avait à prendre des précautions spéciales de protection en arrière de son aile extérieure (gauche). Il était désirable, toutefois, qu'on indiquât au bataillon du 5e, laissé en arrière, ce qu'il aurait à faire au cas où l'on pénétrerait dans le bois d'Eydoche, et lui dire aussi son rôle de recueil dans l'hypothèse où la brigade serait contrainte de reculer vers le débouché du défilé.

L'ordre de la 3e brigade pouvait donc être libellé ainsi :

1. — La 3e brigade, appuyée par le groupe d'artillerie établi à la cote 607, va procéder à l'attaque de la lisière sud du bois d'Eydoche.

2. — Le 5e (2 bataillons) attaquera de front, par la crête à l'est de 493 et le revers est du même mouvement de terrain. Ce régiment aura des précautions spéciales d'échelonnement à prendre pour couvrir son flanc gauche.

3. — Le 6e débordera le bois par l'Est, il remontera tout d'abord le vallon aboutissant à la station de Longechenal.

Le colonel, avec un bataillon et un peloton de cavalerie, amorcera le mouvement débordant en se liant à gauche avec le 5e.

Les deux autres bataillons du 6e sont à la disposition du général de brigade qui se charge de couvrir la droite du bataillon de tête du même régiment (contre toute entreprise de l'ennemi débouchant de la région à l'est d'Eydoche) et de le prolonger s'il est nécessaire.

4. — Le bois enlevé, le 5e poussera sur Eydoche, le colonel du 6e, sur le Petit-Mollard.

Dans la même hypothèse, le 1er bataillon du 5e (laissé provisoirement en repli au débouché du défilé) se rassemblera à l'arrêt (N.-E. du Grand Chemin).

5. — Le général de brigade marche avec les deux bataillons de réserve du 6e.

La carte no 3 marque le moment de l'exécution de cet ordre où la présence de l'ennemi à la lisière est du bois d'Eydoche a forcé le bataillon de tête du 6e à déployer trois de ses compagnies et où l'occupation du Petit-Mollard par l'adversaire va provoquer le déploiement d'une des compagnies du premier des deux bataillons réservés.

Engagement d'une avant-garde.— Comment le combat s'étend sur le front. — A propos de l'engagement de la 3e brigade, le directeur montre, sur des faits et sur le terrain, comment une avant-garde est amenée peu à peu à engager la majeure partie de ses forces, comment le gros est conduit à étayer l'avant-garde et de quelle manière la lutte se propage ainsi de proche en proche sur tout le front.

Dans le cas particulier, un bataillon du 5e s'engage, tout d'abord, sur la lisière sud du bois d'Eydoche ; à sa droite, un bataillon du 6e s'efforce de déborder l'obstacle qui arrête le 5e, mais il arrive que ce bataillon se heurte lui-même à de nouveaux fusils qui lui font face ; il établit à son tour une ligne de feu et cherche à la faire progresser en la renforçant. Si l'ennemi ne cède pas — et faisons cette hypothèse pour les besoins de la démonstration — le bataillon du 6e est arrêté. Alors intervient à sa droite un nouveau bataillon qui cherche à prendre l'ennemi en flanc ; mais des fusils encore se révèlent au Petit-Mollard, d'où nécessité de leur en opposer de plus nombreux et, par suite d'engager un autre bataillon du 6e. L'adversaire ne cédant pas, force sera de faire appel à de nouvelles forces pour tenter de déborder le Petit-Mollard. On trouvera alors occupés les bois au nord-est d'Eydoche.

Il arrivera ainsi un moment où l'avant-garde n'ayant plus que de très faibles réserves aura perdu ses capacités offensives. Si l'on veut poursuivre la lutte il faudra faire appel aux troupes du gros : une partie, la plus faible, viendra en réserve de l'avant-garde pour lui communiquer une nouvelle impulsion ; les autres, pour faire tomber la résistance de l'ennemi, agiront de la même manière qu'ont déjà fait les unités de l'avant-garde, par tentatives de débordement. A leur tour, elles rencontreront de nouvelles résistances et, ainsi le combat ira sans cesse prenant de l'extension jusqu'à ce qu'on ait enfin trouvé les ailes de l'adversaire.

Le commandant en chef ayant alors et successivement étayé son front en fournissant des réserves partielles aux diverses fractions qui le composent, prendra sa réserve générale et, pendant que se livreront sur le front des combats acharnés pour la conquête ou la reprise des points d'appui occupés par l'un ou l'autre parti, l'acheminera en arrière de la zone (centre ou aile) sur laquelle il compte faire l'effort décisif.

Couverture des flancs. — Le directeur appelle aussi l'attention des officiers sur la façon de couvrir les ailes exposées d'une ligne de feu, au moyen d'éléments échelonnés en arrière et à l'extérieur de cette ligne. Dans l'attaque du bois d'Eydoche, le 5e avait des précautions de ce genre à prendre à sa gauche et le général de brigade avait souci de préserver, de la même manière, le flanc droit du bataillon de tête du 6e et ultérieurement, s'il engageait lui-même un de ses bataillons de réserve, l'aile extérieure (nord) dudit bataillon.

Artillerie. — L'ennemi était supposé n'avoir encore entre Champier et Saint-Didier-de-Bizonnes, qu'une simple brigade, sans artillerie, mais cette circonstance était inconnue dès l'abord et, seul, l'engagement pouvait permettre de le vérifier.

Bien que les positions possibles de l'artillerie adverse — si elle eût existé — fussent fort éloignées (hauteurs de Flevin et du signal d'Eydoche, plus de 5 kilomètres), il importait que les batteries de la 3e brigade prissent toutes les précautions pour échapper, le cas échéant, au feu du canon ennemi. Aussi s'étalaient-elles largement sur le terrain de la cote 607 (1) et s'y établissaient-elles défilées des crêtes opposées et dangereuses.

Ce défilement était limité toutefois par une condition nécessaire, à savoir que, les capitaines étant postés pour apercevoir les objectifs des attaques du 5e et du 6e, les batteries restassent à portée d'entendre leurs commandements et de les exécuter rapidement : le défilement de l'homme à pied s'imposait.

Le directeur ajoutait encore quelques explications : il montrait que si la différence de niveau entre la position des batteries et le bois d'Eydoche avait été plus grande qu'elle ne l'était dans la réalité, ou bien encore que si le même bois avait été plus rapproché du pied des hauteurs, il pouvait arriver que les capitaines eussent à descendre davantage sur les pentes et même que les batteries ne pussent pas tirer sur l'objectif par-dessus la crête couvrante. Dans ces deux hypothèses, il aurait bien fallu que les batteries nécessaires pour battre le bois d'Eydoche prissent position en vue, le reste demeurant derrière la crête pour attaquer à l'occasion l'artillerie adverse.

On voit que le défilement de l'artillerie, en général, et le degré de défilement, en particulier, sont choses relatives et commandées par la situation tactique du moment. C'est donc une discussion vaine que de parler du mérite de tel ou tel défilement : il n'y en a, la plupart du temps, qu'un seul de convenable et quelquefois même il faut savoir s'en passer. Tout ce qu'il est possible de dire, abstraitement parlant, c'est qu'il faut se défiler si la situation l'autorise et, en ce cas, le plus et le mieux que l'on peut.

4e brigade. — En arrivant à la Poulardière, vers 8 heures, le commandant de la 2e division marchant à l'avant-garde de la 4e brigade donnait l'ordre de rassemblement suivant, en exécution de l'ordre particulier n° 1 du 1er corps :

---

(1) Ce terrain, indiqué comme boisé sur la carte au 80,000e est, au contraire, dénudé.

« Rassemblement de la brigade de part et d'autre de la « maison Pivat, en ligne de colonnes doubles, face au « Nord, le 8e à droite.

« Le rassemblement sera couvert par le bataillon « d'avant-garde du 7e qui observera les directions de « Commelle, Nantoin, Champier, Eydoche et se reliera « avec la 3e brigade.

« Le 8e détachera deux compagnies en soutien de l'ar- « tillerie, laquelle se portera à la cote 570 dès que son « chef y aura reconnu une position d'où il puisse battre « Eydoche et Champier.

« Le général se tiendra sur la crête 565-570. »

On fera simplement observer, au sujet de cet ordre, qu'il était dans le rôle du général de brigade (1) d'être un peu plus explicite sur les points qu'il désirait voir occupés par son bataillon de couverture : on pouvait également réunir la fraction de cavalerie divisionnaire restant à la disposition de la brigade, vers le boqueteau 425, observant Nantoin et la plaine à l'Est, tout en se tenant en liaison avec le peloton de Commelle.

Il faut ajouter que, pendant son arrêt sur la cote 565-570, le même général de brigade devait, et il le fit en réalité, faire reconnaître comment, par où et dans quelles formations, il lui serait possible d'acheminer sa brigade, soit sur Saint-Corps, soit sur la Fillonnière.

En ce qui concerne le bataillon de couverture, le colonel du 7e ordonnait :

« Le bataillon d'avant-garde prendra position pour cou- « vrir le rassemblement de la brigade à M. Pivat.

« 1 compagnie, au carrefour de Saint-Corps, observant « les directions de Commelle et de Petit-Nantoin.

« 1 compagnie, à la sortie des bois, chemin de Saint- « Corps à la Fillonnière, observant Nantoin.

« 2 compagnies, à la Fillonnière, gardant le saillant

---

(1) Le directeur avait autorisé le général de division, qui était supposé marcher avec la 4e brigade, à suivre les opérations de la 3e brigade.

« des bois et observant les directions de Champier et « d'Eydoche. »

Ceci est un ordre de chef de bataillon et non de commandant de régiment. Libre au colonel de dire à son subordonné les points qu'il *faut* tenir, libre à lui encore de signaler l'ordre d'importance de ces points, mais là s'arrête son droit. Les moyens d'exécution sont du ressort du chef de bataillon.

On ne saurait trop insister sur l'importance qui s'attache au respect rigoureux de l'initiative à tous les degrés de la hiérarchie, et cela cause toujours une sensation pénible que d'entendre des colonels parler de compagnies et des généraux commander à des bataillons. Ces procédés condamnables dénotent un manque de confiance du chef envers ses inférieurs immédiats et il est permis de penser que ce chef n'a que la juste récompense de sa manière de comprendre l'exercice du commandement puisqu'il s'obstine à ne pas mettre ses subordonnés en situation de devenir pour lui d'utiles auxiliaires.

Quant aux deux compagnies du 8e chargées du soutien de l'artillerie, soutien bien fortement constitué étant donné le panorama qui se déroulait sous les yeux du commandant de l'artillerie placé sur la hauteur 570, le mieux était d'en pousser une au débouché nord du chemin conduisant de maison Chuzet à Combelatière et l'autre vers le carrefour de maison Chuzet, avec poste de liaison à mi-route entre les deux unités.

Artillerie. — Le commandant de l'artillerie de la 4e brigade résumait ainsi ses impressions après reconnaissance de la crête 565-570 :

« La crête montagneuse qui, de Saint-Corps, rejoint le « Mottier peut être atteinte, soit par Saint-Corps et le « chemin qui suit la ligne de faîte (565), soit par la Pou- « lardière et la maison Pivat.

« Derrière cette crête, l'artillerie peut manœuvrer de « manière à se rapprocher insensiblement de la position « ennemie.

« La crête 565 se trouve à 3,500 mètres de la station de « M. Bouvier, 5,000 mètres du clocher d'Eydoche, « 2,800 mètres de l'infanterie adverse.

« Tir masqué derrière une crête avec observation avant à 50 mètres, au maximum, direction à la voix. »

Cette reconnaissance fort bien faite aurait gagné à être complétée par l'ordre d'exécution correspondant : il serait intéressant de savoir, en particulier, si le commandant de l'artillerie, dans l'ignorance où il se trouvait encore de la direction où il lui faudrait agir, était dans l'intention de déployer son groupe ou de le laisser, près des emplacements probabes, en position d'attente : quelles études, mesures de distances et d'écarts angulaires, reconnaissances d'itinéraires, il a ordonnées durant le laps de temps où les batteries sont restées inactives.

C) *1re division.* — A 8 h. 15, des abords de la cote 633, sur le chemin de Bévenais à Longechenal, le commandant de la 1re division lançait deux ordres, l'un verbal à l'avant-garde de sa colonne, l'autre, écrit, au gros.

Ordre verbal à l'avant-garde.

« Portez-vous directement sur 632 (bois du Mont), par « la Villardière, pour y tenir le mouvement de terrain « 632-544.

« Surveillez et faites reconnaître Saint-Didier-de-Bizonnes et Bizonnes, de façon à me permettre de déboucher « sur l'un ou l'autre de ces deux points.

« La colonne de flanc reçoit l'ordre de se porter à Paille « (sud des Ebrais).

« Le gros de la colonne se rassemblera au sud de 563. »

Ordre écrit au gros de la division.

« *L'avant-garde* marche sur le Mont-544.

« *Rassemblement* pour le gros de la colonne au sud « de 563. Point indiqué sur le terrain par l'état-major.

« *Itinéraire :* Chemin de 525 (Vidarnière) aux Blaches « en se redressant vers le Nord à 1,500 mètres à l'est de « la Vidarnière.

« *Formation :* 2e régiment, en ligne de colonnes doubles, « le 2e groupe divisionnaire entre les deux bataillons.

« *2e brigade :* derrière le 2e, ses deux régiments accolés « en colonne de colonnes doubles.

« *Artillerie de corps :* Ligne de groupes en colonnes « doublées en arrière et à gauche de la 2e brigade.

« *Compagnie du génie de corps :* A gauche de l'artil- « lerie.

« *Ambulance :* A Longechenal. »

L'ordre de rassemblement très net qu'on vient de lire ne donne lieu à aucune observation : les dispositions qu'il renferme sont le résultat d'une reconnaissance minutieuse du terrain et les formations indiquées s'appliquent exactement sur l'espace laissé disponible par les haies et boqueteaux (non indiqués sur la carte) qui croissent sur le revers sud de la croupe 563 — Longechenal (1).

Le commandant de l'avant-garde (général commandant la 1re brigade) avait ordonné :

« La division va se rassembler au sud de la cote 563, « couverte vers le N.-O. par l'avant-garde.

« Le bataillon tête d'avant-garde se dirigera directement « sur la cote 544 couvrant ainsi la marche de la division. « Il prendra position sur la crête 544, face au Nord- « Ouest.

« Les deux autres bataillons du 1er régiment et le « 1er groupe d'artillerie suivront l'itinéraire prescrit pour « la division (2) : le 2e bataillon prendra position sur les « pentes ouest de 632 ; le 3e bataillon, en deuxième ligne, « se portera en échelons en arrière et à droite, à l'est du *t* « de le *Mont*.

« Le 2e se conformera à l'ordre ci-joint de la division

(1) Les divers éléments du gros ne pouvaient se trouver formés sur leur place de rassemblement :

Le 2e et l'artillerie divisionnaire (2e groupe) avant 9 h. 35 ;
L'artillerie de corps.......................... — 10 h. 15 ;
La 2e brigade.......................... — 10 h. 40.

(2) Cet ordre étant verbal, le colonel du 1er régiment a pu recevoir avis directement de cet itinéraire.

« pour le rassemblement et pour son détachement d'un « bataillon sur Paille.

« Le colonel du 1er régiment enverra des patrouilles en « reconnaissance sur la lisière des bois 530, Saint-Didier et « Noiraud.

« L'escadron divisionnaire couvrira le détachement, au « nord de Belmont.

« Le commandant de l'artillerie reconnaîtra des posi- « tions pour battre Eydoche, Saint-Didier, Noiraud.

« Le général de brigade se tiendra au Mont, vers la « cote 632. »

Cet ordre prête à la même critique que celui du chef du 7e. Que le commandant de l'avant-garde veuille avoir un bataillon à la cote **544** pendant que sa colonne défilera derrière la croupe 563, cela se conçoit; qu'il veuille faire tenir le Mont et le fasse connaître, cela est juste; qu'il dise encore que le dernier bataillon de son avant-garde, qu'il se réserve, au fond, sera placé en échelon refusé à droite, passe encore, puisqu'il n'est pas certain du moment où la colonne flanquante arrivera à Paille, mais qu'il prescrive d'avance au colonel du 1er régiment de *prendre position* et de *faire face* au Nord-Ouest plutôt qu'au Nord, cela est inadmissible.

Le colonel du 1er régiment est chargé de couvrir le rassemblement de la division, avec deux bataillons, en occupant le mouvement de terrain : 544, le Mont; son grade l'autorise à chercher et à trouver par quels moyens de détail il remplira au mieux sa mission suivant les manifestations de l'adversaire.

Il serait inexcusable, en particulier, s'il n'avait la ressource de se dérober derrière l'ordre de son supérieur, en faisant prendre position, d'avance, à ses bataillons.

On saisit, dans cet ordre, l'inconvénient de ne pas désigner un chef spécial pour le gros de la colonne : en fait, cette fonction devait être exercée par le général commandant la 2e brigade et la division aurait dû l'en informer.

Il est peu vraisemblable, en effet, que le commandant de l'avant-garde ait fait faire une copie de l'ordre de la division et l'ait adressée, accompagnée de son ordre propre, au 2e régiment qui échappe en réalité à son commandement.

L'envoi de patrouilles par le 1er régiment sur le bois 530, Saint-Didier-de-Bizonnes et Bizonnes est d'une pratique tellement courante qu'une telle prescription ne doit pas entrer dans un ordre de brigade, ni même de régiment.

En revanche, il faut admettre que le commandant de l'avant-garde a désigné parmi les officiers de liaison et d'état-major marchant avec lui, ceux qui devaient aller reconnaître les itinéraires par où le gros de la division pourrait s'approcher de Saint-Didier-de-Bizonnes ou de Bizonnes (suivant que les circonstances l'obligeraient à se porter sur l'un ou l'autre de ces deux points ou sur tous les deux à la fois), car il n'est pas fait allusion à ces reconnaissances dans l'ordre de la brigade.

La prescription relative à la recherche de positions par l'artillerie est incomplète en ce sens qu'on n'indique pas au chef de cette arme sur quel mouvement de terrain il faut qu'il fasse choix de ces positions.

La chose, sans doute, n'offre pas d'ambiguïté pour l'artilleur puisque son groupe se rassemble *au nord* de 563, mais il a de l'importance pour le commandant du 1er régiment qui ne disposera évidemment pas ses deux bataillons de couverture de la même manière suivant qu'il saura que l'artillerie doit venir au nord-est de 544, ou qu'elle restera sur la crête sud de 563.

On constate enfin que la compagnie du génie a été, une fois de plus, totalement passée sous silence. On avait cependant une excellente occasion de l'utiliser dans cette sorte de forteresse naturelle du Mont qui commande tous les environs à 2 kilomètres à la ronde.

On a tort de négliger ainsi le génie, car l'expérience des dernières guerres a surabondamment prouvé l'utilité de ses travaux de fortification de campagne.

Pour rendre hommage à la vérité, on doit ajouter que les positions à tenir par l'avant-garde de la 1re division, la manière de les occuper provisoirement, en attendant que l'ennemi se manifeste, les points de rassemblement des garnisons en arrière de leurs emplacements possibles, les cheminements des réserves pour se porter en ligne, les positions de batterie répondant à toutes les hypothèses, leur mode d'occupation, les avantages et les inconvénients qu'elles présentaient au point de vue des effets à attendre de leur tir, ont été étudiés avec une conscience scrupuleuse.

D) *Répartition du travail jusqu'à 11 heures du matin.* (Carte n° 3.) — La première phase de la manœuvre étant étudiée à fond et discutée (1), le directeur fixait, vers

---

(1) On a reproduit ci-dessus, en les développant, tous les sujets de critique abordés par le directeur au premier point de rendez-vous.

9 h. 30, la situation qui allait servir de base aux études ultérieures. Il faisait distribuer, à cet effet, les calques dont la carte n° 3 reproduit les indications et donnait lecture de l'ordre suivant :

Ordre général d'opérations n° 2 pour la journée du 31 août.

Le Mottier, 31 août, 9 h. 30 matin.

1. — L'ennemi, après avoir montré deux bataillons environ à Eydoche, se retire dans la direction Flachères, le Fraginet ; il tient toujours les abords sud de Champier et Saint-Didier-de-Bizonnes, mais probablement avec de simples avant-postes.

La 9e division de cavalerie a dépassé Biol, rejetant sur Châteauvilain une brigade adverse de même arme.

Ses reconnaissances lui signalent des forces assez considérables d'infanterie et d'artillerie en marche, de Bourgoin sur les Badinières.

2. — Le 1er corps va tenter de s'ouvrir le débouché dans la région libre d'Éclose.

3. — A cet effet :

La *3e brigade* dirige, à la suite de l'ennemi en retraite, un régiment sur Flachères par les hauteurs 645-628, son deuxième régiment sur Champier par les Gachets et Flevin (1) ;

La *4e brigade* viendra en réserve à la Fillonnière ; le commandant de la 2e division prendra le commandement de sa division.

4. — La *1re division* poussera son avant-garde sur Saint-Didier-de-Bizonnes : elle étendra ultérieurement sa

---

(1) Ceci est la constatation d'un fait et non une prescription du commandant du corps d'armée.

droite, s'il est nécessaire, le long de la lisière nord-ouest des bois (N.-E. de Flachères) jusqu'à la trouée située à l'ouest des Rebaillères.

La *2e brigade* formera réserve générale, elle se tiendra en échelon refusé à droite de la ligne de la 1re division. Le commandant de corps d'armée sera informé de ses déplacements.

5. — L'artillerie de corps viendra au Mottier où elle se rassemblera et se tiendra à la disposition du général commandant le corps d'armée, lequel se porte au sud de la Fillonnière.

Cette lecture faite, le travail était ainsi réparti :

1re division. — Action de l'avant-garde sur Saint-Didier-de-Bizonnes, puis Florencin.

Extension de la brigade de tête le long de la lisière des bois au nord-est de Flachères.

2e division. — *3e brigade* (et artillerie). — Continuation de l'action au delà d'Eydoche dans les directions de Flevin et de Flachères.

4e brigade. — Mouvement de la brigade de la maison Pivat sur la Fillonnière.

Entrée en action de la 4e brigade contre les défenses ouest de Champier.

Artillerie de corps. — Étude des opérations de l'artillerie de la 2e division durant la 2e phase.

Recherches de positions pour l'artillerie de corps aux abords du Mottier, en vue de coopérer à l'action des 3e et 4e brigades.

9e division de cavalerie. — Tentative de débouché de la 9e division, par le nord-ouest de Biol, dans la région au sud de Châteauvilain.

Deuxième point de rendez-vous. — Le deuxième point de

rendez-vous fut fixé à Flevin, à 11 heures, pour la 2e division et l'artillerie.

L'intention du directeur était, tout d'abord, de fixer ce rendez-vous à une heure plus avancée et d'en assigner un autre, spécial, à la cote 608, au nord-ouest de Flachères, à la 1re division et à la cavalerie. Le temps ne le lui permettant pas, il fut convenu que les officiers de la 1re division et de la cavalerie gagneraient leur gîte de Champier, leurs travaux effectués, sans avoir à faire de compte rendu sur le terrain.

II. — Travail jusqu'à 11 heures du matin.

A) *2e division*. — *3e brigade*. — Au moment de la prise d'Eydoche, la 3e brigade se trouvait dans la situation marquée sur la carte nº 3.

L'ordre suivant lui était alors donné :

1. — « L'ennemi (2 bataillons environ) se retire dans « les directions de Flachères et de Flevin.

2. — « Le 5e (3 bataillons) prendra cette dernière « localité comme objectif : il aura un soin particulier à « couvrir sa gauche aussi longtemps que la 4e brigade, qui « doit se rassembler à la Fillonnière, n'entrera pas en « action.

3. — « Le 6e (2 bataillons), se dirigera sur Flachères, « par le vallon, 800 mètres nord-ouest d'Eydoche et par la « cote 645. Une fraction prendra par la lisière occidentale « du bois à l'est de Flevin à l'effet de se lier au 5e.

4. — « Le général de brigade, avec un bataillon du 6e, « se tiendra à mi-chemin de la Ville et du hameau situé entre « Eydoche et Flevin. Il garde le peloton de cavalerie et se « charge d'assurer la liaison avec la 1re division, laquelle « marche du Mont sur Saint-Didier-de-Bizonnes et la « cote 631.

5. — « L'artillerie demeure provisoirement sur sa posi-
« tion actuelle.

6. — « On portera attention à n'engager que des « patrouilles à l'intérieur des bois et à gagner le long des « lisières, par le terrain libre, de manière à toujours « déborder les défenseurs que l'ennemi peut avoir à l'in- « térieur. »

En conséquence de cet ordre, le colonel du 5e assignait à ses bataillons de première ligne (2e et 3e) les objectifs respectifs suivants : 2e bataillon, intervalle entre Flevin et le bois à l'Est (liaison à gauche avec le 3e bataillon); 3e bataillon, Flevin (direction de la droite). Quant au 1er bataillon, il était amené à la cote 493 et le colonel s'en réservait l'emploi, tant pour appuyer, au besoin, les deux bataillons précédents que pour parer à toute éventualité sur leur flanc gauche : ce bataillon devait suivre la première ligne, le long de la grande route, couvert par quelques patrouilles ; son mouvement, effectué par bonds, de vallonnement en vallonnement, le laisserait ainsi échelonné en arrière et à l'extérieur du flanc gauche de son régiment.

Le 3e bataillon, formant la gauche de la première ligne, était parti du bois d'Eydoche, avec point de direction de sa droite sur le chemin menant des Gachets à Flevin, n'ayant encore qu'une compagnie déployée, mais déjà avant les Gachets, les coups de fusil partant de Flevin l'avaient obligé à déployer une deuxième compagnie à la gauche de la précédente.

Aux Gachets (chapelle de Flevin), des coups de fusil provenant du Gouin l'obligèrent encore à jeter une troisième compagnie à la corne nord-est du boqueteau voisin (nord) de la station. Une seule compagnie demeurait en réserve du bataillon.

Le compte rendu de cette situation ayant été adressé au colonel qui se tenait au Pré-Rouge, celui-ci ordonna au bataillon échelonné, parvenu à ce moment au moulin Bouvier, de se porter à la station avec mission de tenir la corne nord-ouest du bois voisin et de couvrir le flanc gauche du régiment contre des fractions ennemies que l'on apercevait alors à la lisière boisée et située au nord-est de Lanconey.

Le commandant du 1er bataillon (réservé) détachait une compagnie au bois de la station, une autre sur le chemin creux allant de 482 à Rossatière, face à l'Ouest et maintenait deux compagnies en réserve à la station.

Dans le même temps, le 2e bataillon du 5e gagnait du terrain vers la corne du bois situé à l'est de Flevin. Son mouvement était facilité par la nature relativement couverte et mouvementée de sa zone d'approche.

Il était à ce moment 11 heures du matin (1), et l'ennemi se décidait à évacuer Flevin et abords.

Le commandant du 6e, sur ces entrefaites, dirigeait son bataillon de droite (2e) sur la cote 645 et son bataillon de gauche (1er) sur le vallon à l'ouest de ladite cote. Une section de ce bataillon, cheminant le long de la lisière occidentale du bois à l'est de Flevin, tenait le colonel du 6e au courant des progrès accompli par le 5e régiment.

Le 1er bataillon (gauche) ne rencontrait qu'une très faible résistance et s'élevait progressivement vers le Nord, en sorte que les progrès de ce bataillon favorisaient considérablement la marche du bataillon voisin, lequel s'était heurté, au contraire, à une résistance assez grande à la lisière des bois au sud de 645.

A 11 heures, le 6e atteignait les abords de la cote 628

---

(1) Toutes ces opérations, arrêtées au deuxième point de rendez-vous, y furent exposées, à quelques modifications de détail près, ainsi qu'il a été dit ci-dessus. L'artillerie, de sa position de la cote 607, était en mesure d'appuyer très efficacement les mouvements du 5e : les 3 batteries de la 4e brigade, de 570, y pouvaient également concourir.

(1er bataillon) et du signal d'Eydoche (2e), le 3e bataillon se trouvant alors en face du moulin des Raisins où l'ennemi n'opposait qu'une faible résistance, en raison surtout de l'offensive de la 1re division dépassant alors Saint-Didier-de-Bizonnes.

4e brigade. — Dès le moment où vers 9 h. 45, le général commandant la 2e division, posté sur la hauteur 570, avait été en possession de l'ordre général d'opérations no 2 du corps d'armée, il avait mis en marche le 7e (2e et 3e bataillons) sur la Fillonnière, prescrit au 8e (à l'exception des 2 compagnies de soutien de l'artillerie) de suivre le mouvement et ordonné au colonel du 7e de rallier à la Fillonnière tout son bataillon de couverture.

Ces divers mouvements, commencés vers 10 heures, étaient exécutés à 11 heures.

A ce moment, la 3e brigade attaquait Flevin, dont elle s'était rapprochée à courte distance, mais elle ne s'en était pas encore emparée.

En vue de refouler les fractions adverses placées en position aux abords ouest de la cote 482, il était alors ordonné :

« La 3e brigade marche sur Flevin et Champier.

« En vue d'appuyer son attaque et de faire tomber la résistance des détachements ennemis occupant les bois à l'ouest de la cote 482, le 7e se dirigera sur les hauteurs à l'ouest de cette cote (les Couillères) en se couvrant sur son flanc gauche.

« Le 8e viendra, par Dantonnière, au moulin Bouvier (station), en réserve de la division.

« L'artillerie appuiera, de 570, l'attaque du 7e sur les Couillères. »

Le colonel du 7e répliquait par un ordre qui suscite le même reproche que son ordre précédent, à savoir qu'il n'avait pas à entrer dans les détails d'exécution incombant exclusivement à l'initiative des chefs de bataillon.

« La 3e brigade marche sur Flevin et Champier, disait-il. Le 7e appuiera cette attaque et se formera, à cet effet, en échelons refusés à gauche.

« Les deux premières compagnies du bataillon de tête (2e) se porteront sur les Couillères et se relieront, par des patrouilles, à la 3e brigade. Une compagnie de ce même bataillon marchera par Lanconney et la crête à l'ouest de la route Éclose—les Couillères. La quatrième marchera en arrière et à gauche du bataillon.

« Les 3e et 1er bataillons se porteront en réserve dans la direction de 482, sud des Couillères. »

La marche du 7e régiment à travers la plaine assez peu couverte de Lanconney-Dantonnière présentait un certain intérêt. Alors que, dans la région à l'est de la route du Mottier à Champier, des unités, même massées, pouvaient, par des bonds rapides, se porter d'un couvert à un autre sans que leur mouvement pût être arrêté en raison même du peu de durée des périodes de visibilité, il n'en était plus ainsi pour le 7e. La marche d'approche du bataillon de tête dut s'effectuer par filtration successive de petits éléments, ou essaims, venant former ligne de feu sur une position (ou derrière un abri favorable) et recommençant plus loin, suivant le même mode, lent mais sûr, de progression.

Les compagnies en réserve opérèrent leur marche vers l'avant par poussée successive de petites fractions venant s'agglomérer derrière une haie où la compagnie se trouvait reformée et d'où elle repartait dans des conditions analogues.

Le 8e, pour se porter à la station, utilisait le couvert des maisons de Dantonnière, se glissait dans la déclivité de terrain au sud de la cote 485, franchissait la grande route et se rabattait vers la station à travers une zone assez couverte pour que les deux bataillons et demi pussent marcher presque constamment en formation dense.

Il se formait alors en rassemblement, entre la station et le moulin Bouvier, deux bataillons en première ligne, le demi-bataillon restant en arrière du bataillon de gauche.

Le commandant de l'artillerie de la 2e division expliquait que « les distances de tir de ses batteries étaient « grandes, mais en rapport avec les idées nouvelles et « *surtout imposées par le terrain* (1) ». L'artillerie adverse ne s'était encore montrée nulle part, mais il était jugé « imprudent de faire descendre les batteries de la 2e division dans la plaine avant que l'infanterie ait conquis les « hauteurs au nord de la ligne Eydoche—Nantoin ».

Cette opinion est d'autant plus à partager que, nulle part ailleurs, l'artillerie n'aurait été en situation de préparer aussi bien les attaques de l'infanterie (2), aussi doit-on s'étonner qu'après avoir ainsi pensé, le commandant de l'artillerie, à la même heure, ait cru devoir prescrire au groupe de la cote 607 « d'amener les avant-trains et de se diriger sur le Mottier où devaient lui parvenir de nouveaux ordres ».

On remarquera d'autre part, qu'il était d'autant moins utile de déplacer le groupe de la 3e brigade pour l'envoyer au Mottier que toute l'artillerie de corps allait précisément, et par ordre du commandant de C. A., arriver en ce point (3).

Fort heureusement, le commandant de la 3e brigade avait donné à son artillerie des instructions fermes qui obligèrent les batteries à rester à la cote 607.

B) *1re division.* — De son rassemblement de la cote 563, le général commandant la 1re division ordonnait, avant 10 heures du matin :

« La 3e brigade attaque Flachères par les hauteurs 645-« 628. La 1re brigade, remise en entier sous le comman-

---

(1) Cette raison dispensait de toutes les autres.

(2) Il est préférable de tirer loin, mais en observant facilement les péripéties de l'action et les éclatements des projectiles, que de se rapprocher et de ne rien voir que difficilement.

(3) Circonstance indiquée dans l'ordre du C. A.

« dement de son général (1) se portera sur Saint-Didier-
« de-Bizonnes, son premier objectif.

« Saint-Didier paraît occupé par deux compagnies;
« d'autres troupes ennemies sont signalées vers le Tru-
« chait.

« L'attaque de la 1re brigade sera appuyée par le pre-
« mier groupe de batteries qui s'établira sur la position
« qu'il a reconnue au nord-est du Mont. La 1re brigade
« assurera sa liaison avec la 3e par la cote 530.

« La 2e brigade suivra le mouvement de la 1re par
« Bizonnes. Elle sera accompagnée par le deuxième
« groupe de batteries.

« L'ambulance se portera directement de Longechenal
« sur les Ebrais (2). »

L'adjonction du deuxième groupe de batteries à la 2e brigade (réservée), ne paraît pas aisée à justifier. Il aurait été préférable de faire venir les trois batteries restantes à l'emplacement évacué par les premières (derrière le Mont). De là, il aurait été loisible, si les circonstances en démontraient la nécessité, de les appeler, par itinéraire défilé (et très probablement par le chemin de Matianières) sur Bizonnes. En attendant, le chef du groupe venu auprès des batteries en action au nord-est du Mont, se serait tenu au courant de la situation : ses officiers adjoints ou éclaireurs auraient reconnu des positions de part et d'autre des Matianières ainsi que des passages pour se rendre soit à ces positions même, soit à Bizonnes, soit sur la crête du Grand-Champ.

Le général de division n'indique pas le poste d'observation qu'il compte occuper (sans doute, le sommet du Mont, d'où la vue s'étend sur tous les environs) ?

---

(1) On voit que le chef de la 1re division avait bien considéré, jusque-là, le commandant de la 1re brigade comme exclusivement chargé de la conduite de l'avant-garde de la division et le 2e régiment comme échappant provisoirement au commandement de son chef naturel. En d'autres termes, et cela devait être ainsi, le général de division n'avait à commander qu'à deux subordonnés : le chef de l'avant-garde et le commandant du gros.

(2) L'artillerie et le génie de corps obéissaient naturellement à l'ordre du corps d'armée et se dirigeaient sur le Mottier où leurs chefs les précédaient.

1re brigade. — En exécution de l'ordre de la 1re division, le commandant de la 1re brigade ordonnait :

I. — « La 1re brigade se portera sur Saint-Didier-de-Bizonnes qui paraît occupé par deux compagnies. D'autres troupes ennemies sont signalées vers le Truchait.

II. — Le groupe de batteries prendra position sur l'emplacement reconnu entre le Mont et les Ebrais, de façon à faciliter l'attaque sur Saint-Didier et à empêcher tout mouvement de l'ennemi venant du Nord.

III. — Le 1er régiment détachera une compagnie vers la cote 530 pour établir la liaison avec la 3e brigade, les trois autres compagnies de ce bataillon se porteront sur la croupe Mas du Grand-Champ.

La compagnie du génie marchera avec ce bataillon. Le 2e bataillon du 1er régiment, sous la protection des troupes du Mas, prononcera l'attaque sur Saint-Didier. Le 3e bataillon suivra en réserve derrière l'aile droite.

IV. — Le 2e régiment ayant ses trois bataillons en échelons à droite, se dirigera, par Bizonnes et le Denier, sur Truchait.

Le bataillon de tête est de direction.

V. — La cavalerie divisionnaire continuera à couvrir le flanc droit de la colonne. »

Cet ordre est fort intéressant en ce qu'il donne sujet à observations nombreuses tant de fond que de forme.

Et, tout d'abord, on ne saurait trop répéter que ce n'est pas là un ordre de brigade. Un général de brigade n'a pas le droit de parler de bataillons (à moins qu'il ne veuille s'en réserver exclusivement la disposition) et encore moins de compagnies.

Le colonel du 1er régiment, de par son grade et sa fonction, était de taille à organiser *lui-même* une attaque sur Saint-Didier attendu que, pour cette opération, on ne lui donnait ni plus ni moins que son régiment.

Qu'on lui dise qu'il devra tenir la corne du bois 530 ainsi que le Mas du Grand-Champ, cela passe encore parce que l'occupation de ces deux points d'appui importe pour la réussite (ou, plus exactement, en cas de non réussite) de l'opération effectuée par la brigade, mais là s'arrête le rôle du général, attendu que le colonel du 1er régiment est suffisamment avisé pour comprendre qu'une troupe ayant à établir une liaison avec une unité voisine (compagnie de 530) doit être de moindre importance qu'une autre dont le rôle peut être de recueillir et de limiter l'insuccès d'un régiment (bataillon du Mas du Grand-Champ).

Ceci dit, on doit remarquer encore que le 1er régiment avait été jusque-là dispersé en couverture, qu'il avait même pris position (à moins qu'il n'ait pas obéi à l'ordre qui lui avait été précédemment donné) depuis la partie est du Mont jusqu'au-delà de la cote 544; c'était donc le régiment à ne pas choisir pour marcher à l'attaque directe de Saint-Didier. Cela se conçoit, sans grandes explications, si l'on songe seulement au temps nécessaire à la transmission de l'ordre du colonel jusqu'aux petites fractions dispersées, et au ralliement consécutif des compagnies puis des bataillons. Le 2e régiment, au contraire, était disponible et, avant même de faire savoir à son chef de quoi il s'agissait, on pouvait lui envoyer l'ordre de se diriger immédiatement sur le Mas du Grand-Champ, en ralliant à hauteur de Paille son bataillon détaché. En cours de route le colonel pouvait être informé de la mission qui lui était confiée.

Dans le même temps, le 1er régiment aurait commencé ses dispositions pour venir se rassembler au point que le général aurait assigné.

L'ordre de la 1re brigade, enfin, établit une véritable confusion entre la nouvelle répartition des commandements.

La division dit d'une manière très explicite que l'ex-commandant de l'avant-garde reprend sa brigade : dès lors, artillerie, cavalerie et génie divisionnaires lui échappent. La répartition en une avant-garde et un gros est commode pendant la marche et jusqu'au moment où l'avant-garde (plus ou moins renforcée en artillerie) est seule engagée, mais elle devient caduque dès qu'une fraction importante de l'infanterie du gros est appelée à s'engager.

A ce propos, on remarquera que les liaisons établies, jusqu'à ce moment, entre le commandant de l'avant-garde et les unités subordonnées doivent l'être désormais, certaines directement (artillerie, génie, cavalerie) avec le général de division, d'autres entre la brigade et le même général de division. Les nouvelles liaisons, conséquences d'une modification dans la répartition des commandements, sont, dans la pratique, l'objet de fréquents oublis, ou de non moins préjudiciables retards; il importait d'attirer l'attention sur ce point.

Il n'y a pas à insister sur la futilité de l'indication : « le bataillon de tête est bataillon de direction », mais on remarquera que le commandant de la 1re brigade ne donne pas de renseignements sur l'endroit où il se tiendra pendant l'attaque de Saint-Didier-de-Bizonnes.

2e brigade. — Le général commandant la 2e brigade

mettait sa brigade en marche, au moment même (10 h. 40) où elle terminait son rassemblement, par l'ordre ci-dessous :

« La 2e brigade rompra immédiatement vers le Nord, « le 4e en tête, le 3e en queue.

« Les deux régiments marcheront en ligne de colonnes « de bataillon à 100 mètres d'intervalle, le 3e à 300 mètres « derrière le 4e et en échelon à 50 mètres en arrière à « droite.

« La brigade prendra comme axe de son mouvement « le chemin vicinal qui, de la Tuilière, se dirige sur « Bizonnes.

« L'état-major de la brigade devant le 4e.

« Les trains de combat marcheront à la queue de leurs « régiments respectifs sur le chemin de la Tuilière à « Bizonnes.

« Le deuxième groupe d'artillerie marchera derrière la « brigade sur la route de la Tuilière à Bizonnes ; le 3e « détachera une compagnie derrière l'artillerie. »

Il va sans dire qu'itinéraire et formations avaient été arrêtés par le général de brigade après reconnaissance préalable du terrain.

Un peu avant midi, le déploiement du 1er régiment (1) (2 bataillons) et l'approche du 2e vers le Truchait déterminaient l'ennemi à évacuer les abords de Saint-Didier. Le général de division ordonnait alors :

Saint-Didier, 31 août, midi.

« L'ennemi s'est retiré sur Flachères, Florencin et Grabissières. La 1re brigade poussera directement de Saint-« Didier sur Flachères ayant pour objectif d'occuper la « trouée, face à Éclose, comprise entre le mouvement de « terrain 608 et le Marc.

---

(1) On a supposé, bien entendu, que l'ordre de la 1re brigade était exécutable.

« Le 2e groupe de batteries est mis aux ordres du « général commandant la 1re brigade pour appuyer son « mouvement de Florencin sur 608 (1).

« La 2e brigade, que rejoindra le 1er groupe de batte- « ries, se portera entre Saint-Romain et le Truchait ; elle « se fera couvrir par un détachement sur Rebaillères.

« Une demi-ambulance se portera sur Saint-Didier. »

Ordre précis, clair, court, laissant à chacun des deux brigadiers l'initiative complète des moyens propres à en assurer l'exécution.

1re brigade.

Saint-Didier, 31 août, midi 15.

I. — « Le 1er régiment continuera son mouvement avec Florencin comme objectif. Le bataillon de réserve (3e), traversant la 1re ligne, se dirigera droit sur Florencin à travers bois.

Le 2e bataillon marchera sur la cote 614 (2).

Le 1er bataillon suivra en réserve détachant une compagnie à 588.

II. — Le 2e régiment enverra un bataillon par le chemin, à travers bois, sur le Marc. Les deux autres bataillons, passant par la trouée de Rebaillères, marcheront sur les Planches.

III — Le groupe d'artillerie (2e) mis à la disposition de la brigade suivra le mouvement du 1er régiment et reconnaîtra des positions de batteries donnant des vues sur Flachères puis, le cas échéant, sur 608 et le terrain au Nord.

IV. — Le 1er régiment, après avoir occupé Florencin, contribuera, s'il y a lieu, à l'attaque de Flachères puis se

(1) Cette prescription justifie la remarque faite plus haut en ce qui concerne la répartition des commandements, une fois la 1re brigade remise en entier à la disposition de son chef.

(2) Ce bataillon n'avait eu que faiblement à s'engager, par hypothèse. Dans ces conditions, il pouvait continuer son offensive.

portera sur le Pilon, ayant pour objectif 608. Un bataillon de ce régiment occupera cette hauteur, un autre la corne ouest du bois, se reliant avec le 2e régiment qui occupera le Marc et les Planches. »

Cet ordre soulève les mêmes critiques que celui donné à 10 heures du matin. L'intrusion du général de brigade dans la direction, les objectifs et le placement des bataillons est inadmissible.

Mais ce n'est pas tout, s'il était juste d'envoyer une fraction, à travers bois, par le sentier reliant directement Saint-Didier à Flachères, c'était une erreur de faire traverser le fourré au bataillon tout entier qui prenait la suite du combat à son compte après avoir traversé la première ligne. On devait éviter soigneusement, au contraire, de l'engager en totalité sous bois, où son commandement serait impossible parce qu'on y devait manquer de vues étendues et d'axe au mouvement : autant dire qu'il y serait perdu pour l'ensemble.

L'idée de diriger une partie du 2e régiment sur le Marc et même sur les Planches est à approuver puisque l'occupation de ces localités devait avoir pour conséquence de donner des craintes à l'ennemi pour sa ligne de retraite, mais alors, ces points occupés, il fallait acheminer le reste du 2e par le même itinéraire sans lui faire exécuter un détour considérable par la trouée de Rebaillères.

Il était naturel encore de prévoir la contribution que pouvait apporter le 1er régiment à la prise de Flachères et à l'occupation de la hauteur 608 par la 3e brigade, mais c'était voir bien trop loin, et s'immiscer beaucoup trop dans les détails, que de fixer d'avance la répartition ultérieure de ce régiment.

Le commandement ne saurait prévoir aussi loin sans s'exposer à se trouver dans l'obligation de révoquer, à chaque instant, des ordres préalablement donnés, ce qui le met dans la fâcheuse posture de paraître ne pas savoir exactement ce qu'il veut.

Il n'est pas possible d'exposer ici les difficultés de terrain (et les facilités de défense pour l'ennemi) rencontrées par la 1re brigade dans sa progression de Saint-Didier vers la cote 614, Florencin et les pentes nord de la hauteur 608 : il suffira de dire que, lors du compte rendu qui en fut donné, le commandant de cette unité s'expliqua avec une netteté complète sur les opérations effectuées par sa brigade en vue de surmonter les obstacles humains et matériels qui s'opposaient à sa marche.

2e brigade. — Pendant ce temps, la 2e brigade avait poursuivi son mouvement en se réglant sur les progrès de la 1re ; elle continuait « dans la même formation sur Belmont, par le Vilardier et le Denier ».

A partir de Belmont, « elle changeait de direction vers « l'Ouest et venait se placer, face à l'Ouest, le long des « pentes orientales du mouvement de terrain du Truchait. « Elle s'y plaçait par régiments accolés, le 4e à gauche, « le 3e à droite, chaque régiment en ligne de colonnes de « bataillons à 100 mètres d'intervalle.

Le 1er groupe d'artillerie « avait suivi le mouvement der- « rière le 3e et était venu à Belmont où il s'était formé en « rassemblement vers le carrefour, à l'ouest de ladite « localité, entre les chemins de Biol et du Rapoux.

« 2 compagnies du 3e étaient poussées sur Rebaillères « pour couvrir le flanc droit de la division. »

C) *Artillerie de corps.* — Tandis que se déroulaient ces événements, l'artillerie et le génie de corps s'étaient dirigés sur le Mottier puis s'y étaient rassemblés. Le commandant de l'artillerie avait pu reconnaître, le long de la berge sud du Mottier, des positions favorables pour une action contre Flevin, la partie sud de Champier et les hauteurs à l'ouest de cette localité. Dans la réalité, les circonstances n'auraient pas exigé qu'on eût recours à l'occupation desdites positions.

§ 2. — APRÈS-MIDI DU 28 MAI.

A 2 heures, à la mairie de Champier, le directeur faisait distribuer l'ordre de stationnement du 1er corps pour la nuit du 31 août au 1er septembre et aussi l'ordre d'opérations pour le 1er septembre.

De 2 à 4 heures, divisions, brigades et régiments rédigeaient les ordres correspondants.

Les directeurs des services soumettaient à l'officier de l'état-major compétent les propositions qu'il avaient à faire en vue du fonctionnement de leurs services respectifs, et cet officier arrêtait, en tenant compte des exigences de temps et de distances résultant des heures fixées par le directeur des services et des étapes pour l'arrivée en gare des approvisionnements destinés au corps d'armée, la marche générale des services dans la journée du 31 août, ainsi que les prévisions et ordres en vue des opérations du 1er septembre.

A 4 heures : conférence générale.

Dans ce qui va suivre, on décrira d'abord le stationnement du corps d'armée, le soir du 31 août, puis l'on exposera les mouvements effectués par les organes des divers services pendant la même journée.

Les ordres d'opérations pour le 1er septembre et ceux relatifs aux services seront ensuite reproduits.

I. — Stationnement du 31 août.

A. — *Ordre général n° 3 pour le stationnement dans la nuit du 31 août.*

Champier, 31 août, 5 heures soir.

1. — L'ennemi rencontré sur le front : Saint-Didier-de-Bizonnes, Eydoche, Champier n'était que l'avant-garde (une brigade environ) de forces plus importantes derrière lesquelles il s'est retiré.

L'adversaire paraît avoir pris une position défensive dont les postes les plus avancés occupent : la Bâtie, le Mollard, cote 602, cote 554, Grabissières, les Chaberts, Épalisses, les Armanets, carrefour 500 mètres nord de ce dernier hameau, où la 9e division de cavalerie annonce qu'il appuie sa gauche.

2. — La bataille sera engagée, demain 1er septembre, sur tout ce front.

3. — *La 2e division* (1) s'établira en cantonnements-

(1) Toute la 2e division étant à Champier, le quartier général de cette unité s'en trouve fixé, *ipso facto*.

bivouacs à Champier, la 3e brigade fournissant les avant-postes.

Celle-ci tiendra le terrain compris entre les bois au nord-ouest de Champier et le chemin (inclus) d'Éclose à Flachères, les petits postes demeurant sur la ligne qu'ils ont atteinte (ouest des Effeuillers, cote 595, chemin sud des Racouillères, pente nord de la hauteur 608).

4. — *La 1re division* tenant, par des avant-postes fournis par la 1re brigade, la lisière nord-ouest des bois compris entre Flachères et la trouée de Rebaillères, stationnera :

1re brigade : Flachères d'une part, hameaux autour du Ferrand et de la Combe, d'autre part.

2e brigade, artillerie et génie de corps : Belmont et Bizonnes (1).

Quartier général de la division à Belmont.

5. — *La 9e division de cavalerie*, avec avant-postes à Azimet, le Rapoux, Torchefelon, Trièvе-Boissin, s'établira à Biol (quartier général), Montrevel et abords.

6. — Le *quartier général du corps d'armée* est à Champier.

B. — *2e Division.*

Champier, 31 août, 5 h. 30 soir.

ORDRE DE STATIONNEMENT POUR LE 31 AOUT.

1. — Ci-joint l'ordre du corps d'armée.

2. — En exécution de cet ordre, la 3e brigade prendra les avant-postes : réserves aux maisons de la cote 558 ; un peloton de cavalerie lui sera adjoint.

---

(1) Le commandant du C. A. détaille le dispositif du stationnement de la 1re division par brigade, parce que son intention est de se réserver l'emploi exclusif de la 2e brigade.

3. — L'artillerie divisionnaire cantonnera aux Couillères et Vernoudière.

4. — Le génie cantonnera au Gayat.

5. — L'ambulance à l'hospice de Champier : évacuations sur Saint-Marcellin par les trains régimentaires vides (1).

6. — Une section de trains régimentaires arrivera prochainement dans les cantonnements et fera une distribution ce soir, vers 7 heures, dans les prairies voisines de la gare de Champier.

7. — Des ordres ultérieurs régleront le ravitaillement en munitions.

3e brigade. — A défaut de l'ordre de la 3e brigade dont l'exemplaire n'a pas été conservé, on trouvera ci-dessous le détail des dispositions qu'elle aurait pu prendre pour répondre à la fois aux prescriptions de l'ordre du C. A. et de l'ordre de la 2e division.

La zone à garder : les Effeuillers, 595, bois sud des Racouillères, pentes nord de la hauteur 608, chemin d'Écloses à Flachères, est partagée en deux secteurs.

A gauche (ouest) : 5e régiment : depuis les Effeuillers jusques et y compris le chemin allant de Gerbuat à la cote 602.

A droite (est) : 6e régiment, depuis le chemin ci-dessus jusqu'à celui d'Éclose à Flachères.

5e régiment, réserve : 2 bataillons aux maisons sud de 558.

Avant-postes : 1 bataillon au bois 600 mètres est des Effeuillers, ayant une grand'garde à 595, une autre aux Effeuillers.

---

(1) Prescription hâtive, le commandant de la division ne sachant pas encore si le ravitaillement se fera, le 1er septembre, à Saint-Marcellin.

6e régiment, réserve : 1 bataillon aux maisons à l'est de la cote 558.

Avant-postes : 1 bataillon à Gerbuat avec grand'garde au bois des Racouillères, 1 bataillon sur le revers sud de la hauteur 608 avec grand'gardes sur les deux berges de la même hauteur.

4e brigade.

1. — Ci-joint l'ordre de stationnement de la 2e division.

2. — 7e à Champier, nord de l'église.
8e à Champier, sud de l'église.

3. — Place de rassemblement en cas d'alerte, dans l'angle nord-ouest de la route de Champier à Bourgoin et du chemin de Champier à la cote 565 (chemin partant de l'église).

C. — *1re Division.*

ORDRE DE STATIONNEMENT POUR LA NUIT DU 31 AOUT.

Saint-Romain, 31 août, 6 h. 30 soir.

Ci-joint une ampliation de l'ordre général no 3 du 1er corps.

I. — *Cantonnements :*

Quartier général de la division...	Belmont.
1re brigade (état-major)........ 1er régiment................. Escadron divisionnaire........ Compagnie du génie...........	Flachères. Le Pilon. Florencin.
1re brigade..................... 2e régiment.....................	Le Ferrand. Saint-Romain. La Combe. Labiessis.
2e brigade (état-major).........	Belmont.
Un régiment....................	Saint-Didier (1 bataillon). Belmont (2 bataillons).

Un régiment................	Quillonne. En Bernin. Le Vilardier. Le Grand-Champ.
Artillerie divisionnaire..........	Noiraud, les Champs-Vallier.
Ambulance.....................	Belmont.
Artillerie et génie de ce corps...	Bizonnes.

II. — *Avant-postes* fournis par la 1re brigade, savoir :

1er régiment, de la corne des bois (300 mètres est du deuxième « r » de Garnier) au Marc (inclus).

2e régiment, du Marc à la cote 643 (ouest d'Azimet).

Liaison avec la 3e brigade à maison Garnier, avec la 9e division de cavalerie à Azimet.

Pour assurer la sécurité des cantonnements à Belmont et au sud, l'infanterie cantonnée à Belmont surveillera Goulet et le Truchait, l'infanterie cantonnée à Quillonne, le Birotteau et Montrevel.

III. — *Mot* : X... X...

IV. — *Ravitaillements.* — Les trains régimentaires ont reçu ordre de venir ravitailler aux cantonnements. Des ordres ultérieurs feront connaître le point où les voitures à viande pourront se ravitailler pour la distribution du 1er au soir.

L'ordre précédent ne laisse pas assez de latitude au général commandant la 2e brigade pour le stationnement de ses régiments : il y avait lieu de fixer simplement à ce général, l'emplacement de son état-major, la zone de cantonnements à lui affectée, *y compris Bizonnes*, en le prévenant que l'artillerie et le génie de corps devaient se trouver en ce dernier point.

1re brigade. Flachères, 31 août, 7 heures soir.

Ci-joint ampliation de l'ordre général n° 3 du corps d'armée et l'ordre de la 1re division du 31 août, 6 h. 30 soir, Saint-Romain (1).

---

(1) Cette disposition suppose que le corps d'armée et la division ont

En exécution : la 1re brigade s'établira en cantonnements d'alerte.

Escadron divisionnaire.........	Le Terrier.
Compagnie du génie............	Florencin.
1er régiment..................	Flachères (en laissant la Platière à la 3e brigade).
2e régiment....................	(Voir ordre de la 1re division.)

Avant-postes. — Chaque régiment mettra un bataillon pour couvrir la ligne des avant-postes définis par la 1re division.

Le chemin le Marc (*le*), cote 631 sépare en profondeur les deux secteurs. On ne dépassera pas la lisière des bois, excepté pour occuper des maisons tout à proximité, comme celles du Marc.

En cas d'attaque, faire agir les réserves par les ailes pour prendre en flanc les assaillants (1).

2e brigade. Le Truchait, 31 août, 7 heures soir.

1. — Situation générale et résumé des cantonnements du C. A., quartiers généraux, etc.

2. — La 2e brigade occupera les cantonnements d'alerte ci-après :

État-major		Belmont.
État-major, 2 bataillons du 4e		Belmont.
Un bataillon du 4e		Saint-Didier-de-Bizonnes.
État-major...	1 bataillon du 3e.	Le Vilardier.
	1 bataillon du 3e.	En Bernin.
	1 bataillon du 3e.	Quillonne, le Birotteau (2).

adressé à la brigade un nombre d'exemplaires considérable de leurs ordres respectifs. Cela est peu probable, le régiment n'ayant nullement besoin de connaître tous les détails renfermés dans ces ordres. Dans ces conditions, la brigade a dû faire recopier les deux documents en question, d'où une perte de temps répondant à un besoin bien peu démontré.

(1) C'est-à-dire, évidemment, par le terrain libre et non par les bois.

(2) Il eut mieux valu se contenter d'indiquer la zone de stationnement assignée à ce régiment, en fixant celui des hameaux où se devait tenir l'état-major.

3. — Le 4e, à Belmont, se gardera par des postes établis : au nord du village, à Goulet ; à l'ouest, au mamelon du Truchait ; sur la route de Saint-Didier à Flachères, vers la Grandoie.

Le 3e, au Birotteau, se mettra en communication avec la 9e division de cavalerie qui est à Biol et à Montrevel.

4. — Les trains régimentaires (bagages et fourgons à vivres) rejoindront leurs corps dans leurs cantonnements où ils attendront de nouveaux ordres.

5. — Les malades et blessés seront évacués sur l'ambulance divisionnaire, à Belmont.

6. — Les corps de la brigade enverront leur courrier à l'état-major de la brigade avant 8 heures du soir.

7. — Mot pour la nuit du 31 août au 1er septembre ....

D. — *9e Division de cavalerie.*

ORDRE DE STATIONNEMENT POUR LA JOURNÉE DU 31 AOUT.

?...... 31 août ......?......

I. — Situation.

II. — *Avant-postes.*

2 escadrons du 16e dragons.....	Azimet. Le Rapoux.
1 escadron du 16e dragons......	Torchefelon. Trièvc-Doissin.
1 escadron du 16e dragons......	Le Guillaud.

Les avant-postes d'Azimet se relieront vers Rebaillères et les Planches avec ceux de l'infanterie de la 1re brigade qui occupent la lisière nord-ouest des bois et dont les gros sont cantonnés au Ferrand et à la Combe.

III. — *Reconnaissances*, à lancer au jour par les avant-postes :

La Croix-des-Épalisses—les Chaberts ;
Le Sibuet—Épalisses ;

Les Veuves—Franchison—Badinières;
Châteauvilain—les Brons—Succieu;
Le Genevey—Succieu—Buffière—Grande route;
L'Épinay—Marmonnière;
Croisée de chemins sud de Montagnieu.

IV. — *Cantonnements*. — Cantonnements d'alerte.

Quartier général de la division...	Biol et Bas-Biol.
État-major, brigade de dragons.	
15e dragons..................	
Artillerie....................	
17e cuirassiers et état-major de la brigade....................	Le Beroud.
18e cuirassiers................	Montrevel.

V. — *Alimentation*. — Distribution des vivres du convoi régimentaire lorsqu'ils arriveront : vivres-fourrages, sur place.

VI. — *Ravitaillement et évacuations*, suivant les ordres du C. A.

VII. — Mot.....

VIII. — Le général en chef est cantonné à Champier.

II. — Opérations des services pendant la journée du 31 août (1).

A) *Télégraphie*. — La demi-compagnie de sapeurs télégraphistes quittait la colonne de la 1re division à la Frette avec ordre de reconnaître les lignes antérieurement existantes la Frette—Rives (2), la Frette—la Côte-Saint-André.

---

(1) La carte n° 5 figure l'emplacement des organes des divers services dans la nuit du 31 août au 1er septembre.

(2) Les villages de Rives et de Moirans étaient supposés en communication. Moirans, relié au 1er corps, devait devenir le poste central recevant tous les télégrammes en provenance de ce corps d'armée.

Ce dernier tronçon devait être rétabli aussi rapidement que possible. En outre, un poste était installé à la Frette et un sous-officier, 10 hommes, avec une voiture dérouleuse (1), tendaient un fil téléphonique entre la Frette et le Mottier.

Vers 8 h. 30 du matin, la ligne la Frette—Rives, trouvée endommagée sur 2 kilomètres, était réparée ; celle de la Frette à la Côte-Saint-André, rompue sur 3 kilomètres, était également rétablie ; la demi-compagnie télégraphique se rassemblait à la Côte-Saint-André, à l'exception du poste du Mottier (relié par téléphone à la Frette).

L'intention du commandant de la compagnie était de faire passer les communications télégraphiques par la Côte-Saint-André ; il ordonna qu'on reconnût et réparât la ligne se dirigeant vers Champier au fur et à mesure des progrès des troupes, sans préjudice, d'ailleurs, de la continuation de la pose de la ligne téléphonique aboutissant au Mottier, ligne qu'on replierait dès que le fil télégraphique serait arrivé à Champier.

Cette localité où se trouvait, le soir, le poste du quartier général communiquait alors : avec Saint-Marcellin, par la Côte-Saint-André, la Frette, Saint-Étienne-de-Saint-Geoirs ; avec Moirans par la Côte-Saint-André, la Frette et Rives.

A 2 heures du soir, le poste de Champier fonctionnait. En prévision de l'établissement d'une liaison optique entre Champier et les quartiers généraux de la 1re division d'infanterie et de la 9e division de cavalerie, le commandant de la compagnie télégraphique avait fait reconnaître s'il se trouvait, aux abords de Champier, un emplacement favorable pour communiquer avec Belmont. Les recherches demeuraient infructueuses ainsi d'ailleurs que l'examen de la carte pouvait le faire présumer.

---

(1) L'échelon de matériel de la demi-compagnie télégraphique disposait de 15 kilomètres de câble léger et de 100 kilomètres de câble de campagne.

L'intention du commandant de la compagnie télégraphique était encore de relier optiquement le poste qu'il aurait envoyé à Belmont, avec un poste semblable fourni, à Biol, par la 9e division de cavalerie. Pareille disposition ne pouvait présenter aucun avantage sérieux : la distance très faible séparant Belmont de Biol (moins de 3 kilomètres) est de celles que des cyclistes parcourent en moins de temps qu'il n'en faut pour enregistrer une communication optique même de minime importance.

B) *Parc d'artillerie.* — Le train de combat (1) quittait Vinay à 6 heures du matin et suivait la même route que la 1re division, avec ordre de gagner la Frette sans, d'ailleurs, dépasser ce point.

Dans le même temps, le groupe des parcs (2) rompait de Saint-Marcellin se dirigeant vers Saint-Étienne-de-Saint-Geoirs.

On sait enfin que la 1re section de munitions de grand parc se mettait en route, ce même jour, pour atteindre Roybon.

Vers 9 h. 30 du matin, la tête du train de combat se trouvant entre Saint-Étienne-de-Saint-Geoirs et la Frette, le commandant du parc fut touché par l'ordre d'avoir à mettre :

1 section de munitions d'artillerie, à la disposition du groupe de la 3e brigade en position à 607 (sud-est du Mottier) ;

1 section de munitions d'artillerie, à la disposition du groupe de la 4e brigade établi à 570 (sud de la Fillonnière).

La première devait être acheminée par la Frette sur Moiroux (route du Mottier) (3) ; la deuxième, par la Côte-Saint-André, sur la Poulardière (route de Saint-Corps) (4).

Le commandant du parc donne ses ordres en consé-

---

(1) 1er échelon du parc d'artillerie, ambulance de corps, hôpitaux de campagne nos 1 et 2.

(2) 2e et 3e échelons du parc d'artillerie, parc du génie, hôpitaux de campagne nos 3 et 4.

(3) Elle y arrivait à 10 h. 15.

(4) Elle y arrivait à 11 h. 30.

quence, envoie au 2e échelon avis de lui envoyer deux sections de munitions d'artillerie, installe son train de combat à la Frette (entrée sud) et se porte de sa personne vers le Mottier à l'effet d'y suivre le développement du combat (1).

A 10 heures, après l'enlèvement d'Eydoche, il prescrit au chef du 1er échelon de diriger sur le Mottier les deux sections de munitions d'infanterie parvenues à la Frette et de réclamer du 2e échelon, probablement arrivé à Saint-Étienne-de-Saint-Geoirs, l'envoi de deux sections de remplacement.

Pousser deux sections de munitions d'infanterie de l'avant pour ravitailler une brigade d'infanterie qui n'avait encore eu que 3 à 4 bataillons d'engagés, était une mesure quelque peu prématurée. Il faut ne pas oublier que les troupes d'infanterie marchent au combat avec un approvisionnement de 185 cartouches par homme. En tirant un coup à la minute, en moyenne, ce qui est une proportion considérable si l'on tient compte des périodes de déplacement, cela représente assez de munitions pour entretenir le combat pendant plus de trois heures.

Il faut également songer que tous les hommes ne sont pas au feu simultanément, que ce ne sont pas toujours les mêmes unités qui restent en première ligne, que dans un régiment, par exemple, les bataillons non engagés tout d'abord, prennent la lutte à leur compte quand ceux précédemment envoyés au feu viennent de remporter un succès (ou de subir un échec) partiel qui les oblige à se reformer en arrière de la nouvelle ligne et à jouer momentanément le rôle de réserves.

Incidemment, on ajoutera que c'est alors le moment favorable pour procéder au ravitaillement en munitions d'infanterie, car il faut n'avoir qu'une confiance limitée dans les transports de caissons de cartouches jusque dans le voisinage immédiat des unités engagées sur la ligne de feu.

Dans le cas particulier de la 3e brigade, l'envoi au Mottier de deux sections de munitions correspondait à une agglomération en ce village de 1,400,000 cartouches au minimum, ce qui représentait, pour 4 bataillons de 1,000 hommes ayant été au feu, plus de 350 cartouches par

---

(1) Initiative dont on ne saurait trop le louer. (La relation faite ici n'est qu'un résumé du Journal des opérations du parc d'artillerie rédigé, au jour le jour, par l'officier représentant le commandant du parc.)

tête. L'exagération est évidente. Il fallait donc rapprocher du Mottier une seule section de munitions qui aurait mis une dizaine de caissons à la disposition de la 3e brigade c'est-à-dire 66 cartouches environ par homme engagé (1).

La section du Mottier aurait encore conservé la valeur de 16 caissons entièrement chargés de cartouches en paquet.

Peu après 11 heures, l'engagement de l'artillerie de corps aux abords de Champier (2) nécessitait l'envoi d'une nouvelle section de munitions d'artillerie à Rosatière et l'appel au 1er échelon (la Frette) de la section de même nature restant encore disponible au 2e échelon (Saint-Étienne-de-Saint-Geoirs).

On sait comment s'opère automatiquement le rechargement des sections d'artillerie qui se sont vidées au profit des unités engagées. Après avoir livré leurs munitions, ces sections reviennent au point de dislocation (voisin de l'emplacement du 1er échelon) et s'acheminent de là vers le 3e échelon dans le but de s'y recompléter auprès des sections de parc. Ceci fait, elles deviennent partie intégrante du 2e échelon jusqu'à ce que le commandant du parc fasse de nouveau appel à elles et leur donne l'ordre de s'acheminer vers le 1er échelon (3).

Le souci constant du directeur du parc, et ce fut parfaitement compris en la circonstance, doit être de posséder toujours, et aussitôt que possible, son 1er échelon au complet. On eut aussi le soin, à partir de midi, alors que l'offensive du corps d'armée était nettement dessinée, d'arrêter à la Frette les voitures revenant vidées du ravitaillement des batteries et des bataillons et d'appeler, sur la même localité, les 2e et 3e échelons.

Dans le même temps, le 1er échelon était poussé jusqu'au Mottier.

A la la fin du combat, vers 5 heures du soir, la consommation en munitions était la suivante :

---

(1) Ces 66 cartouches étaient suffisantes pour remplacer amplement les consommations déjà effectuées.

(2) L'étude sur le terrain n'a pas été poussée jusque-là.

(3) On comprend facilement que ce jeu n'est pas illimité et que les distances à parcourir lui imposent des bornes assez vite. On peut néanmoins admettre que les sections de munitions peuvent parcourir, chaque jour, une quarantaine de kilomètres, car une grande partie de ce trajet s'effectue avec des voitures vides.

Artillerie. . . . . . . 69 caissons.
Infanterie . . . . . . 36 — (1).

La poussée automatique (2) des munitions de l'arrière vers l'avant continua jusqu'à ce que, finalement, la situation fût :

Batteries, infanterie, munitions au complet.

Échelon	Sections	Situation
1er échelon (le Mottier)	Sections de munitions	Infanterie, 1 et 2 (au complet).
		Artillerie, 6, 7, 8, 9 (au complet).
2e échelon (la Frette)	Sections de munitions	Infanterie, 3 (au complet).
		Id. 4 (manque 10 caissons).
		Id. 5 (vide).
		Artillerie, 10 et 11 (au complet).
		Id. 12 (manque 9 caissons).
3e échelon (la Frette)	Sections de parc (3)	1 et 2 (vides).

Ravitaillement en munitions. — L'état-major du corps d'armée, sur la proposition du commandant de l'artillerie, prenait des dispositions pour procéder, le plus rapidement possible, au recomplétement des unités vidées pendant la journée du 31 août.

---

(1) Une section de munitions d'artillerie est comptée pour 20 caissons. Une section de munitions d'infanterie, pour 25. Le calcul, effectué en caissons, est commode et plus facile que celui consistant à procéder par nombre de cartouches.

(2) Le réapprovisionnement automatique des batteries et des troupes d'infanterie justifie surtout son nom pendant le combat, mais on conçoit facilement que cet automatisme ne sera jamais assez rigoureux pour qu'au moment même où l'on s'établit au cantonnement, les déficits ne portent jamais sur les unités les plus avancées mais seulement sur les derniers échelons du parc. Il y aura nécessairement, dans la nuit, des mouvements de voitures d'artillerie et l'état-major devra coordonner ces mouvements : tout ce que l'on peut dire c'est que ces derniers seront infiniment moins considérables que dans l'ancienne organisation, laquelle comportait nécessairement un ravitaillement général.

(3) Une section du parc est comptée pour 30 caissons. On ne tient pas compte, ici, des quelques caissons que peut fournir la section de réparation du matériel.

Ordre était envoyé, à 6 heures du soir, à la 1re section de munitions de grand parc (1) de se porter, le 1er septembre, de Roybon sur Saint-Étienne-de-Saint-Geoirs, où elle devait se trouver à 10 heures du matin.

Le commandant du parc, de son côté, devait envoyer à Saint-Étienne le 1er au matin :

	Contenance.	
	Infant.	Artill.
1 section de parc (nº 1)	»	30
9 caissons du 2e échelon (section nº 12) (2)	»	9
1 section de munitions d'infanterie (exactement 24 caissons), du 2e échelon (section nº 5)	24	»
	24	39

c'est-à-dire les voitures vides nécessaires pour se charger des munitions apportées par la 1re section de munitions de grand parc (3).

Le reste des voitures vides :

	Contenance.	
	Infant.	Artill.
1 section de parc (nº 2)	»	30
12 caissons d'infanterie, (10 de la section nº 4 et 2 de la section nº 5) (2)	12	»

devait se rendre directement à Moirans où la 2e section de munitions de grand parc (en-cas mobile) se trouverait dis-

(1) Cette section de munitions de grand parc est supposée représenter la valeur de 39 caissons d'artillerie et 24 caissons d'infanterie.

(2) Pour faciliter les calculs de ravitaillement, on a supposé, dans ce compte rendu, que toute voiture vide se rendait, suivant les ordres du corps d'armée, au point fixé pour le ravitaillement. Il est certain que, dans la réalité, un commandant de section de munitions qui n'aurait que quelques caissons vides (2, 3, ou 4, par exemple) attendrait, pour les envoyer au ravitaillement, qu'il y ait une fraction constituée, commandée par un officier, entièrement vidée.

(3) Ces munitions équivalant précisément, ainsi qu'il a été dit, à 24 caissons d'infanterie et 39 d'artillerie.

ponible à partir de 2 heures du soir (1). Ces munitions ne pouvaient évidemment revenir à la Frette que tard dans la soirée du 1er septembre ; en sorte qu'on ne pouvait compter voir arriver, le 1er d'assez bonne heure, que les seules munitions d'artillerie et d'infanterie provenant de Saint-Étienne-de-Saint-Geoirs. Si l'on ne fait pas état des dépenses en cours le 1er septembre même, le parc d'artillerie devait donc se trouver en déficit de : 69 — 39 = 30 caissons d'artillerie et de 36 — 24 = 12 caissons d'infanterie, soit : une section de parc d'artillerie ; une demi-section environ (12 caissons) d'infanterie.

Mais les prévisions de l'état-major, en fait de munitions, ne s'étaient pas bornées à celles ci-dessus décrites.

Le 1er septembre devant être jour de grande bataille, il était urgent d'avoir la plus grande somme possible d'approvisionnements à la distance minima des troupes, et aussi le maximum de voitures pour les aller prendre à la voie ferrée et les apporter dans la zone du combat.

On sait déjà que l'en-cas mobile (2e section de munitions de grand parc) devait arriver, le 1er septembre, à 2 h. 10 du soir, à Moirans.

Le 31, à 10 heures du soir, le commandant du 1er corps demandait qu'on poussât aussi sur Moirans, dans la journée du 1er, les 3e et 4e sections de munitions de grand parc (2) : à quoi le directeur des étapes répondait que l'en-cas mobile et les 3e et 4e sections de munitions de grand parc seraient à Moirans à 10 h. 10 du matin.

(1) A 5 heures du soir, on avait télégraphié au directeur des étapes : « Pousser l'en-cas mobile sur Moirans, le 1er septembre. » Réponse : « Sera à Moirans, 1er septembre, 2 h. 10 soir. »

(2) On sait que la 3e section de munitions de grand parc (station-magasin) était arrivée à Valence le 31 à 7 h. 55 du matin ; la 4e (arsenal) à 10 h. 55 matin et que la 5e (arsenal) y arrivait le même soir, à 3 h. 55.

Cette heure modifiait celle précédemment reçue (2 h. 10 soir) ; les ordres étaient donnés, il était trop tard pour les changer ; ils furent maintenus.

Pour charger ces munitions, devaient venir à Moirans, dans la journée du 1er :

	Contenance.	
	Infant.	Artill.
1° 1 section de parc (n° 2)........................	»	30
12 caissons d'infanterie (10 de la section n° 4 et 2 de la section n° 5)........................	12	»
2° La 1re section de munitions du grand parc qui, après s'être déchargée à Saint-Étienne-de-Saint-Geoirs de ses munitions, n'aurait encore fait qu'un très court trajet, et recevrait l'ordre de continuer à vide sur Moirans pour s'y recompléter........................	24	39
3° Les voitures requises à Moirans par les soins du commandant d'armes de cette localité et que l'on estimait être assez nombreuses pour contenir un lot (section de munitions de grand parc) complet de munitions (39 caissons artillerie, 24 caissons infanterie) (1)........................	24	39
	60	108

Incidemment, c'était prétendre employer un peu bien vite le commandant d'étapes de Moirans que de lui prescrire d'avoir à sa disposition, le 1er septembre, un nombre aussi grand de véhicules. D'ailleurs, l'armée (ainsi qu'on l'a vu) avait fait connaître, la veille, qu'arrivé à Moirans le 31 août, le commandant d'étapes de cette localité ne pourrait fonctionner que le 1er septembre au profit du 1er corps.

---

(1) Ordre télégraphique adressé au commandant d'étapes de Moirans, le 1er septembre, 5 heures du matin.

« Convois requis réunis à Moirans sont à charger en munitions en gare « cette ville, à partir 10 heures matin, suivant indications données par « directeur grand parc.

« Convois chargés seront encadrés chacun par section territoriale infan- « terie et poussés vers corps d'armée, plus en avant possible. »

Réponse : « Convoi 100 voitures contenant un lot munitions a pu être « chargé ce soir, 6 heures (1er septembre) ; cantonnera à Beaucroissant. « Convoi analogue sera chargé le 2 à 3 heures soir, et pourra aller can- « tonner à la Frette. »

Quoi qu'il en soit, le chef d'état-major du corps d'armée estimait donc qu'il aurait à Moirans, dans la journée du 1er, de quoi transporter 60 caissons d'infanterie et 108 caissons d'artillerie, mais de tous ces moyens de transport, seuls la section de parc n° 2 et les 12 caissons d'infanterie qui marchaient avec elle, pouvaient revenir vers le corps d'armée, dans la même journée.

L'équipage de transport, après chargement, devait forcément rester à Moirans le 1er septembre.

Le 1er convoi requis irait cantonner, le 1er, à Beaucroissant.

Le 2e convoi requis ne devait être en mesure de se charger que le 2, mais, ce jour-là, il pourrait aller à la Frette.

Or à Moirans devaient arriver le 1er septembre :

3 sections de munitions de grand parc (en cas mobile — lot de station-magasin et 1er lot d'arsenal) soit :

$3 \times 39 = 117$ caissons d'artillerie.
$3 \times 24 = 72$ caissons d'infanterie.

Il en résulte qu'il devait rester entreposé, provisoirement à Moirans :

$117 - 108 = 9$ caissons d'artillerie.
$72 - 60 = 12$ caissons d'infanterie.

Ces munitions pouvaient servir à commencer le chargement du 2e convoi requis — le 2 septembre au matin — en attendant l'arrivée de la 2e réserve d'arsenal.

On verra plus loin comment les munitions chargées afflueront vers le corps d'armée dans la journée du 1er septembre et les premières heures de la journée du 2.

C) *Intendance.* — On sait que les trains régimentaires pleins (TR_2) avaient été parqués, à 10 heures du matin, le 31 août, à la gare de Saint-Étienne-de-Saint-Geoirs.

À midi, après l'enlèvement des hauteurs de Flevin et de Saint-Didier, ordre avait été envoyé au prévôt du corps d'armée de porter ses trains sur la Frette, puis à 4 h. 30

du soir, au moment où la lutte allait prendre fin et les troupes entrer dans leurs cantonnements, nouvel ordre (communiqué au prévôt, aux divisions, à l'artillerie et génie de corps, au service de santé et au commandant du train de combat) ainsi conçu :

« Les trains régimentaires (TR_2) seront dirigés, dès « maintenant, sur les cantonnements des troupes, savoir :

« 2e division et quartier général du corps d'armée sur « Champier.

« Artillerie de corps et génie de corps sur Bizonnes.

« 1re division sur Flachères (1re brigade et génie) et Belmont (2e brigade et artillerie).

« Train de combat sur le Mottier.

« Après distribution, les trains régimentaires (TR_2) iront « cantonner :

« 2e division et quartier général du C. A. à Saint-Corps.

« 1re division et éléments non endivisionnés au Lac-« la-Piotière.

« Train de combat à la Frette.

« La distribution comprendra de la viande fraîche abat-« tue que les TR_2 auront chargée à la Frette (1). »

La section des trains régimentaires (TR_1) vidée la veille, avait quitté Chasselay et Roybon, le 31 au matin, emmenant avec elle la moitié du personnel des groupes de troupeaux de ravitaillement et s'était dirigée sur Saint-Marcellin.

Le recomplétement et la prise en charge des troupeaux effectués, les TR_1 s'étaient remis en route pour leur point de départ où ils arrivaient dans l'après-midi.

Le convoi administratif se trouvait, le même jour, tout

(1) Reliquat de la dernière viande sur pied trouvée sur le pays.

entier concentré à Saint-Marcellin où les sections C_1 C_2 (venant de Romans) s'étaient chargées en pain, dans l'après-midi.

180 voitures requises à Valence et à Romans, l'accompagnaient.

Les mesures ordonnées pour le ravitaillement, au cours de la journée du 1er septembre, des TR_2 vidés le 31 août au soir, et venus, à la même date, à Saint-Corps, la Frette et au Lac, furent les suivantes :

La section C_1 (de convoi administratif) recevait l'ordre de se porter, partie à la Côte-Saint-André pour y ravitailler les TR_2 de la 2e division et du quartier général, partie au Grand-Lemps pour y recompléter les TR_2 de la 1re division, des éléments non endivisionnés, du train de combat et de la 9e division de cavalerie. Ainsi qu'il est évident, les TR_2 étaient avisés, de leur côté, d'avoir à se porter, de leurs cantonnements du 31 août, sur la Côte-Saint-André et le Grand-Lemps ; on leur prescrivait en outre de rester en ces deux localités. En ces mêmes villages devaient aussi venir les TR_1 partis de Roybon et de Chasselay à 4 heures du matin, ainsi que les troupeaux de ravitaillement, marchant avec eux (1).

Les TR_2 ravitaillés, la section C_1 (de convoi administratif) séjournerait sur place.

La section C_2 viendrait, dans le même temps, à Saint-Étienne-de-Saint-Geoirs tandis que les sections C_3 C_4, suivies du convoi requis et accompagnées du personnel du parc de bétail, se porteraient de Saint-Marcellin sur Moi-

---

(1) Le commandant de la 9e division de cavalerie, à Biol, était informé que son convoi, requis au Grand-Lemps, serait chargé, dans la journée du 1er septembre, et mis à sa disposition (avec un jour de viande) aux environs de 2 heures du soir. La 9e division de cavalerie se trouverait ainsi pourvue d'un jour de vivres de son convoi requis, plus un jour de bétail accompagnant ce dernier, le convoi régulier étant vide.

rans, où devaient précisément arriver le pain nécessaire au chargement du convoi requis et les animaux du parc de bétail.

Dans l'impossibilité où l'on se trouvait en effet, d'envoyer chercher des vivres à la voie ferrée, le 1er septembre, on télégraphiait au directeur des services et des étapes, le 31 à midi.

DEMANDE.	RÉPONSE.
T. E. G., à Moirans, le 1er septembre.	Accordé.
Pas de ravitaillement quotidien le 1er septembre.	Pris note.

En revanche, on demandait d'amener à la gare de Moirans tout ce dont les sections C_3 et C_4 pouvaient prendre livraison à leur arrivée en cette ville, c'est-à-dire deux jours de pain (transportables par le convoi requis) et 250 têtes de bétail (destinées à la formation du parc) :

DEMANDE.	RÉPONSE.
Ravitaillement non quotidien demandé pour le 1er septembre, à Moirans : 2 jours pain biscuité ; 250 têtes de bétail (parc de bétail).	Seront à Moirans le 1er septembre, à midi 10.

Le fonctionnaire représentant l'intendant du corps d'armée donna connaissance, à la conférence du 31 août (28 mai), du résultat de son recensement à Champier. Il en résultait que, dans cette seule localité, les denrées de nature à servir au recomplétement des trains régimentaires se trouvaient en quantité si considérable qu'on ne pouvait, *a priori*, s'en faire une idée exacte.

Sauf en ce qui concerne les petits vivres, le sucre et le café, il était possible de réquisitionner (ou d'acheter de gré à gré), à Champier, les denrées nécessaires à la subsistance de la 2e division pendant deux journées ; la farine étant, bien entendu, substituée en partie au pain.

Les troupeaux étaient fort nombreux, mais il fut admis, à l'effet de rendre les difficultés du ravitaillement plus considérables, que ce bétail serait considéré comme inexistant.

D) *Santé*. — Les éclopés de la marche du 31 se trouvaient agglomérés à la Côte-Saint-André, Gillonnay et la Frette.

Au cours du combat (ordre de 7 h. 30 du matin), les blessés pouvant marcher furent dirigés, après pansement, sur la Frette où s'était arrêtée l'ambulance de corps.

Cantonnés, en ce point, le 31, lesdits blessés durent continuer, le 1er septembre, sur Moirans, encadrés par des gradés blessés eux-mêmes et atteindre Rives dans la même journée.

Le médecin principal, après avoir décrit l'installation de l'ambulance de corps à la Frette tant à l'effet d'y opérer le groupement des éclopés que d'y recevoir les blessés provenant du champ de bataille, exposa, en séance générale, l'organisation du fonctionnement du service régimentaire sur le champ de bataille d'Eydoche.

Il serait trop long de reproduire ici les détails de cette organisation : un point important s'en dégageait cependant, à savoir que le système de recherche des blessés sur la ligne de feu et de leur transport à des postes de secours régimentaires fixés sur le sol, à quelques centaines de mètres seulement en arrière de la première ligne, devait être considéré comme pratiquement irréalisable. Le médecin principal proposa de scinder ces postes de secours en deux parties : un organe mobile suivant immédiatement la ligne de feu, se couvrant comme elle, donnant ses soins aux groupements de blessés naturellement formés sur les diverses positions occupées ; plus loin, en arrière, à l'abri complet des vues et des coups, le poste de secours régimentaire chargé de panser (ou de reviser les pansements) des blessés pouvant marcher et de recevoir ceux qu'on y pourrait transporter.

Le transport vers l'arrière (ambulances) des blessés couchés — groupés par des brancardiers sur des points bien connus — ne peut généralement commencer, dans ces conditions, qu'autant que l'éloignement de la lutte permet de procéder à cette opération en toute tranquillité. C'est le poste de secours régimentaire qui, avec ses voitures légères de bataillon déchargées d'une partie de leur matériel et avec ses brancardiers, renforcé par le matériel de transport des ambulances, peut assumer cette tâche.

Cette manière de comprendre le fonctionnement des postes de secours paraît mieux s'harmoniser avec les nécessités du combat moderne que le système schématique réglementaire.

On sait que les ambulances stationnent ce jour-là :

1re division : Belmont ; 2e division : Champier ;

Ambulance de corps : le Mottier, la Frette et les hôpitaux de campagne nos 1 et 2 (train de combat) au Mottier, 3 et 4 (parcs) à Saint-Étienne-de-Saint-Geoirs.

E) *Quartier général du corps d'armée.* — Le quartier général du corps d'armée arrêté d'abord à la Frette, puis poussé jusqu'au Mottier, recevait, à 4 h. 30 du soir, l'ordre de venir s'installer à Champier. On télégraphiait en même temps à la portion du quartier général demeurée à Saint-Étienne-de-Saint-Geoirs, l'ordre d'avoir à rallier Champier.

F) *Étapes.* — En prévision de l'organisation d'une route d'étapes partant de Moirans et se dirigeant vers Lyon, une demande était adressée au directeur des services et des étapes à l'effet de réclamer l'envoi le plus prompt possible, à Moirans, d'un deuxième bataillon de troupes d'étapes. Satisfaction était donnée à cette requête, le bataillon en question devant arriver à Moirans, le 1er septembre, par la marche de 4 h. 10 du soir.

G) *Poste*. — Exécution conforme aux ordres de la veille.

III. — Répartition du travail pour la matinée du 29 mai.

L'intention du directeur était de faire procéder, les 29 et 30 mai à l'étude :

1° D'une opération de nuit (31 août au 1er septembre du thème) ;

2° D'un combat livré sur une partie du front du C. A. où la décision ne pouvait être recherchée en raison même de la conformation du terrain (journée du 1er septembre du thème, front de la 1re brigade) ;

3° De la préparation, de l'exécution et de l'exploitation d'une attaque à intention décisive (menée dans la journée du 1er septembre du thème par la 2e brigade).

L'opération de nuit devait faire l'objet du travail du 29 mai. A cet effet, le directeur, à la conférence de 4 heures, donnait lecture des ordres d'opérations du C. A. (remis à 2 heures aux intéressés) et des ordres correspondants des unités subordonnées, préparatoires à la bataille du lendemain (rédigés entre 2 et 4 heures).

Ces ordres sont ici reproduits :

A) *Ordre particulier n° 2, à la 2e division, pour l'attaque de nuit du 1er septembre.*

Champier, 31 août, 6 heures du soir.

1. — Une attaque de nuit sera exécutée, le 1er septembre,

à 2 heures du matin, par la 2e division, à l'effet de s'emparer de la hauteur 602 (nord-ouest des Bacouillères) laquelle commande toute la droite ennemie.

2. — Cette attaque sera exécutée par un régiment de la 4e brigade, l'autre régiment demeurant en réserve au sud de Gerbuat.

Elle sera appuyée et complétée :

A gauche, par 2 bataillons de la 3e brigade, dirigés sur le Mollard ;

A droite, par 1 bataillon de la 3e brigade, dirigé sur la hauteur 554.

Dès que les attaques auront atteint les objectifs qui leur sont assignés plus loin, l'artillerie divisionnaire s'établira sur la hauteur (602) conquise, dans des *épaulements*.

3. — *Mesures d'exécution.*

a) *Attaque principale :* 1 régiment de la 4e brigade et 1 compagnie du génie divisionnaire.

Ces unités seront rassemblées, pour 2 heures du matin, dans l'angle des chemins au nord de Gerbuat.

b) *Attaque secondaire de droite :* 1 bataillon de la 3e brigade (régiment de droite des avant-postes) rassemblé, pour 2 heures, à hauteur de 538, à l'est et au contact de la grande route.

c) *Attaque secondaire de gauche :* 2 bataillons de la 3e brigade (régiment de gauche des avant-postes), en formation d'attaque pour 2 heures du matin, à 595, prêts à marcher sur le Mollard.

4. — Les trois attaques partiront à 2 heures, sans autre ordre.

L'attaque principale progressera jusqu'aux pentes sud des Badins, où elle déploiera (chaîne et soutiens) ses 2 bataillons de tête, le 3e bataillon demeurant dans le vallon nord-ouest de 602, à l'effet de garder la gauche des 2 bataillons de première ligne.

La compagnie du génie aidera à la confection des travaux qui devront être effectués avant le jour.

L'attaque secondaire de droite aura pour objectif le mamelon 554, où elle s'établira à cheval sur la grande route, et se retranchera.

L'attaque secondaire de gauche s'avancera sur le Mollard et ira occuper la lisière occidentale de ce village; cette lisière sera organisée.

5. — Les avant-postes (grand'gardes) ne se rallieront qu'au jour, à Gerbuat, où ils formeront un régiment provisoire.

6. — Le commandant du corps d'armée sera à Gerbuat, pour 1 h. 45 du matin, et ultérieurement sur la hauteur 602.

B) *Ordre particulier n° 3 à la 1re division.*

Champier, 31 août, 6 heures du soir.

1. — La 2e division exécutera demain, à 2 heures du matin, une attaque de nuit à l'effet de s'emparer du Mollard et de la hauteur 602 (nord-ouest des Racouillères), laquelle domine toute la droite adverse.

2. — La 2e brigade, l'artillerie et le génie de corps se tiendront en mesure de rompre de leurs cantonnements à 2 heures du matin; la 1re brigade, à la même heure, sera prête à combattre.

3. — Trois itinéraires devront être reconnus, dès ce soir, à l'effet de pouvoir porter rapidement la 2e brigade et l'artillerie de corps, sous la protection d'une avant-garde particulière, sur le Rapoux.

L'avant-garde gagnerait, en ce cas, la lisière occidentale des bois, face aux Veuves.

4. — La 9e division de cavalerie a l'ordre de se trouver, pour 4 heures du matin, dans la région Châteauvilain—Succieu.

5. — Le commandant du corps d'armée se tiendra à Champier jusqu'à 1 heure du matin, et ultérieurement à Gerbuat ou sur la hauteur 602.

C) *Ordre particulier n° 4 à la 9e division de cavalerie.*

Champier, 31 août, 6 heures du soir.

1. — La 2e division exécutera, demain à 2 heures du matin, une attaque de nuit à l'effet de s'emparer du Mollard et de la hauteur 602 (nord-ouest des Racouillères) laquelle domine toute la droite ennemie.

2. — Ordre est envoyé à la 1re division d'avoir à tenir la 2e brigade et l'artillerie de corps, prêts à rompre à 2 heures du matin, pour se porter, sur ordre, au Rapoux, l'avant-garde tenant la lisière des bois face aux Veuves.

3. — La 9e division de cavalerie gagnera, pour 4 heure du matin, la région Succieu—Châteauvilain, se liant avec la 1re division et poussant ses reconnaissances sur la gauche et les derrières de l'adversaire.

4. — Le commandant du corps d'armée quittera Champier à 1 heure du matin et gagnera Gerbuat, puis la hauteur 602.

D) *Travaux à effectuer sur le terrain.* — Chaque division étudiera pour son compte :

1° La disposition détaillée des avant-postes de la 3e brigade;

2° Les opérations complètes et détaillées des forces devant participer aux attaques de nuit, jusqu'au moment (exclus) où ces attaques se lancent à l'assaut de leurs objectifs.

Le commandant de l'artillerie et le commandant du génie marcheront avec la 2e division.

Le médecin principal aura ultérieurement à organiser le service de santé de la 2e division.

L'intendant, à titre de renseignement, recensera la quantité d'animaux de boucherie existant à Champier, Eydoche et Nantoin.

E) *Premier point de rendez-vous* (sauf intendant). — Cote 602 (sud-ouest d'Éclose), pour 8 heures du matin.

CINQUIÈME PARTIE

TRAVAIL DE LA TROISIÈME JOURNÉE (29 MAI)

§ 1er. — MATINÉE DU 29 MAI.

I. — Travail jusqu'à 8 heures du matin.

A) *Avant-postes de la 3e brigade.* — Le système des avant-postes de la 3e brigade n'était que le résultat du combat — en partie hypothétique — de la journée précédente.

Le 6e régiment tenait naturellement la droite ayant un bataillon sur les pentes sud du mamelon 608 ; un bataillon à Gerbuat ; un bataillon, reformé en réserve, à l'est de la cote 558 et près de la grande route.

La résistance rencontrée dans l'action de la veille n'avait pas été si acharnée que l'on ait été contraint de faire relever ce régiment par un autre plus frais.

Le bataillon de la hauteur 608 détachait deux grand'-gardes (d'une compagnie chaque) sur chacun des flancs du même mouvement de terrain. Chacune d'elles avait deux postes : celle de droite, sur le chemin conduisant de Flachères à Éclose (liaison avec les avant-postes de la 1re brigade occupant la corne ouest de la zone boisée comprise entre les Planches et Flachères) et dans le chemin creux contournant la partie nord du mamelon ; celle de gauche avait un premier poste à maison Garnier, un second à la bifurcation de chemins située au nord-est de la cote 538.

Le 2e bataillon ayant une réserve de trois compagnies reformée à l'est de Gerbuat (une compagnie dans cette ferme) avait une grand'garde dans le petit bois au sud-ouest des Racouillères, laquelle poussait elle-même un poste sur la grande route (nord de 538), un poste à la lisière nord du boqueteau, près de la naissance du chemin conduisant à 602, un poste à la bifurcation marquée par le mot *les* de *les* Racouillères.

Les maisons à l'est de la cote 558 donnaient asile au dernier bataillon du 6e, et, à la nuit, à l'escadron divisionnaire de la 2e division.

Le 5e occupant la gauche de la brigade avait, avec l'obscurité naissante, réussi à ne laisser qu'un seul de ses bataillons en première ligne. Deux compagnies formaient réserve dans les maisons bordant la route de Champier à Saint-Jean-de-Bournay, au sud-ouest de Gerbuat. Les deux autres constituaient grand'gardes à l'est de la cote 595 et aux Effeuillers.

Les postes de la première de ces compagnies se tenaient sur le chemin de crête avoisinant 595 et commandaient les avenues des Badins et du Mollard ; ceux de la deuxième grand'garde se tenaient à l'arrêt du tramway situé à l'ouest des Effeuillers et aux débouchés sud-ouest de ce dernier hameau.

En résumé, les avant-postes fournis par la 3e brigade présentaient trois bataillons en première ligne, en passe d'être immédiatement soutenus par trois autres bataillons.

L'ordre du corps d'armée pour l'attaque de nuit supposait que le régiment de droite des avant-postes (6e) pouvait disposer d'un bataillon en faveur de l'attaque secondaire de droite, et que le régiment de gauche (5e) avait 2 bataillons disponibles pour l'attaque secondaire de gauche ; c'était admettre implicitement que la disposition des avant-postes était celle ci-dessus relatée.

Dans la réalité de la guerre, le commandant du 1er corps aurait fait ou fait faire cette constatation et il aurait ensuite rédigé son ordre en conséquence. Dans le voyage de cadres, il lui a bien fallu présumer de la solution qui serait adoptée le lendemain matin par les officiers participant à la manœuvre, puisqu'il était dans l'obligation de fournir son ordre d'attaque dès le 28 mai.

Or, il s'est produit un incident sans grande importance, mais néanmoins intéressant en raison de l'enseignement qu'il comporte. Le commandant de la 3e brigade s'est d'abord fixé la limite des secteurs qu'il comptait assigner à ses deux régiments et il lui a paru qu'il y avait lieu de donner au 5e régiment le terrain compris dans l'angle des deux grandes routes conduisant de Champier à Saint-Jean-de-Bournay et à Éclose ; au 6e régiment, la partie du terrain située à l'est de cette dernière voie de communication. La solution était, d'ailleurs, parfaitement possible à justifier et sa valeur n'est ici nullement incriminée, mais il en est résulté que le 5e, disposant du secteur le plus vaste, n'avait plus assez d'un seul bataillon pour le garder, et qu'au contraire, le 6e pouvait remplir aisément son rôle de protection, dans sa zone restreinte, avec un bataillon seulement.

Finalement, le 5e ne pouvait plus disposer de deux bataillons en faveur de l'attaque secondaire de gauche et le 6e en avait un de trop pour l'attaque secondaire de droite. Le commandant de la 3e brigade a paru embarrassé pour sortir de cette situation.

Il suffisait cependant de répartir autrement les secteurs entre les deux régiments pour rendre exécutable l'ordre du corps d'armée. Et c'est en cela que réside précisément l'enseignement : comme on le va constater, sa généralisation est de beaucoup plus grande conséquence qu'il n'y paraît tout d'abord.

Si l'on prend deux troupes égales, placées sur deux terrains de nature analogue, le commandement dispose d'un moyen simple (et d'ailleurs inutile à confier aux exécutants qui doivent toujours croire qu'ils sont assez forts pour renverser tous les obstacles), pour assurer le maximum de puissance offensive à l'une de ces deux troupes. Il lui suffit de départager le front total en deux parties inégales : à l'unité qu'il désire voir surtout progresser, il affectera la portion la plus étroite du front ; à l'autre la partie la plus large. Par ce seul fait, la première aura plus de troupes en réserve que la seconde, elle sera plus capable d'efforts que cette dernière, elle pourra briser plus de résistances, elle poussera plus loin.

Il en est de même dans une situation défensive, et tel est le cas pour des avant-postes. De deux troupes de même effectif, celle qui a le secteur le moins vaste à défendre est aussi celle qui est susceptible d'offrir la plus longue résistance, à position de valeur égale, parce que c'est elle qui pourra disposer des plus fortes réserves.

Dans le cas particulier, il suffisait donc, pour que le 5e pût avoir deux bataillons réservés (et un seul aux avant-postes), de lui confier le soin de garder un secteur plus étroit que celui affecté au 6e régiment, lequel n'avait besoin, pour satisfaire à l'ordre du C. A., que d'avoir un bataillon réservé. En d'autres termes, la limite des deux secteurs, au lieu d'être la grande route de Champier à Éclose, devait être le chemin de terre conduisant de la cote 602 à Gerbuat (1).

B) *Dispositions préparatoires à l'attaque de nuit.* — L'attaque de nuit comportait comme on sait :

Une attaque principale à exécuter par un régiment (7e) de la 4e brigade, sur la hauteur 602, le deuxième régiment de la brigade (8e) ayant à se former en arrière de l'attaque, comme repli et, au besoin, réserve ;

Une attaque secondaire de droite, dirigée sur le mamelon 554, voisin de la grande route d'Éclose, et à mener par un bataillon du 6e partant des abords de 538 ;

Une attaque secondaire de gauche, ayant : le Mollard comme objectif, les environs de la cote 595 comme point de départ et deux bataillons du 5e comme effectif.

Attaque principale. — Le terrain des approches se présentait d'une manière particulièrement favorable. A partir de la grande route de Champier à Saint-Jean-de-Bournay, le vallon occupé par le hameau de Gerbuat — vallon que l'envoi de l'ordre du C. A. dans l'après-midi de la veille avait permis de reconnaître en tous détails — se prêtait admirablement, sur ses deux flancs, à des transports de troupes *massées*.

---

(1) On remarquera, d'autre part, qu'il y a généralement intérêt à ne pas fixer sur une grande route la limite de deux secteurs d'avant-postes. Ces limites de secteurs constituent ordinairement les parties du front les plus mal gardées, parce que chacune des deux troupes voisines compte toujours plus ou moins sur l'autre pour se charger de ce soin. Or, les grandes artères de communication sont aussi, la nuit, les directions d'approche les plus naturellement utilisables par l'ennemi.

Le sommet de ce vallon se trouvait à une intersection de chemins d'exploitation marquée sur la carte par le mot *les* de *les* Racouillères.

De ce point à la cote 602 (occupée par deux maisons isolées et tenues par les postes adverses) il restait moins de 300 mètres à parcourir.

Un chemin de terre montait directement vers les deux maisons et se prolongeait sur les Badins; un autre, bordé d'une haie, obliquait légèrement à gauche (ouest) et allait tomber dans le vallon des Badins un peu à l'ouest de ce hameau.

Le commandant de la 4e brigade ordonnait au 7e, avec trois sections de la compagnie du génie, de former la ligne d'attaque; au 8e, de se rassembler, dans le même temps, au nord et près de Gerbuat.

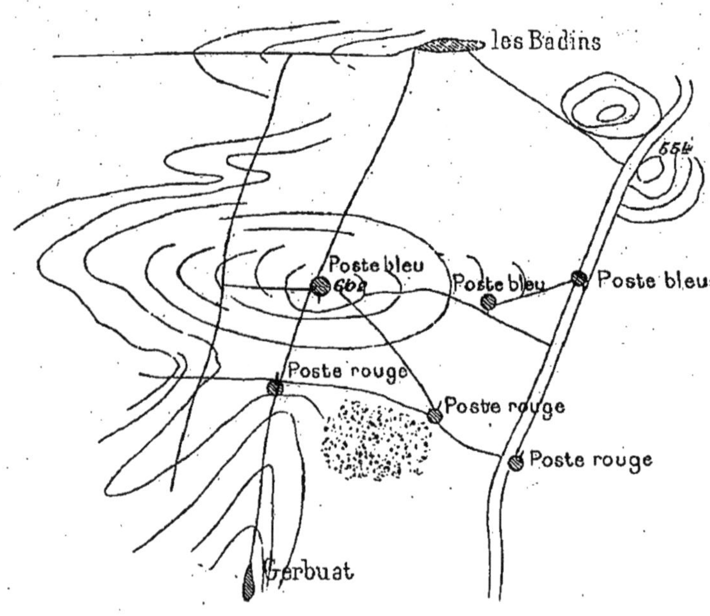

Le colonel du 7e rassemblait son régiment à minuit 45 à la sortie nord de Champier et le mettait en marche à 1 heure du matin, par la route de Saint-Jean-de-Bournay et le chemin de Gerbuat, vers le sommet du vallon occupé par cette localité.

Dès la veille, 7 heures du soir, le dispositif préparatoire d'attaque figurait dans l'ordre d'opérations et se trouvait ainsi défini :

« 2e et 3e bataillons en première ligne ;
« 1er bataillon en réserve.

« Les bataillons marcheront en colonne double : le 2e « appuyant sa gauche au chemin de Gerbuat à la cote 602, « la 3e à sa droite. Les compagnies de première ligne, « précédées à quelques pas par leurs éclaireurs, s'avance- « ront par le flanc des subdivisions. Les compagnies de « deuxième ligne suivront à 100 mètres des premières ; le « bataillon de réserve suivra, à la même distance et dans « la même formation, derrière le bataillon de gauche. »

Au milieu d'un certain nombre d'excellentes prescriptions, cet ordre renferme bien des lacunes.

Et tout d'abord, il n'était pas utile que le commandant du régiment donnât, dès la veille de l'attaque, le détail du dispositif à adopter. L'ordre du corps d'armée, lancé à 6 heures, ne pouvait guère lui être parvenu (quoiqu'il fût à Champier), avant 7 heures du soir. Dans la réalité, le colonel du 7e ainsi que celui du 8e, accompagnés de leur général de brigade, se seraient portés en reconnaissance sur le terrain de leur action de la nuit et auraient profité des dernières heures de jour pour arrêter sur place les dispositions à prendre. Il est bien évident qu'à 7 heures du soir, ce travail ne pouvait être terminé. Le commandant du 7e régiment devait donc se borner, dans son ordre, à prescrire la mise en marche de sa troupe, se réservant de la former là où sa reconnaissance lui aurait montré l'endroit le plus favorable.

Et précisément, l'ordre n'indique pas à quel moment du trajet on prendra la formation d'attaque. Ce ne pouvait être qu'en arrivant immédiatement au ras de la crête où prend naissance le vallon de Gerbuat, car, à partir de là, si l'on était couvert, ce n'était plus par le terrain, mais par une simple haie longeant le chemin du bois des Racouillères au Mollard. Il était d'élémentaire prudence de ne pas effectuer le rassemblement sur ce chemin même, c'est-à-dire à très courte distance de l'adversaire, afin de ne pas mettre l'ennemi en éveil à un moment où l'on n'était pas encore prêt à l'assaillir, d'un seul bond.

La formation ordonnée répondait bien, en admettant le rassemblement derrière la crête indiquée ci-dessus, aux nécessités de l'action, mais elle était mal axée. Dans une attaque de nuit, il est de toute nécessité d'appuyer les bataillons à un chemin, faute de quoi ils perdent leur direction, appuient sur les bataillons voisins, les gênent, ou s'en éloignent pour n'être pas gênés eux-mêmes. Au lieu de mettre la gauche du 2e bataillon au chemin de Gerbuat à 602, ce qui mettait le 3e bataillon dans le vide (*fig.* 1), c'est au contraire la droite qu'il y fallait placer. En ce cas les 3 bataillons auraient été réunis par une ligne fixe, sans déviation possible (*fig.* 2).

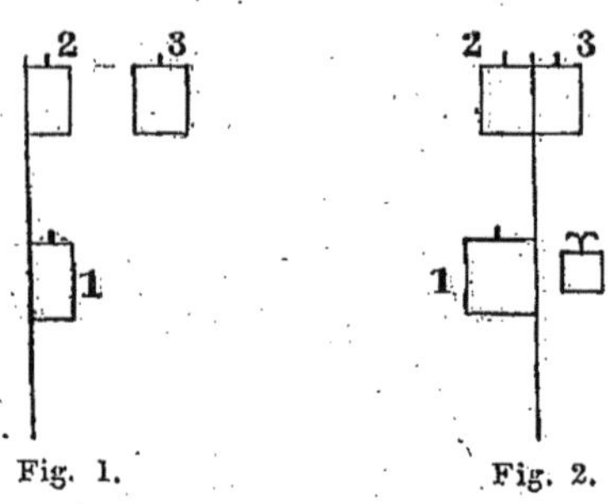

Fig. 1. Fig. 2.

Il y avait lieu aussi de fixer la place de la compagnie du génie derrière le 3e bataillon et appuyée elle-même au chemin de direction : on l'a oubliée.

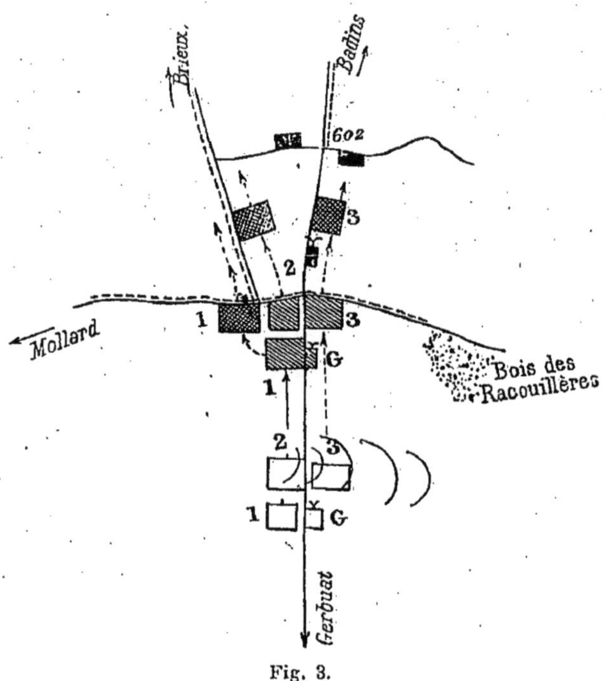

Fig. 3.

Le régiment, ainsi formé entièrement à couvert, se serait avancé, d'un premier bond et en complet silence, jusqu'à la haie bordant le chemin du bois des Racouillères au Mollard. Il serait alors arrivé que, le 3e bataillon restant appuyé à gauche au chemin menant à 602, le 2e bataillon aurait naturellement trouvé, à sa propre gauche, le chemin conduisant aux Brieux, lequel serait devenu ultérieurement son nouvel axe de marche. Enfin, le 1er bataillon aurait été avisé d'avoir à faire, tandis que les deux autres se seraient portés de l'avant, un léger mouvement à gauche pour venir appuyer sa droite à l'origine du chemin des Brieux et se trouver ainsi placé en échelon à gauche du 2e bataillon (*fig.* 3).

Pendant ces opérations, le 8e, parti à 1 h. 15 des abords de l'église de Champier, à la suite du 7e, venait sans difficultés se rassembler à Gerbuat.

Son chef recommandait de se mettre en liaison, d'une part avec le 7e, ce qui était facile, et d'autre part, avec les deux attaques secondaires, ce qui semblait d'une exécution moins pratique.

Il ordonnait également qu'aussitôt la hauteur 602 occupée par le 7e, le 8e se porterait lui-même vers ladite hauteur.

L'artillerie, à 2 heures du matin, se tenait à Champier, attelée, prête à rompre son parc mais, très judicieusement, son chef, accompagné des commandants de groupe, se tenait à Gerbuat avec l'intention de se porter sur le mamelon 602 dès le moment où l'on s'en serait emparé pour s'y trouver à la pointe du jour et effectuer la reconnaissance des emplacements les plus favorables à occuper.

Attaques secondaires. — L'attaque secondaire de droite, menée par un bataillon du 6e, ne présentait aucune difficulté de préparation. Disposant de la grande route de

Champier à Éclose comme axe de marche, ce bataillon pouvait s'avancer jusqu'à la limite extrême des avant-postes (nord de 538), et se disposer à cheval sur la route, prêt à marcher sur le mamelon 554 et le mamelon voisin (ouest du précédent).

L'exécution n'ayant donné lieu à aucun incident, il n'y a pas lieu d'insister.

Les deux bataillons du 5e et la section du génie, formant l'attaque secondaire de gauche, partirent des maisons situées au sud-ouest de la cote 558 pour se diriger, par le vallon de Gerbuat, vers la cote 595. Un peu avant d'arriver au sommet du vallon, ils tournèrent à gauche, longèrent un petit bois de sapins en futaie, tombèrent dans la déclivité marquée par le nombre 595, le front au chemin circulaire reliant la naissance du vallon de Gerbuat aux Effeuillers par 595, et s'établirent, le centre au chemin se dirigeant vers le Mollard, ayant chacun 3 compagnies en première ligne, accolées, et 1 compagnie (et la section du génie) en deuxième ligne.

On remarquera que ces deux bataillons suivirent, pendant la majeure partie du temps, le même itinéraire que le 7e. En fait, ils auraient dû marcher, si le 7e restait en colonne de route, sur le flanc ouest du chemin, à travers champs. Le sol, formé de prairies, était si consistant qu'il n'y aurait eu que des avantages à faire cheminer 7e et 5e en formations massées, sur les deux bords de la route. On aurait diminué d'autant la durée de la prise de la formation préparatoire d'attaque, période critique de l'opération puisqu'on n'y est préparé ni à donner, ni à recevoir le choc.

C) *Répartition du travail jusqu'à 10 (11)* (1) *heures du matin.* — Le travail suivant consista dans l'étude de l'exécution des trois attaques.

---

(1) 10 heures pour les officiers étudiant l'attaque sur les Badins; 11 heures pour ceux chargés de l'attaque du Mollard.

A cet effet, dans chaque division, les officiers furent partagés en trois groupes d'inégale importance.

Outre les détails de l'exécution des attaques à conduire jusqu'à la cote 554, les Badins, le Mollard, on devait étudier sur place le genre de travaux à exécuter aux Badins et environs, la mise en état de défense du Mollard (un officier du génie devait se joindre, en conséquence, au groupe de la 2e division dirigé sur ce point), ainsi que l'installation de l'artillerie divisionnaire à la cote 602 et abords.

Rendez-vous était donné :

Sur la crête ouest des Badins, à 10 heures du matin, aux officiers chargés de l'attaque centrale, de l'attaque secondaire de droite et de l'artillerie.

Au Mollard, à 11 heures du matin, aux officiers désignés pour l'étude de l'attaque secondaire de gauche.

II. — Travail jusqu'à 10 (11) heures du matin.

A) *Attaque principale.* — A 10 heures, sur la hauteur à l'ouest des Badins, compte rendu était fait de l'exécution de l'attaque principale.

Elle avait eu lieu « sans tirer un coup de fusil ».

L'ordre donné était le suivant : « La position enlevée « (602), les bataillons de tête continueront leur mouve- « ment sur la ferme des Badins, dans la même formation, « se faisant éclairer à droite et à gauche par les éclaireurs « des compagnies de deuxième ligne. Le bataillon de « réserve, la droite appuyée au chemin conduisant aux « Brieux ira jusqu'à la crête au-dessus du chemin des « Badins à Chatonnay et prendra position, protégeant « l'aile gauche et se reliant avec la 3e brigade occupant « le Mollard. »

En fait, le commandant du 7e continuait son attaque de nuit, conformément à l'ordre du corps d'armée — et l'on se propose de revenir plus tard sur cette prescription — jusqu'aux Badins. Si son dispositif avait été bien appuyé, chaque bataillon longeant un chemin soit par sa droite, soit par sa gauche, il n'y aurait aucune observation à faire, les exécutants n'ayant pas à discuter la conception d'ensemble de l'opération. On a dit déjà, à propos du dispositif préparatoire, comment il n'en fut pas ainsi.

On saisit, dans l'ordre qui précède, le besoin qu'a ressenti le chef du 7e de posséder un axe sûr pour la marche de son bataillon échelonné à gauche. N'est-il pas évident qu'il était préférable de le lui procurer *avant* l'attaque, dans le calme relatif précédant l'assaut, qu'*après* l'attaque, alors que toutes les énergies sont orientées dans la direction de l'adversaire le plus proche.

En adoptant le dispositif proposé (1er bataillon d'avance disposé la droite au chemin des Brieux dans le temps que les 2e et 3e se portaient à l'assaut) on aurait donc eu l'avantage : 1° de garantir le flanc exposé au moyen d'un échelon ; 2° de n'avoir pas à donner de nouveaux ordres au 1er bataillon en cours d'action ; 3° de mettre ce bataillon, dès le début, sur l'axe de marche qui devait le conduire à sa position finale.

Cette position elle-même n'était pas nettement fixée par l'ordre. « La crête au-dessus du chemin des Badins à Chatonnay » est une indication un peu vague. Deux crêtes surplombent ledit chemin, l'une au Nord l'autre au Sud : laquelle était la bonne ? La précision dans les ordres doit être absolument entière, et particulièrement dans une opération de nuit, sous peine d'amener les confusions les plus regrettables.

Quoi qu'il en soit, l'attaque principale était supposée parvenir, avec le jour levant :

3e bataillon et compagnie du génie : aux Badins ;

2e bataillon : sur la crête à l'ouest de ce hameau ;

1er bataillon : sur le mouvement de terrain orienté est-ouest, au sud du chemin des Badins à maison Pellet.

Dès lors, *en raison de l'obscurité disparaissant*, il était possible à chacun de ces bataillons de s'étaler sur le terrain pour s'y créer des abris et parer à tout retour offensif de l'adversaire.

Par hypothèse, les attaques secondaires étaient, dans le même temps, parvenues : à droite sur la hauteur 554 et le mamelon voisin ; à gauche, dans le Mollard.

Et, à ce propos, il est juste d'indiquer ici une erreur commise par le commandant du corps d'armée en fixant à 2 heures du matin le moment des attaques combinées et en ordonnant l'exécution de trois attaques simultanées. On va voir que l'opération, au lieu d'être menée en une seule phase, aurait exigé réellement deux périodes successives.

Le but de l'attaque était, en somme, de s'emparer, de nuit, de la hauteur 602 qu'il aurait été particulièrement difficultueux d'attaquer de jour en raison de l'absence de position d'artillerie favorable pour appuyer l'infanterie assaillante.

Cette hauteur conquise, au contraire, le 1er corps disposait d'une position d'artillerie, d'où il dominait — ainsi que s'exprime l'ordre du corps d'armée — toute la droite adverse. Mais, pour qu'il soit possible de placer de l'artillerie sur la hauteur 602, il était nécessaire de pousser l'infanterie amie au delà de cette position, autant dire vers les Badins. D'où l'idée de pousser l'attaque principale jusque dans le voisinage de ce hameau.

D'autre part, si cette attaque était restée unique, elle se serait trouvée, après avoir réussi, comme poussée en flèche à l'intérieur de la position ennemie, si bien que l'adversaire, resté maître du Mollard et du mamelon 554, la pouvait prendre sur ces deux flancs et, sans aucun doute, la contraindre à la retraite. Ainsi est née la conception de la triple attaque, dont une principale et deux secondaires, celles-ci n'ayant d'autre but que de garder la première.

On y trouvait, par surcroît, l'avantage de diviser l'attention de l'ennemi, de l'embarrasser en le laissant dans l'indécision complète sur le point dont le 1er corps tenait plus particulièrement à s'assurer la possession.

En revanche, il y avait à ces trois attaques combinées deux graves inconvénients : le premier et le principal résidait en ce fait qu'il n'était pas certain qu'elles pussent réussir *toutes les trois* de la même façon, ce qui, en cas d'échec de l'une d'elles, pouvait entraîner, par voie de conséquence, la retraite des deux autres ; le deuxième était qu'une attaque de nuit, exécutée et réussie sur 602, ne pourrait peut-être pas, sans désordre, continuer plus avant dans la direction des Badins et, dans cette hypothèse, c'étaient alors les deux attaques secondaires qui, malgré leur réussite, pouvaient se trouver exposées.

Il semble donc que, dans le cas particulier, il eût été prudent de procéder par étapes successives.

L'attaque principale se serait assigné comme premier objectif la hauteur 602 et en aurait pris possession en s'y fortifiant. Les deux attaques secondaires massées en dehors des flancs de l'attaque principale, au nord de 538 et à la cote 595, n'auraient fait que protéger la première, *par leur seule présence*, sans avoir à se porter de l'avant.

Ceci fait, l'attaque principale réorganisée, l'*artillerie venue* sur les pentes sud-ouest et sud-est de 602 un peu avant le jour, on aurait procédé, dès le jour levant, à la continuation de l'opération, les deux attaques secondaires ne visant leurs objectifs respectifs que dans l'unique but de faire aboutir, en la couvrant, l'attaque centrale.

Cette dernière, bien appuyée par l'artillerie, ne se serait plus développée à la façon d'une attaque de nuit, sur un terrain qu'il n'avait pas été possible de reconnaître en détails préalablement, mais à la manière d'une attaque régulière et à travers un terrain visible.

Il y a là une nuance sensible qu'il était important de signaler.

Il est impossible de relater ici le détail des travaux prévus aux Badins et environs par le commandant de la 4e brigade pour s'assurer la possession définitive du terrain conquis. Qu'il suffise de savoir que l'organisation prévue, de concert entre le commandement et le génie, consistait à faire occuper par le 2e bataillon du 7e une série de tranchées échelonnées la droite en avant; le village des Badins et le mamelon au sud-est par le 3e bataillon; les deux mamelons chevauchant sur la grande route à hauteur de la cote 554 par le bataillon correspondant du 6e; de cette manière, il était bien difficile que l'ennemi pût prétendre à reconquérir le terrain perdu par lui.

B) *Reconnaissance de la position 602 par le commandant de l'artillerie.* — Le commandant de l'artillerie de la 2e division, rendait compte en ces termes du résultat de la reconnaissance de la position 602, effectuée au jour levant :

« La position offre, en avant, un angle mort assez sérieux « et assez dangereux pour nécessiter des feux de flanquement.

« D'autre part, au Nord et au Sud, deux longs couloirs « nécessitent des feux d'enfilade. Ce sont :

« 1° Au Nord, le couloir, les Badins, les Châtaigniers (1);

« 2° Au Sud, le Mollard, la Vollandière (2).

« Après étude du terrain, le dispositif suivant est préparé, quitte à le modifier suivant les circonstances.

---

(1) Les Châtaigniers sont sur le ruisseau des Trouilleux, à 2 kilomètres ouest de ce hameau.

(2) La Vollandière est à 1 kilomètre à l'ouest du Mollard; Chatonnay est encore à 2,500 mètres plus à l'ouest.

« 1° Un groupe de trois batteries en surveillance sur le « plateau, exécutant du tir à grand défilement, la ligne de « bataille orientée sud-nord ; point de repère : la tour de « Chatonnay.

« Zone de surveillance (d'après les indications du « général commandant la 2e division) : limite nord, « 602—Brieux ; limite sud, le Mollard—Chatonnay ; soit « 90° environ.

« Tout le groupe exécutera des épaulements aux ailes « pour se garantir des feux d'écharpe.

« Chaque pièce sera encadrée de 2 caissons ; les 2 cais- « sons à mélinite de chaque batterie s'installeront à « 10 mètres en arrière du caisson du capitaine et du « deuxième caisson de premier ravitaillement ; 25 mètres « entre les pièces.

« De cette manière, le groupe aura sous la main 12 cais- « sons par batterie ; les intervalles entre pièces permet- « tront de faire face à un point quelconque de la zone « indiquée.

« 2° Le deuxième groupe pourra surveiller le couloir « nord, dès que les progrès de la 1re division le permet- « tront, en installant une batterie sur le mamelon *s* des « Badins.

« Le couloir sud sera enfilé par une batterie placée au « col de *les* Racouillères. La 3e batterie se tiendra en « réserve, en dehors de la grande route, au sud des « Racouillères, prête à flanquer l'angle mort de la posi- « tion 602. Suivant les besoins des brigades, elle pourra « être disloquée en sections.

« Les échelons de combat de ce groupe resteront à « la distance normale. Les colonnes doublées d'avant- « trains se tiendront dans des couverts, à proximité des « pièces, pour laisser à ce groupe son maximum de mobi- « lité. »

Ceci n'est que le compte rendu d'une reconnaissance, et si l'on peut déjà s'étonner qu'il ait eu pour résultat d'aboutir à une aussi minutieuse disposition des batteries sur le sol, du moins est-il tempéré par la phrase qui n'en rend les conclusions applicables que sauf modification imposée par les circonstances.

Or, l'ordre d'application est exactement conforme aux dispositions qui n'étaient jusque-là que des prévisions. Il faut en conclure que les circonstances auxquelles ces dispositions répondaient ne s'étaient pas modifiées. On aimerait à connaître ces circonstances ; c'est-à-dire qu'on éprouverait une certaine satisfaction, quand il s'agit de répartir de l'artillerie sur le sol, à connaître quelles sont les *manifestations de l'ennemi*, réelles ou supposées, qui justifient cette répartition. Des batteries ne prennent pas position pour enfiler un couloir ou donner des feux de flanc sur une zone de terrain ; leur placement répond à la nécessité de contre-battre des objectifs existants ou qui ne peuvent pas manquer de paraître dans une certaine région. En d'autres termes, les positions d'artillerie sont imposées, soit par ce que l'on veut faire soi-même, soit par ce que l'ennemi peut tenter pour son propre compte ; c'est donc surtout la troupe que l'on appuie, puis l'ennemi capable de s'opposer à son action, qui doivent former le fond du raisonnement quand il s'agit de placer l'artillerie ; alors, mais alors seulement, interviennent les considérations de terrain battu ou non battu.

Certaines des prescriptions édictées ci-dessus ne se comprennent même pas. Exemple : le premier groupe est disposé de manière à exécuter un tir à grand défilement. Cela est admissible, si l'on entend que ce groupe est appelé à tirer loin, sur l'artillerie ennemie (on la pourrait, par hypothèse, supposer venant s'établir sur le mamelon 554 au sud des Châtaigniers), mais ce grand défilement est, au contraire, une erreur si l'on songe à frapper de l'infanterie qui s'avancerait sur le Mollard par le fond de la maison Jardinet.

Ce n'est pas tout ; puisque ce groupe, disposé d'avance face à l'Ouest, est si bien défilé et, par voie de conséquence, infiniment bien protégé, c'est le cas ou jamais de considérer le ravitaillement en munitions comme jouissant d'une relative sécurité. Pourquoi, dès lors, amener de prime abord toutes les munitions en ligne ? Pourquoi aussi couvrir le flanc sud par des épaulements ? Il est de toute évidence que les craintes sont nulles d'être canonné de ce côté-là.

La question devait être présentée tout autrement. Pour le moment, la région commence à peine à s'éclairer des premières lueurs du jour ; il s'agit de conserver le terrain conquis, ni plus ni moins. Par où l'ennemi peut-il essayer de récupérer les positions qu'il vient de perdre ? Le calque figuratif des emplacements de l'adversaire pendant l'attaque (1) indique

(1) Voir carte n° 6.

que ses efforts se sont jusque-là portés principalement d'Éclose sur les abords de 554 et de Brieux sur la crête à l'ouest des Badins. Un retour offensif a été également tenté de maison Jardinet et abords sur le Mollard. Jusque-là, ces tentatives ont échoué, mais elles peuvent être reprises, bien mieux, elles peuvent être maintenant appuyées par du canon. Comment l'artillerie de la 2e division peut-elle contribuer à les repousser encore? telle est la première question à se poser.

Cette fois on peut marcher sur un terrain solide.

Des attaques qui déboucheraient des Chaberts et d'Éclose sur 554 sont bien vues de 602. L'artillerie qui les appuierait ne pourrait guère se trouver ailleurs que sur la crête ouest du mamelon des Badinières ; de 602 encore, on domine cette crête et même les pentes qui en descendent vers le sud. D'où, recherche à 602 de positions pour *toute* l'artillerie de la division et, simultanément, étude des emplacements qui seraient plus particulièrement favorables pour contre-battre l'infanterie, et de ceux aussi les mieux placés pour tirer, au besoin, sur l'artillerie. Édification même d'épaulements qui serviront ou ne serviront pas, on n'en sait rien encore. En tout cas, on est paré pour cette hypothèse et il est impossible de mieux faire puisque l'emploi est prévu de *tous* les moyens disponibles.

L'ennemi, maintenant, est-il supposé devoir attaquer par les Brieux sur la crête à l'ouest des Badins? la situation se modifie. On n'aperçoit plus, de 602, le vallon des Trouilleux et c'est regrettable puisque l'ennemi y peut préparer son attaque en sûreté. En revanche la crête au sud des Brieux est visible; les pentes descendant du Nord vers le vallon des Trouilleux ne le sont pas moins, les mamelons enfin où l'ennemi pourrait mettre de l'artillerie sont en pleine vue. Dès lors, on devra pouvoir annihiler cette artillerie si elle apparaît, arrêter l'infanterie sur la crête sud des Brieux, empêcher tout renforcement de cette infanterie par des troupes qui, venant des Rollands, descendraient les pentes du col compris entre la hauteur des Badinières et celle des Rollands. Autre situation, autre reconnaissance, autre conclusion sur les emplacements à affecter, dans ce cas, à l'artillerie.

En dernière analyse, l'ennemi peut reprendre l'offensive sur le Mollard, appuyé par du canon qui serait vraisemblablement placé sur le mamelon 554 au nord de la maison Pellet. Cette fois, c'est une nouvelle solution qui s'imposerait et c'est probablement sur le col marqué par le mot *les* de *les* Racouillères ainsi que le long de la crête suivie par le chemin conduisant à l'arrêt des Effeuillers qu'il y aurait lieu de disposer l'artillerie.

Là encore, il n'y a pas d'inconvénients à exécuter des travaux de terrassements qui seront ou non utilisés.

Quant aux batteries, qu'en fera-t-on? C'est l'évidence même, on les laissera en position d'attente en un point central (la bifurcation nord de Gerbuat), aptes à se porter vers l'une ou l'autre (à l'occasion vers l'une et l'autre) des positions reconnues, suivant que c'est l'une ou l'autre hypothèse — ou plusieurs simultanément — qui viendront à se réaliser.

Grâce au travail minutieux exécuté par leurs chefs pendant qu'elles demeurent ainsi sur avant-trains, les batteries, en quelques minutes, peuvent gagner les emplacements les plus favorablement situés pour répondre à l'éventualité présente. C'est ainsi qu'il faut comprendre la position d'attente de l'artillerie : période de repos pour le personnel inférieur, moments de grande activité physique et intellectuelle pour les chefs.

La progression du 8e régiment, de Gerbuat jusqu'au revers sud de la hauteur 602, après l'enlèvement des Badins, n'offrant aucune particularité saillante, il n'y aurait pas à insister, s'il n'était cependant utile d'attirer l'attention sur un point particulier.

Le commandant de ce régiment avait à tenir compte de la présence de l'artillerie sur la hauteur 602 et, par suite, à se mettre au courant des positions occupées par les batteries en vue de maintenir son régiment à l'abri des coups destinés à ces dernières.

Enfin et surtout, ce colonel avait le devoir de savoir, à tout instant, la situation des troupes engagées en avant de lui (7e) de manière à toujours être prêt à saisir sans difficultés l'esprit des ordres dont il pouvait être le destinataire et à les exécuter en pleine connaissance de cause.

Il est une habitude malheureuse, et trop souvent observée par les commandants des unités en réserve, qui consiste à demeurer accolés à leur troupe, indifférents aux événements dont ils ne sont pas momentanément acteurs. On ne saurait trop la condamner : une réserve sera, tôt ou tard, appelée à s'employer. Pour qu'elle le fasse, vite et bien, il est de toute nécessité que son chef sache, d'avance, s'il était appelé à marcher, pourquoi, par où et comment il le ferait. Cela exige qu'il connaisse la situation et les cheminements utilisables pour se porter dans les directions les plus diverses. La situation, il peut s'en pénétrer, soit par l'intermédiaire d'agents, soit, souvent, de ses propres yeux pour peu qu'un temps de galop ne l'effraie pas ; les cheminements, tous ses ajoints doivent être aptes à en faire une reconnaissance approfondie, mais encore faut-il que l'ordre de leur chef les y détermine.

En résumé, pour l'infanterie comme pour l'artillerie, les périodes d'attente sont un repos pour la troupe, mais pour la troupe seule : l'intelligence et l'esprit de prévision des officiers, au contraire, doivent rester constamment en éveil.

Il n'y a rien à dire de la disposition au Mollard des

2 bataillons du 5e, ainsi que de l'organisation défensive de cette localité, si ce n'est que l'exposé en fut très intéressant. Une fois de plus il prouva l'importance et l'utilité des manœuvres avec cadres, en montrant quelles difficultés inattendues introduit le terrain réel dans la résolution des questions de tactique appliquée.

C) *Régiment provisoire.* — On se rappelle que les attaques de nuit ayant atteint leurs objectifs, il était prescrit aux troupes d'avant-postes de se réagglomérer à Gerbuat. Il est inutile de marquer l'intérêt qu'il y avait à laisser en place les avant-postes aussi longtemps qu'on n'aurait pas acquis la certitude de rester bien définitivement maître du mamelon 554, des Badins et du Mollard.

Il demeurait aux avant-postes : à gauche, 1 bataillon du 5e ; à droite, 2 bataillons du 6e. Le rassemblement de ces unités à Gerbuat allait donc former deux groupes de deux régiments différents.

On commet souvent la faute, en pareil cas, d'omettre de constituer un régiment provisoire. Le colonel du 6e, ou le lieutenant-colonel du même régiment si le colonel avait marché avec l'attaque secondaire de droite, était désigné pour prendre la direction de cette unité.

Le principe appliqué ici, en une circonstance particulière, est général. Tous éléments, réunis par le hasard, ou par ordre, sur un même point, doivent avoir un chef. Des unités séparées, et non soudées par le fait de la constitution d'un commandement, sont de la poussière de troupes : commandées, elles deviennent capables de recevoir une mission tactique et de faire œuvre utile (1).

Dans la bataille, bien rares seront les moments où il n'y aura pas lieu à constitution de ces groupements tactiques provisoires.

D) *Demi-journée de repos.* — Le travail de la journée suivante (4e—30 mai) devant encore porter sur les opérations du 1er septembre, mais, cette fois, dans le domaine de la 1re division et de la 9e division de cavalerie, il en est

---

(1) Sans compter que leur groupement sous un même chef facilite singulièrement la transmission et l'exécution des ordres.

résulté que l'après-midi du 29 mai n'a pas comporté d'étude des services du 1er corps.

Cette demi-journée de repos n'a pas été le fait du hasard mais bien préméditée. Quoiqu'une manœuvre de cadres ne dure que cinq jours, ce n'est pas une mince fatigue que de monter à cheval, chaque matin, avant 6 heures, de galoper à travers pays jusqu'à midi dans une continuelle tension d'esprit, d'exposer avec clarté la conception et l'exécution d'une série d'opérations militaires, de se remettre, à 2 heures du soir, à un nouveau travail de confection d'ordres, d'établissement de situations et de prêter toute son attention, à partir de 4 heures jusqu'à 6 heures et quelquefois davantage, aux observations faites par le directeur, soit au sujet des ordres fournis, soit au sujet du développement compliqué des services. Aussi, une demi-journée de repos, coupant en deux parties un voyage ainsi compris, ne saurait être que bien accueillie par tous les participants si grandes que soient, d'ailleurs, leur conviction et leur ardeur au travail.

§ 2. — APRÈS-MIDI DU 29 MAI.

A 2 heures du soir, à la mairie de Champier, le directeur donnait lecture de l'ordre général n° 4 ci-dessous reproduit, destiné à servir de base aux travaux de la matinée du 30 mai.

I. — Ordre général d'opérations n° 4, pour la journée du 1er septembre.

Hauteur 602 (nord de Guerbuat), 1er septembre,
4 heures du matin.

1. — L'attaque de nuit exécutée par la 2e division a entièrement réussi. Notre première ligne s'étend maintenant de la Bâtie, par le Mollard et les Badins, jusqu'à la hauteur 554 où elle se lie à la gauche de la 1re brigade (corne nord-ouest des bois au nord de Flachères).

2. — Le corps d'armée attaquera sur toute la ligne, savoir (1) :

---

(1) Les calques fournis aux officiers reproduisaient le contour apparent de l'adversaire tel que l'indique la carte n° 6.

La 2e division, à l'ouest de la ligne Éclose, cote 503 (1,500 mètres sud-ouest des Éparres).

La 1re brigade, sur le front Éclose—les Armanets.

3. — La 2e brigade est réservée en vue d'une attaque à exécuter sur la gauche adverse : elle se portera immédiatement, par tous les itinéraires disponibles et reconnus, sur le Rapoux.

4. — La zone d'action affectée à la 1re brigade constitue le champ défensif du corps d'armée : il importe donc que tout progrès en avant de cette brigade soit solidement assis avant qu'il soit procédé à une action nouvelle.

L'artillerie de corps, en tout ou partie, prêtera son concours à cette brigade. Elle devra, en tout cas, redevenir disponible pour le moment de l'attaque de la 2e brigade.

5. — La 9e division de cavalerie se trouvant dans la région de Succieu—Châteauvilain, les reconnaissances de l'artillerie en prévision de l'attaqne sur la gauche adverse devront être dès maintenant effectuées.

6. — Le commandant du corps d'armée compte se trouver pour 6 heures du matin au Rapoux. Il passera par Flachères et Belmont.

II. — Répartition du travail pour la journée du 29 mai.

Chaque division, formée en deux groupes, étudiera pour son compte :

1° L'action de la 1re brigade appuyée, au besoin, par l'artillerie de corps ;

2° La marche de la 2e brigade sur le Rapoux et la couverture de cette brigade face aux Veuves.

La 9e division de cavalerie rendra compte de ses opérations depuis son rassemblement, le 1er septembre au matin, jusqu'à son arrivée dans la région de Succieu.

Le commandant du génie établira le projet des travaux à effectuer pour rendre inviolable le front tenu par la 1re brigade et pour préparer, le cas échéant, des vues à l'artillerie.

L'artillerie de corps reconnaîtra les positions d'où elle pourrait appuyer l'action de la 1re brigade et les emplacements les plus favorables pour le soutien ultérieur de l'attaque sur la gauche ennemie.

Le médecin principal aura mission d'organiser le service de santé de la 1re division.

L'intendant, après reconnaissance de la localité de Saint-Jean-de-Bournay, proposera l'installation en cette ville (comme si elle était appelée à devenir un gîte principal d'étapes) d'un magasin d'une contenance de deux jours de vivres pour tout le corps d'armée et la 9e division de cavalerie (local, division, répartition des locaux, prévisions pour le déchargement et le chargement des convois ou trains, etc.).

III. — Premier point de rendez-vous

(sauf intendant).

Sur le chemin, à 500 mètres est de Croix-des-Épalisses, à 8 h. 30 du matin.

SIXIÈME PARTIE

TRAVAIL DE LA QUATRIÈME JOURNÉE (30 MAI)

---

§ 1er. — MATINÉE DU 30 MAI.

I. — Travail jusqu'à 8 h. 30 du matin.

Avant de reproduire les ordres et de décrire les opérations de la 1re division, lesquels firent l'objet exclusif des travaux de la matinée du 30 mai, il ne paraît pas inutile de donner, d'abord, les dispositions ordonnées par les différents chefs de la 2e division comme conséquence de l'ordre général d'opérations no 4 du 1er corps cité plus haut. Bien que l'exécution n'en ait pas été étudiée sur le terrain, elles se lient intimement aux événements survenus sur le front de la 1re division.

Les manœuvres avec cadres, d'ailleurs, visent surtout à perfectionner l'instruction tactique des officiers, en sorte que nulle occasion d'arriver à cette fin ne doit être négligée ; or, la conception d'une opération, à défaut même de son exécution, fournit déjà matière à précieux enseignements.

A) *2e division.* — Le général commandant la 2e division, de la cote 602 où il stationnait, le 1er septembre, à 4 h. 30 du matin, ordonnait donc ce qui suit :

1. — L'ennemi occupe la ligne la Vollandière — M. Eymard — Brieux — Éclose — Épalisses — Franchison — les Brons.

2. — Le corps d'armée va l'attaquer sur toute la ligne, savoir :

La 2e division, à l'ouest de la ligne Éclose — cote 503 (1,500 mètres sud-ouest des Éparres).

La 1re brigade, sur le front Éclose — les Armanets.

La 2e brigade est réservée pour agir sur le flanc nord de l'ennemi par le Rapoux.

3. — L'escadron divisionnaire (3 pelotons) déterminera le flanc sud de l'ennemi qu'il devra déborder. Un peloton restera à la disposition du général de division pour les liaisons et les missions diverses ; il reliera notamment la 4e brigade à la 3e.

4. — *La 4e brigade* agira dans le secteur compris entre la ligne Éclose — cote 503 et la ligne M. Eymard — clocher de Culin. Elle prendra comme direction la cote 516 et le clocher de Tramolé et conservera, près de la cote 602, comme réserve de la division, un de ses régiments.

5. — *La 3e brigade* agira dans le secteur compris entre la ligne M. Eymard — clocher de Culin et la ligne la Vollandière — Role. Elle prendra comme direction les Châtaigniers, cote 500, ayant en seconde ligne un régiment en échelon à gauche (sud) qui devra ôter tout souci à la division pour son flanc sud.

Dans le mouvement en avant de la 3e brigade, le bataillon du 6e qui se trouve à la cote 554 ne rejoindra son régiment qu'après que les troupes de la 4e brigade l'auront dépassé.

6. — Le génie est à la disposition de la 3e brigade.

7. — L'artillerie établira ses deux groupes aux emplacements qu'elle déterminera sur la position caractérisée par la cote 602. Secteur de surveillance : angle Tramolé, cote 602, Chatonnay.

8. — Le général de division se tient à la cote 602.

9. — L'ambulance se portera sur la grande route entre Champier et les Effeuillers, à l'angle du chemin de Gerbuat.

L'ordre qui précède, excellent en toutes ses parties, ne soulève aucune critique : en revanche, trois des points qu'il met en relief, savoir : le prélèvement de la réserve de division sur la 3e brigade, la protection, par un échelon, du flanc sud de la division et la manière dont l'artillerie est appelée à prendre position, méritent qu'on s'y arrête parce qu'ils sont tous trois fort importants.

Le commandant de la 2e division a très bien compris que la brigade de gauche (3e) était celle dont il fallait favoriser les progrès parce qu'elle était aussi celle qui lui permettait d'amorcer une manœuvre sur le flanc ouest de l'adversaire. Pour ce faire, il a laissé au chef de la 3e brigade *toutes ses forces* : sur le front de la 4e brigade, au contraire, là où l'on ne peut espérer de succès important, *il n'a laissé qu'un régiment*. Comme, d'autre part, les zones d'action assignées aux deux brigades sont à peu près de même largeur, il en résulte, *ipso facto*, que la 3e brigade est naturellement outillée pour pousser plus loin que la 4e. Sans rien retirer de l'esprit offensif de cette dernière, sans lui parler surtout de combat démonstratif, ou même traînant, le commandant de la 2e division impose sa volonté qui est de gagner surtout du terrain avec sa gauche. Derrière son système de forces ainsi établi, il se tient avec sa réserve, prêt à parer à une faiblesse trop grande de la 4e brigade (réduite à un régiment), prêt à renforcer aussi la 3e, ou à la prolonger, en vue d'atteindre et briser la droite adverse. Tout le secret de l'action du commandement dans la bataille est renfermé dans ces deux termes : répartition inégale de forces sur des fronts égaux (ou répartition égale de forces sur des fronts inégaux) et constitution d'une réserve.

Le commandant de la 2e division n'a pas cherché, d'autre part, à garantir son aile extérieure par prolongement de son front, déjà considérable, mais bien en prescrivant à la 3e brigade d'avoir toujours « un régiment échelonné en arrière et à l'extérieur du flanc sud, de manière à ôter à la division tout souci de ce côté ».

On ne saurait trop attirer l'attention des officiers sur le danger de la protection d'un flanc par le moyen d'un prolongement du front. Dans ces conditions, pour peu que l'ennemi soit important, l'aile extérieure est réduite à former crochet *défensif* ce qui est, pour l'adversaire, une véritable invite à l'enveloppement. (*Croquis n° 1.*)

L'échelon refusé et extérieur, au contraire, concède toujours aux troupes qui le constituent l'avantage de l'offensive ; mis en mouvement en temps opportun, il agit de toute sa puissance sur le flanc de l'ennemi qui devient lui-même enveloppé au moment où il croit être enveloppant. (*Croquis n° 2.*)

La supériorité de ce procédé est si bien reconnue que le colonel Danioff, au cours d'une conférence faite par lui à l'Académie de guerre Nicolas, n'hésite pas à classer l'inaptitude des Russes à s'échelonner sur

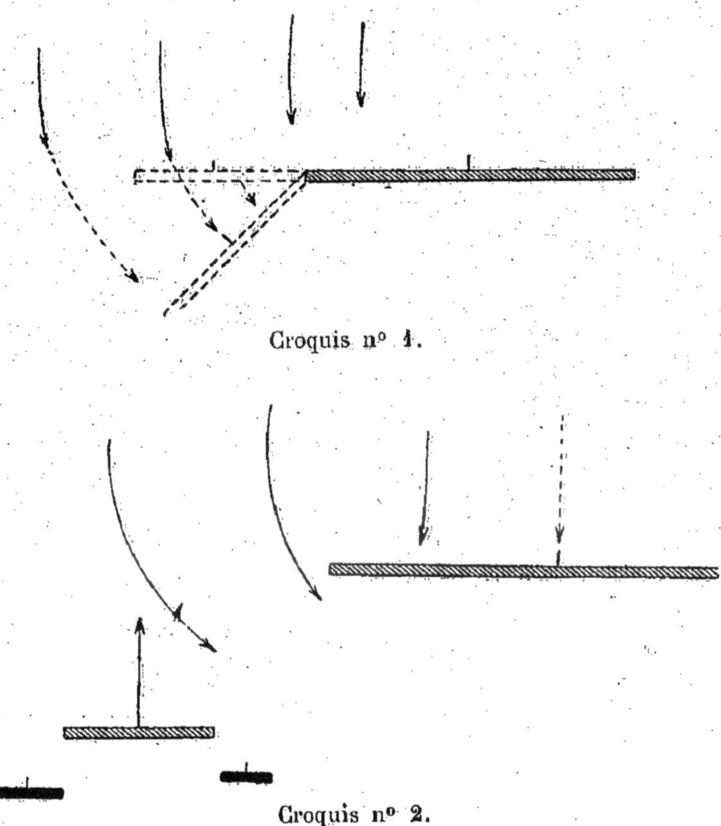

Croquis n° 1.

Croquis n° 2.

eurs flancs comme une des causes principales de leurs défaites pendant la guerre russo-japonaise. Voici comment s'exprime, à ce sujet, cet officier supérieur :

« Dans le but d'y parer (aux mouvements enveloppants), on faisait un
« crochet au flanc menacé, au lieu de recourir à un dispositif en échelons.
« Cette manière de procéder était si enracinée dans l'armée que, même
« après un an et demi de guerre, on eut encore recours à une inflexion du
« flanc dans l'installation de notre armée sur la position de Sipingaï, au
« lieu de constituer un échelon (1). »

(1) Conférences sur la guerre russo-japonaise faites à l'Académie de guerre Nicolas. Traduction du capitaine Niessel, p. 22.

Faisons notre profit de cette remarque fort judicieuse, car l'armée russe n'est peut-être pas la seule où l'habitude du crochet défensif se soit malencontreusement enracinée.

L'ordre concernant l'artillerie, tout en fixant d'une façon générale la position à occuper, laissait au commandant des batteries la liberté d'y choisir à volonté ses emplacements et, en particulier, le loisir d'occuper la crête descendant de 602 sur la cote 595, qui était bien la plus favorable pour exercer une puissante action dans la partie méridionale du secteur de surveillance assigné.

Les dispositions arrêtées par le commandant de l'artillerie ont été discutées précédemment à propos de la reconnaissance exécutée par cet officier : il n'y a pas à y revenir.

Une dernière observation s'impose relativement à l'ordre de la 2e division. Le paragraphe 4 ordonnait à la 4e brigade de laisser en réserve de division, *à la cote 602*, un régiment.

Cette prescription impérative (cote 602) devait amener fatalement le chef de la 4e brigade à désigner le 8e régiment comme réserve et à laisser le 7e, lequel avait fourni l'attaque de nuit principale et se trouvait en partie déployé à hauteur des Badins, en première ligne.

Il eut été préférable de faire dépasser le 7e par le 8e ; le premier de ces deux régiments aurait alors rassemblé ses éléments (à l'exception de quelques fusils à laisser sur la position défensive) dans le fond sud des Badins et serait demeuré en cet endroit à la disposition du général de division.

Le résultat désiré n'en aurait pas moins été réalisé et, selon toute probabilité, avec une moindre perte de temps, attendu que le 8e était prêt à exécuter un ordre, puisque rassemblé, tandis que le 7e ne l'était pas, puisque déployé.

4e brigade. — L'ordre de la 4e brigade est d'une concision très louable, mais il n'est pas conforme à la réalité de la guerre, ainsi qu'on va pouvoir s'en convaincre.

Ordre verbal pour la journée du 1er septembre.

Hauteur 602 (nord de Gerbuat), 1er septembre,
4 h. 30 du matin.

« Ci-joint l'ordre de la 2e division.

« Le 7e agira en première ligne.

« Le 8e restera à la cote 602.

« Le général commandant la 4e brigade marchera avec le 7e. »

Il est clair que si cet ordre a pu être donné verbalement au colonel du 8e, lequel assistait vraisemblablement à la confection de l'ordre de la division (1), il n'en est pas de même pour le colonel du 7e, qui se trouvait alors aux Badins ou environs.

Si donc cet officier supérieur a reçu des instructions verbales de son chef, ce n'est qu'après 4 h. 30, lorsque ce dernier s'est porté lui-même dans les rangs du 7e.

Cette critique paraît de peu d'importance, mais il n'est pas oiseux, dans les exercices du temps de paix, de tenir compte de toutes les circonstances de la guerre, car on ne fera bien, dans l'émotion de la lutte, que les actes passés, à la suite d'exercices répétés, à l'état de seconde nature.

L'ordre de la 4e brigade provoquait, de la part des deux colonels, les ordres ci-dessous :

8e. — « L'attaque de nuit a réussi. Le corps d'armée attaque sur tout son front.

Le 8e reste en réserve générale de la division à la cote 602 et à la disposition du général de division.

Il se tiendra en relation avec les troupes qui opèrent en avant de lui. ».

7e. — « Le 7e va prononcer un mouvement en avant sur la côte 516 et le clocher de Tramolé, en agissant dans le secteur Éclose—cote 503 (ouest des Éparres) et M. Eymard—clocher de Culin.

Le général de brigade marche avec le régiment. »

Le manque de concision des ordres et l'intervention fâcheuse de certains chefs de corps dans des détails d'exécution qui ne sont pas de leur ressort ont été souvent blâmés : ici, l'exagération contraire est manifeste.

Le 8e, en réserve générale de la division — et cela dispensait de dire que ce régiment demeurait à la disposition du divisionnaire — ne sait rien de ce qui va se passer, pas plus d'ailleurs que le 7e.

Le 8e « se tiendra en relation avec les troupes qui opèrent en avant de lui », mais comment et par quels moyens? Ce service de liaison n'est pas organisé en temps normal, c'est donc au colonel à y pourvoir puisqu'il veut, fort judicieusement d'ailleurs, être sans cesse tenu au courant de la

---

(1) Cette circonstance explique, sans doute, pourquoi le général de brigade n'a pas jugé utile de dire au colonel du 8e quelle mission lui incomberait à la cote 602.

situation de la première ligne. Qui l'empêchait de désigner un de ses adjudants-majors pour suivre le général de la 4e brigade et assister aux mouvements du 7e, un autre de ces officiers assurant la liaison avec le divisionnaire, au cas où celui-ci viendrait à se déplacer ?

Le colonel du 7e, enfin, abdique tout commandement par rapport à ses bataillons : comment vont-ils marcher ? seront-ils tous trois en première ligne et quels objectifs particuliers prendront-ils ou bien n'y en aura-t-il que deux sur la ligne de feu ? Quelle réserve se conserve le chef pour intervenir ? Tout cela était à dire, mais n'a pas été dit (1).

3e brigade. — A tous ces points de vue, l'ordre de la 3e brigade est très supérieur aux précédents.

1. — Renseignements sur l'ennemi, sur la situation et les opérations d'ensemble du 1er corps.

2. — Le colonel du 5e, disposant de 2 bataillons et de la compagnie du génie, partira du front le Mollard, les Mailloutières, maison d'École, pour attaquer l'ennemi dans le secteur compris entre la ligne M. Eymard—clocher de Culin et la ligne la Vollandière—Role ; il prendra comme direction les Châtaigniers, cote 500.

3. — Le colonel du 6e, disposant des 2 bataillons de son régiment rassemblés à Gerbuat, partira de la ligne maison d'École—la Bâtie, et marchera en échelon au sud du 5e. Ses objectifs successifs seront : le Robin, le Fontanil, cote 550, le Ginet, le Bin. Il couvrira la division sur son flanc sud, de concert avec l'escadron divisionnaire.

---

(1) Le directeur s'est élevé à plusieurs reprises contre les empiétements d'un chef sur les attributions de ses subordonnés et il a exprimé le sentiment pénible qu'il éprouvait en entendant un colonel parler de compagnies (dont il ne s'est pas réservé la disposition), ou un général de brigade commander à des bataillons ; en revanche, il faut que les ordres d'un colonel définissent nettement le rôle de *tous* les bataillons du régiment ; de la même manière, un général de brigade doit fixer de manière précise la mission confiée à chacun de ses deux régiments et indiquer lequel des deux colonels fournira la réserve de brigade. Ce principe s'applique à toutes les unités, de quelque grandeur qu'elles soient.

4. — Réserve à la disposition du général de brigade :

1 bataillon du 5e, occupant le Mollard jusqu'à nouvel ordre;

1 bataillon du 6e (ex-bataillon de 554), qui viendra au Mollard dès qu'il aura été dépassé par la 4e brigade.

5. — Le général de brigade sera au Mollard (Chapelle) à partir de 5 h. 40 du matin.

Les ordres des régiments qu'il aurait été intéressant de discuter ne sont pas parvenus à la direction.

B) *Rendez-vous de Croix-des-Épalisses.* — *1re division.* — On a vu précédemment comment la 1er brigade avait occupé la lisière boisée voisine des Planches, à l'issue de la journée du 31 août.

Le 1er régiment, en cantonnement d'alerte à Flachères (2 bataillons), avec l'escadron et la compagnie du génie divisionnaires, avait un bataillon bivouaqué sous bois, en deux fractions égales, placées : l'une, près du carrefour de chemins forestiers situé à 800 mètres au sud-ouest du Marc; l'autre, à un carrefour également, dans le rentrant non boisé faisant face à l'ouest. Ces deux demi-bataillons poussaient des postes, à la lisière nord, jusques et y compris le chemin allant du Marc à la cote 631.

Le 2e régiment, stationné au Ferrand, la Combe et hameaux voisins, avait envoyé un bataillon, par l'espace dénudé situé immédiatement au nord de la cote 691, partie sur le Marc et le petit hameau gisant à quelques centaines de mètres plus à l'est, partie sur la pointe sud de la parcelle de bois quadrangulaire placée au sud-est du Sibuet.

Des postes tenaient les entrées sous bois des chemins conduisant des Planches sur le Marc et Charpenne, ainsi que du Sibuet vers Rebaillères.

Plus à l'est, la 9e division de cavalerie tenait Azimet et le Rapoux ; ses patrouilles au bord nord-ouest des bois.

L'artillerie divisionnaire cantonnait à Noiraud et les

Champs-Vallier, l'artillerie et le génie de corps à Bizonnes, la 2e brigade à Belmont et écarts.

En réponse à l'ordre du corps d'armée daté de la veille, annonçant l'attaque de nuit de la 2e division et prescrivant à la première division de se tenir prête à combattre, les troupes (hormis celles de la 1re brigade), avaient été réunies sur leurs places de rassemblement.

La 1re brigade avait, d'autre part, poussé les 2 bataillons (1er régiment), la compagnie du génie et l'escadron de Flachères près des bois, dans le terrain libre situé au nord du Pilon, tandis que les 2 bataillons du Ferrand (2e régiment), venaient dans la clairière avoisinant la cote 691.

Cette disposition était, en la circonstance, parfaitement justifiée et mérite d'être citée en exemple. La longue bande forestière comprise entre Charpenne et la corne boisée au sud-ouest du Marc était un domaine essentiellement défensif. Tous les efforts que l'ennemi pourrait faire pour s'en emparer avaient les plus grandes chances ou de se terminer par un échec, ou de se borner à un succès sans conséquences. Si l'adversaire parvenait à pénétrer sous bois, en effet, il n'y pouvait progresser faute de pouvoir lier ses actions ; les deux réserves partielles de la 1re brigade, d'autre part, manœuvrant en terrain libre, capables par conséquent de procéder à des opérations organisées et voulues, étaient en mesure d'arrêter cette offensive, à volonté, en la menaçant toujours de la prendre sur ses deux flancs. Ce système est caractéristique d'une défense de bois bien comprise : il est à retenir.

Il y a lieu d'ajouter que, dès ce moment, la compagnie divisionnaire du génie fut mise à la disposition du bataillon du 1er régiment placé en avant-postes à l'ouest du Marc et que, par un ordre daté de la veille, 10 heures du soir, la compagnie du génie de corps devait se trouver, le 1er septembre à 4 heures du matin, à la croisée de chemins située au nord du Pilon pour y prendre les ordres du commandant de la 1re brigade. Cet officier général l'affecta au bataillon d'avant-postes du 2e régiment.

A 4 h. 45, le général commandant la 1re division, à Belmont, donnait l'ordre suivant, en réponse à celui du commandant du 1er corps, daté de 4 heures :

« L'attaque de nuit a réussi. La 2e division occupe la « ligne la Bâtie—le Mollard—les Badins—554.

« Le corps d'armée attaque sur toute la ligne ; la « 1re division à l'est de la ligne Éclose—cote 503.

« La 1re brigade aura comme objectif le front Éclose, « les Armanets. L'intention du général en chef étant une « manœuvre par sa droite avec la 2e brigade, il importe « que la 1re brigade agisse par efforts successifs en orga- « nisant solidement les points d'appui qu'elle aura con- « quis.

« Son action sera appuyée par le premier groupe divi- « sionnaire et le premier groupe de l'artillerie de corps « qui se porteront immédiatement (par le chemin reconnu « hier, lequel passe sur l'R de Romain) à l'ouest de 691 « ainsi que par le deuxième groupe divisionnaire qui se « portera (par le chemin également reconnu hier) sur le « Marc : ce dernier groupe ne débouchera des bois qu'au- « tant que l'artillerie de 691 sera en mesure de le sou- « tenir (1).

« Les trois groupes de l'artillerie divisionnaire et de « corps demeureront provisoirement aux ordres du géné- « ral commandant la 1re brigade.

« La 2e brigade, avec l'artillerie de corps (sauf le pre- « mier groupe), se portera par les itinéraires reconnus sur « le Rapoux, couverte par une avant-garde qu'elle poussera « à l'ouest du Rapoux, face aux Veuves.

« La 9e division de cavalerie est au nord de Châteauvi- « lain.

---

(1) La reconnaissance de la veille avait montré que, pour gagner la crête voisine du Marc, il y avait à franchir un petit espace non défilé (des hauteurs des Badinières) entre le débouché des bois et la crête à occuper.

« Le général de division se porte à 691.

« Une demi-ambulance viendra à Saint-Romain (1). »

Cet ordre ne présente qu'une lacune, nous voulons parler des reconnaissances à faire effectuer par le commandant de l'artillerie de corps, en vue de l'attaque probable de la 2e brigade. L'occasion était favorable pour le commandant de cette artillerie d'employer utilement son temps pendant toute la durée de la marche de la 2e brigade vers le Rapoux. Ce doit être une des préoccupations des chefs supérieurs d'artillerie que d'orienter sans cesse leurs prévisions et leur conduite vers les événements ultérieurs. Lorsque leurs groupes de batteries sont au tir et que leur présence auprès d'eux est nécessaire pour l'opportune répartition des zones d'action à affecter à chacun d'eux, zones que les circonstances de la lutte obligent sans cesse à modifier, c'est par leurs officiers adjoints que les commandants des grands groupements d'artillerie font exécuter les reconnaissances de positions dont ils prévoient l'utilisation possible; lorsqu'au contraire leurs batteries cheminent ou sont rassemblées pour un temps plus ou moins long, rien ne s'oppose à ce qu'ils fassent eux-mêmes les reconnaissances des positions qui leur semblent offrir, dans le développement ultérieur du combat, une particulière probabilité d'occupation.

1re brigade. — A 5 h. 15, le commandant de la 1re brigade recevait, au rassemblement du 1er régiment (nord du Pilon), l'ordre de son divisionnaire. Il donnait alors verbalement ses instructions aux chefs des divers éléments réunis auprès de lui.

Escadron divisionnaire. — Gagner la droite de la brigade, au besoin sous bois, et couvrir le mouvement que va exécuter le 2e régiment, des abords de la cote 691, vers le Sibuet et les Armanets.

Reconnaître les dispositions de l'ennemi dans la zone Franchison, les Badinières, Châteauvilain.

1er régiment. — Prononcer un mouvement offensif sur Grabissières et les trois boqueteaux au nord. Se relier avec la 2e division qui est à 554 par le mamelon *Gra* de *Gra*bis-

(1) L'ambulance se trouvait à Belmont.

sières. Un bataillon, une demi-compagnie du génie procéderont à cette opération, un bataillon restera aux Planches.

Le bataillon d'avant-postes sera rassemblé après l'occupation de la ligne ci-dessus (boqueteaux de Grabissières) et en arrière. Il formera réserve de la gauche de la brigade.

Compagnies du génie. — Communication de l'ordre ci-dessus. La compagnie du génie de corps se rendra au Marc, à la disposition du colonel du 2e régiment. La demi-compagnie divisionnaire restante continuera l'organisation commencée à la lisière du bois sud-est de Grabissières.

A 5 h. 40, le commandant de la 1re brigade ayant assisté au début de l'exécution de son ordre par le 1er régiment se rend au Marc. Il y trouve le commandant du premier groupe d'artillerie divisionnaire venu en reconnaissance et le met au courant de ses intentions, savoir, deux attaques : l'une dirigée par le 1er régiment dans la direction d'Éclose et déjà en voie d'exécution, l'autre formée par le 2e régiment et qui prendra Perret comme objectif, après avoir fait occuper tout d'abord la crête de la Croix-des-Épalisses.

Le rôle du groupe doit être d'appuyer, avant tout, l'action du 1er régiment : ce groupe n'entrera en lutte avec l'artillerie ennemie qu'au cas où les 6 batteries qui doivent prendre position à la cote 691 n'arriveraient pas à maîtriser l'artillerie adverse.

A 6 heures, le commandant de la 1re brigade se porte à la cote 691, où il s'abouche avec le colonel du 2e régiment et avec le commandant de l'artillerie divisionnaire (ce dernier ayant pris sous ses ordres le premier groupe de l'artillerie de corps).

Ordre est donné au 2e régiment, après explication sur la situation, d'occuper la croupe de la Croix-des-Épalisses se liant en arrière et à gauche avec le 1er régiment occupant les Planches.

Le bataillon du 1er régiment envoyé aux Planches, ainsi qu'il a été dit plus haut, servira, jusqu'à l'arrivée du 2e régiment sur la crête de la Croix-des-Épalisses, de soutien à l'artillerie : il se gardera du côté du Sibuet et des Armanets.

L'artillerie de la cote 691 appuiera le mouvement, la majeure partie de ses canons demeurant en surveillance sur les hauteurs des Badinières, positions probables de l'artillerie ennemie.

Le général de brigade choisit son poste d'observation auprès des batteries de la cote 691.

Comme prescriptions générales, il avait été dit :

Au 1er régiment, de diriger son offensive sur Grabissières, les Chaberts et Éclose.

Au 2e régiment de progresser, après avoir occupé la croupe de la Croix-des-Épalisses, par Épalisses, sur Perret et le Ferrand.

Chaque objectif atteint devait être aussitôt mis en état de défense.

Ces dispositions attirent quelques observations.

Le but du général commandant la 1re brigade se résumait en ceci : faire attaquer, d'abord, par le 1er régiment, dans la direction de Grabissières, tandis que le 2e couvrirait ce mouvement offensif à droite, en venant occuper la crête de la Croix-des-Épalisses laquelle fait face au Sibuet et aux Armanets.

Ceci fait, et Grabissières acquis puis fortifié, le 1er régiment chercherait à en déboucher sur les Chaberts tandis que le 2e avancerait l'épaule droite à son tour et, faisant occuper le Sibuet, tenterait de s'emparer de Perret.

Une idée juste paraît avoir présidé à l'organisation de cette série d'actions offensives. Elle consistait à ne viser jamais qu'un objectif à la fois : Grabissières, d'abord ; Perret, ensuite. Cette idée aurait non seulement gagné à être explicitement exprimée, mais il eut été préférable encore que son application résultât naturellement, et pour ainsi dire forcément, de modifications raisonnées dans le système des forces mises en jeu par le commandant de la 1re brigade.

Puisqu'il désirait d'abord mettre la main sur Grabissières, et que le

1er régiment devait procéder à cette action, il fallait que le colonel du 1er régiment fût mis en situation de la mener à bien. Pour cela, il fallait, non pas lui mesurer avaricieusement un bataillon, mais lui donner *tous les moyens disponibles,* c'est-à-dire deux bataillons, le 3e demeurant en repli à la lisière boisée et au Marc.

En d'autres termes, c'est le 2e régiment, lequel n'avait à remplir momentanément qu'un rôle de couverture de l'attaque du 1er régiment qui devait, tout d'abord, fournir la réserve au commandant de la brigade. Avec cette réserve, le général de brigade aurait été en mesure d'appuyer l'attaque du 1er régiment au cas où la partie disponible de ce régiment, dirigée tout entière sur Grabissières, eût rencontré sur ce point une résistance inattendue.

Plus tard, au contraire, Grabissières étant occupé par le 1er régiment et le 2e à son tour, débouchant de la crête des Épalisses avec Perret comme objectif, c'est le 1er régiment qui aurait fourni la réserve de brigade, en envoyant aux Planches son ex-bataillon d'avant-postes, par exemple, tandis que le 2e régiment, laissant un bataillon en repli sur la crête des Épalisses et au Sibuet, aurait disposé, à son tour, de deux bataillons entiers pour mener son attaque de Perret, bataillons que le commandant de la brigade pouvait appuyer, en cas de nécessité, par son bataillon réservé.

Réduit à deux bataillons, le 1er régiment aurait continué à marcher sur les Chaberts, mais le fait même de cette réduction lui aurait donné une moindre capacité offensive que s'il eût été au complet : sachant, d'autre part, que la réserve de brigade était momentanément placée pour agir, selon toute probabilité, dans une autre direction (Perret), le colonel eût compris qu'il était important pour lui de se conserver une réserve personnelle, et cette circonstance encore l'eût amené à ne pas engager à fond ses deux bataillons disponibles. En résumé, bien que conservant toujours son attitude offensive, le 1er régiment, limité dans ses moyens, n'ayant d'ailleurs à compter que sur eux, aurait engagé sur les Chaberts un combat à qui la force même des choses (1) eût imprimé un caractère de relative prudence. Ce résultat *était voulu par le commandement* parce qu'à cette heure, ce n'étaient pas les Chaberts qui étaient l'objectif principal de la brigade, mais bien Perret.

En fait, on aurait donc attaqué partout, ce qui aurait empêché l'ennemi de discerner le point plus particulièrement menacé et d'y faire affluer ses réserves ; mais, au fond, il n'y aurait eu qu'une seule des attaques dotée par le commandement de tous les moyens propres à en assurer la réussite.

---

(1) Ce qui est bien différent de l'attitude prudente, adoptée *a priori*, et qui consiste à attaquer sans attaquer réellement, finalement à ne rien faire.

On peut admettre qu'au moment de l'attaque du 1er régiment sur Grabissières, le chef de la 1re brigade a eu connaissance assez à temps de l'évacuation de ce hameau par l'ennemi (évacuation dont il sera parlé plus loin), pour qu'il ait jugé inutile de se constituer une réserve (prélevée sur le 2e régiment) destinée, le cas échéant, à appuyer l'attaque du 1er : en revanche, à partir du moment où ce 1er régiment occupa Grabissières et que le 2e déboucha de la crête de la Croix-des-Épalisses sur Perret, c'est au 1er régiment que le général de brigade devait demander de lui fournir sa réserve générale de brigade, ainsi qu'il a été expliqué plus haut.

1er *régiment*. — Dès le moment où le commandant du 1er régiment avait eu à sa disposition la compagnie divisionnaire du génie, il avait fait effectuer la reconnaissance de Grabissières (évacué par l'ennemi à la suite de l'attaque de nuit dirigée sur le mamelon 554), du monticule situé à l'ouest de ce hameau ainsi que de la crête remontant de ce village vers le Marc.

Sur chacun de ces points (Grabissières et crête à l'est), il avait poussé l'une des compagnies de sa réserve d'avant-postes, les deux autres demeurant à la lisière des bois où, depuis la veille, elles avaient édifié quelques tranchées et abatis barrant les chemins se dirigeant vers l'intérieur du fourré.

Mise aussitôt en état de défense, cette position constituait une sorte de petite place d'armes, en arrière de laquelle le 1er régiment pouvait manœuvrer avec ses deux bataillons restants ; elle permettait aussi au premier groupe divisionnaire de venir à proximité du village du Marc.

Conformément à l'ordre qu'il avait reçu, le colonel du 1er régiment avait acheminé ses deux bataillons en écornant légèrement la pointe des bois jusque dans la région au sud-est de Grabissières. Il arrivait là vers 5 h. 45 et, suivant ses instructions, dirigeait un bataillon à l'attaque des Chaberts, occupé par l'adversaire, et un autre sur les Planches. Comme cette dernière localité était dominée à courte distance par la crête de la Croix-des-Épalisses que devait venir occuper le 2e régiment, mais où il n'était pas encore arrivé, une compagnie seulement s'installait aux

Planches; les trois autres se groupaient au sud de la crête nord du Marc, que l'on fortifiait sommairement. De là, les trois compagnies étaient en mesure, soit de soutenir, au besoin, la compagnie des Planches, soit, à l'arrivée du 2e, d'appuyer le bataillon qui attaquait les Chaberts.

Vers 6 h. 30, le 2e commença à déboucher par la trouée des Rebaillères sur la crête de la Croix-des-Épalisses et se mit en devoir d'organiser cette crête face à Épalisses et aux Armanets, en utilisant la compagnie du génie de corps placée à sa disposition.

Ce mouvement eut pour résultat de chasser quelques postes ennemis et de menacer la gauche des défenseurs des Chaberts que le 1er régiment, disposant alors de 2 bataillons (moins une compagnie, à la sortie ouest des Planches), attaquait par le sud et par le sud-est, ayant son flanc droit bien couvert par le 2e régiment installé sur la crête de la Croix-des-Épalisses.

Dans le même temps, le premier groupe de l'artillerie divisionnaire était entré en action aux abords du Marc. Avec une de ses batteries (les autres s'étaient vues contraintes de tirer sur une longue ligne d'artillerie adverse occupant la crête des Badinières), ce groupe contribuait efficacement à amener l'évacuation des Chaberts par l'ennemi. Il était environ 7 h. 15 du matin.

La demi-compagnie divisionnaire du génie disponible s'occupait aussitôt de mettre le village en état de défense.

Le 1er régiment s'établissait alors de la manière suivante :

1 bataillon aux Chaberts et aux abords de ce hameau, engagé dans un combat de feux avec l'ennemi tenant les parties sud et est d'Éclose (une compagnie de ce bataillon était réservée au sud-est des Chaberts);

1 bataillon (1) ayant deux compagnies déployées le long

(1) Ex-bataillon envoyé aux Planches (1 compagnie) et sur la crête au sud (3 compagnies).

du chemin creux allant des Chaberts à Épalisses (en liaison à droite avec le 2e tenant la crête de la Croix-des-Épalisses); les deux autres compagnies se tenant immédiatement à l'ouest des Planches;

1 bataillon (ex-bataillon d'avant-postes) tenant encore Grabissières et le mamelon au sud-ouest par une compagnie en attendant l'organisation des Chaberts, les trois autres rassemblées au sud de Grabissières.

Solidement établi sur ses nouvelles positions, le 1er régiment allait passer maintenant du rôle principal au rôle secondaire, et c'était le moment pour le général de brigade (dont la volonté était d'agir sur Perret avec le 2e régiment) de prélever le bataillon de Grabissières sur son régiment de gauche pour donner à celui de droite, le maximum de capacité offensive.

2e régiment. — Le commandant du 2e régiment, de son côté, avait, ainsi qu'on l'a vu, fait occuper la crête de la Croix-des-Épalisses par un bataillon (dont une compagnie au Sibuet, où l'ennemi n'avait qu'un poste), et s'y était fortifié.

Des deux autres bataillons, l'un était provisoirement demeuré au nord-ouest de la cote 691, où il servait de soutien au deuxième groupe de l'artillerie divisionnaire et au premier groupe de l'artillerie de corps (installés à 691), et l'autre était descendu par le vallon sur lequel se trouve écrit le mot « Croix-des-Épalisses » jusqu'au nord-est des Planches.

Il résultait de ces dispositions que le 2e régiment ne disposait plus, pour son attaque sur Perret, que d'un seul bataillon.

D'autre part, l'artillerie de la cote 691 (et même une partie de celle placée aux abords du Marc) était, à ce moment, engagée dans une lutte encore indécise contre de nombreuses batteries adverses occupant la hauteur des

Badinières, en sorte qu'elle ne pouvait appuyer directement l'attaque projetée sur Perret.

Les premières fractions du bataillon disponible, en débouchant de la crête des Épalisses vers Perret, se trouvèrent en prise au feu parti des Armanets qui apparut, dès lors, comme l'objectif initial à atteindre avant de rien tenter de décisif contre Perret.

Pour l'attaque des Armanets, on ne pouvait plus compter sur les deux bataillons en partie engagés du 2ᵉ. Il fallut faire appel au dernier bataillon du même régiment que l'arrivée de l'avant-garde de la 2ᵉ brigade, aux Veuves, libérait de son rôle de soutien.

Ce bataillon fut donc dirigé sur le Sibuet, où il arrivait, vers 8 heures du matin, et se mettait en devoir d'attaquer les Armanets.

Il enleva, par hypothèse, cette localité vers 9 heures, au moment où l'artillerie avait commencé, grâce à l'entrée en action de l'artillerie de corps sur la hauteur du Genevey, à prendre la supériorité sur celle de l'adversaire et où la 2ᵉ brigade débouchait elle-même au nord des Veuves sur Franchison.

2ᵉ brigade. — La 2ᵉ brigade, utilisant tous les itinéraires disponibles, s'était, conformément aux ordres qu'elle avait reçus, portée sur le Rapoux avec trois groupes de l'artillerie de corps.

Elle se rassemblait à hauteur du Rapoux, de part et d'autre de la grande route de Bourgoin, sous la protection d'un bataillon du 4ᵉ poussé à la lisière même des bois, entre ladite grande route et le chemin du Rapoux au Sibuet. Une compagnie de ce bataillon s'avançait jusqu'aux Veuves, refoulait hors de ce hameau un petit poste ennemi et engageait la fusillade avec la garnison adverse de Franchison.

Une compagnie du 3ᵉ prenait, d'autre part, la route du Genevey, en vue d'aller s'établir sur l'éperon au nord-ouest de ce dernier village et d'y servir de soutien à l'artillerie de corps dont le chef reconnaissait, entre le Genevey et les Grailles, une position pour trois groupes de batteries.

Plus au Nord, la 9e division de cavalerie réussissait à franchir le profond vallon de Succieu (1) et s'établissait, face au Sud, vers Millassière, faisant tâter par ses patrouilles Franchison, Châteauvilain et Buffière.

C) *Répartition du travail jusqu'à 10 h. 30 du matin.* — Le directeur du voyage, ces explications entendues, donnait lecture de l'ordre ci-dessous.

Ordre particulier n° 5 à la 1re division et à la 9e division de cavalerie.

A l'ouest du Rapoux, 1er septembre, 8 heures matin.

1. — L'ennemi paraît avoir porté le maximum de ses forces contre la 2e division dont les premiers progrès sont arrêtés. La gauche adverse est à l'ouest de Franchison.

2. — La 2e brigade, appuyée par l'artillerie de corps, va attaquer cette gauche ennemie.

3. — Elle gagnera, à cet effet, le vallon au sud-ouest du Genevey, où elle s'établira pour l'attaque face à la bifurcation de chemins de Franchison.

4. — L'artillerie de corps s'établira sur les hauteurs : le Rapoux, le Genevey, Succieu.

5. — La 9e division de cavalerie appuiera l'attaque de son canon et tiendra ses escadrons prêts, à l'abri des vues, au nord de Châteauvilain.

6. — Le commandant du corps d'armée se porte sur la hauteur du Genevey.

---

(1) Elle ne rencontrait, en face d'elle, qu'une brigade de cavalerie environ qu'elle réussissait à déloger de Succieu, après avoir mis son canon en position dans le voisinage du Genevey.

7. — La 1re brigade sera immédiatement avisée de l'attaque prochaine de la 2e brigade.

En même temps, on adressait un :

Avis à la 2e division.

1. — La 2e brigade se dirige du Rapoux sur le vallon au sud-ouest du Genevey, à l'effet de se porter, de là, à l'attaque de la gauche ennemie (intersection de chemins de Franchison).

2. — La 2e division est invitée à se montrer tout particulièrement offensive dans la zone d'action qui lui est assignée.

3. — Le commandant du corps d'armée se porte du Rapoux au Genevey.

Cette lecture faite, le travail était ainsi réparti :

1re et 2e divisions. — Acheminement de la 2e brigade vers le vallon au sud-ouest du Genevey. Dispositif préparatoire d'attaque. Exécution de l'attaque. Jeu des échelons en présence d'une contre-attaque débouchant sur le flanc droit de l'attaque, des environs de la cote 521, au moment où la première ligne entre dans Franchison.

Exploitation automatique du succès.

Artillerie de corps. — Reconnaissances à effectuer par l'artillerie de corps pour s'établir sur la crête du Genevey. Appui donné à l'attaque et au début de poursuite.

(Les officiers représentant les artilleries divisionnaires se joindront au commandant de l'artillerie de corps.)

9e division de cavalerie. — Dispositions prises avant, pendant et après la réussite de l'attaque sur Franchison.

Un deuxième point de rendez-vous devait être fixé par

le directeur à la cote 535 (nord des Veuves), d'où l'on aurait eu sous les yeux le terrain où se devait prendre le dispositif préparatoire et aussi le terrain de l'exécution de l'attaque.

Le directeur, en raison de l'heure tardive et de la longue retraite à effectuer pour gagner le gîte du jour (Saint-Jean-de-Bournay), fixa le deuxième point de rendez-vous, à 10 h. 30, au même endroit que le premier. De ce poste d'observation, la zone sur laquelle la 2e brigade devait prendre sa formation initiale échappait aux vues, mais le directeur en avait fait, la veille et personnellement, la reconnaissance, en sorte qu'il était en mesure d'apprécier les dispositions qui seraient arrêtées par le commandant de la 2e brigade. Quant au théâtre de l'exécution de l'attaque et de l'exploitation du succès, il s'étalait sous les yeux.

II. — Travail jusqu'à 10 h. 30 du matin.

A) *2e brigade.* — La 2e brigade, utilisant la partie boisée avoisinant, au nord, la grande route du Rapoux à Bourgoin, se dirigeait en colonne de bataillons sur le vallon situé au sud-ouest du Genevey où, protégée contre les vues et les coups par les mamelons 535 et voisin (nord-ouest), elle devait prendre son dispositif préparatoire d'attaque.

Le 4e, dont un bataillon se trouvait déjà à la lisière des bois situés entre la grande route et le chemin conduisant au Sibuet, avec une compagnie aux Veuves, fournissait un second bataillon d'avant-garde qui allait s'établir sur le revers oriental du mamelon 535 et poussait ses éclaireurs à la crête dudit mamelon, regardant à la fois Franchison et Châteauvilain.

Derrière la crête joignant la cote 535 au hameau des Veuves, la brigade allait se former pour l'attaque à 600 mètres, en moyenne, de son objectif : Franchison.

Pendant ce temps, l'artillerie de corps, précédée par une compagnie du 3e (appelée à lui servir de soutien et à se disposer au nord-ouest et à l'ouest du Genevey), s'engageait sur la route menant à ce dernier village. Commandant de cette artillerie et chefs de groupe étaient déjà en voie d'effectuer la reconnaissance de la position.

Des environs de Succieu, la 9e division de cavalerie surveillait la région au nord et à l'ouest de Châteauvilain : ses deux batteries à cheval se trouvaient établies sur le mouvement de terrain situé au sud-ouest de Succieu, en très bonne situation pour battre d'écharpe soit les défenseurs de Franchison, soit l'artillerie qui pourrait tenter de les appuyer de la hauteur des Badinières.

Vers 8 h. 30, le commandant de la 2e brigade, après avoir mis ses colonels au courant de la situation générale du corps d'armée, de la direction d'attaque de la brigade, de l'appui attendu de l'artillerie de corps et de la 9e division de cavalerie, donnait l'ordre suivant :

« L'attaque de la 2e brigade sera brusquée. Elle sera « menée par le 4e en première ligne et étayée par le 3e en « deuxième ligne.

« Le général marchera entre les deux lignes, au centre.

« La direction générale de l'attaque sera le chemin des « Veuves à Franchison.

« Le 4e déploiera, à couvert, ses trois bataillons, l'un « au sud (1), les deux autres au nord dudit chemin : « chaque bataillon aura, au début, deux compagnies en « première ligne et deux en soutien.

« Le 3e placera deux bataillons en ligne de colonnes de « compagnie par le flanc, derrière les deux bataillons de « droite du 4e, le troisième bataillon (moins une compa- « gnie détachée en soutien de l'artillerie) marchera, en

---

(1) Bataillon ayant déjà une compagnie aux Veuves.

« ligne de colonnes de compagnie, échelonné en arrière et « à droite de la deuxième ligne.

« L'attaque se déclenchera sur l'ordre exprès du général.

« La ligne de soutiens se blottira derrière la crête cou- « vrante dès le moment où la première ligne aura franchi « cette crête. La deuxième ligne remplacera les soutiens, « lorsque ceux-ci se seront eux-mêmes portés en avant à « l'effet d'être plus à portée de renforcer la chaîne.

« Les trains de combat demeureront provisoirement « rassemblés au Rapoux. Les médecins étudieront dès « maintenant l'organisation possible de postes de secours « dans le vallon du rassemblement actuel ; la section « d'ambulance se tiendra au Rapoux. »

Le résultat de cet ordre était de mettre la brigade, vers 9 heures, dans la formation ci-dessous, à l'abri de la crête (occupée par une série de postes défilés) : mamelon au nord-ouest de 535—535—les Veuves.

L'attaque, préparée par une partie de l'artillerie de corps (un groupe), tandis que les six autres batteries, le groupe de la cavalerie et les deux groupes de la cote 691 tenaient le canon adverse inoffensif, faisait apparaître sa première ligne au ras de la crête couvrante, ouvrait un feu rapide et se portait délibérément en avant en s'appuyant au chemin des Veuves, à Franchison.

Il a été admis qu'en trois ou quatre bonds, tout au plus, la première ligne (chaîne peu à peu renforcée par ses soutiens) réussissait à atteindre son objectif. Elle en garnissait aussitôt la lisière occidentale, poursuivait de ses feux l'ennemi en retraite vers le vallon du Moulin et attendait d'être dépassée par la deuxième ligne avant de commencer à se rassembler.

Elle était dans cette situation, vers 9 h. 30, lorsqu'un retour offensif de l'ennemi déboucha de la crête 521 sur Franchison. Aperçu par l'artillerie, en particulier par les batteries à cheval de la division de cavalerie, soumis au feu du bataillon du 3e échelonné sur le flanc droit (lequel débouchait à ce moment sur Jouffray), menacé par la division de cavalerie venue à Châteauvilain (1), le retour offensif échouait.

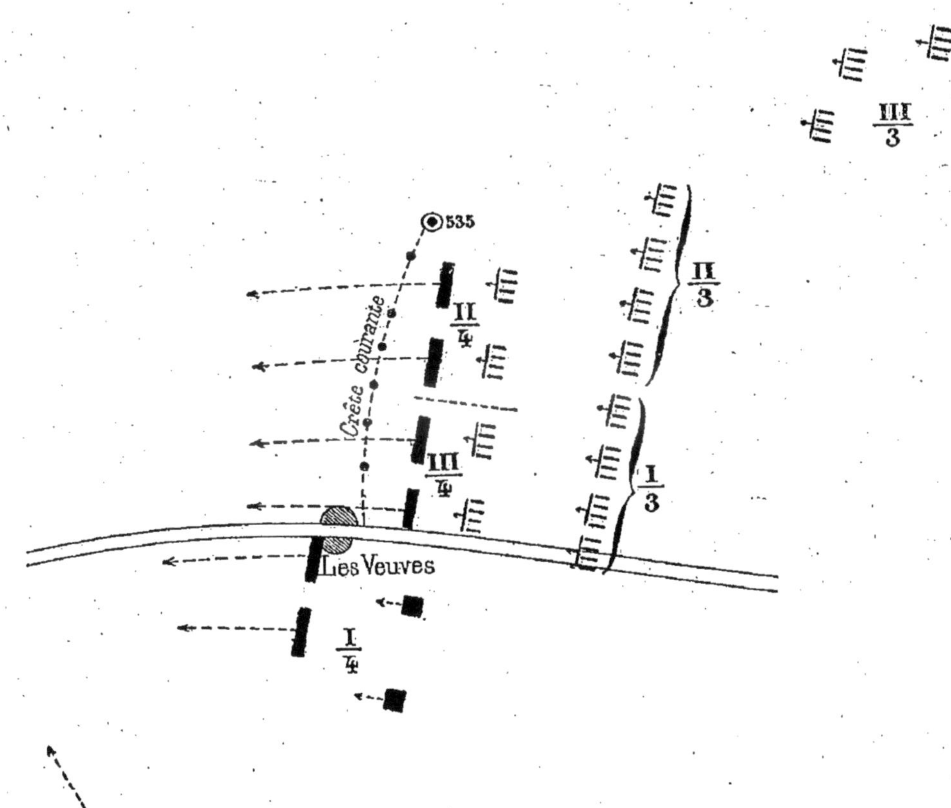

La deuxième ligne (deux bataillons du 3e) traversait Franchison, se déployait en chaîne et soutiens à la sortie ouest de ce village et prenait comme axe de son offensive

(1) Celle-ci, en raison de la présence de quelques haies qui coupaient le terrain, ne trouvait l'occasion de fournir que des charges d'escadrons isolés.

le chemin de terre menant de Franchison au Moulin, avec direction générale la hauteur des Badinières.

Dans le but de protéger la droite de la nouvelle chaîne pendant sa traversée du ravin, le 3e bataillon du 3e (1), s'établissait sur les pentes du mouvement de terrain coté 521 et les batteries à cheval de la 9e division de cavalerie venaient prendre position sur le mamelon à l'est de Châteauvilain.

Pendant ce temps, le 4e régiment (qui avait formé l'ex-première ligne), se rassemblait à Franchison et constituait nouvelle réserve.

Le commandant de l'artillerie de corps, ne laissant qu'un seul groupe en position faisait descendre les deux autres, à la fois par Succieu et par le Rapoux, vers la grande route de Bourgoin avec ordre d'aller s'établir, l'un sur le revers sud de la hauteur 510, l'autre sur le mamelon 535.

Dans le temps que se donnait l'attaque et profitant de son succès, le 2e régiment avait poussé du Sibuet sur les Armanets et de la Croix-des-Épalisses sur Perret.

Une circonstance spéciale de terrain déterminait le directeur, malgré l'heure avancée, à pousser un peu plus avant l'étude de l'exploitation du succès. Le vallon situé à l'ouest de la cote 521, très profond, à bords escarpés, était infranchissable, en dehors des abords immédiats du Moulin, par les escadrons. Il en résultait que la 9e division de cavalerie ne pouvait prendre immédiatement du champ pour déborder la gauche adverse.

On reconnut que cette division devrait attendre les progrès de la 2e brigade (appuyée par toute l'artillerie) dans la direction du sommet des Badinières, avant d'aller passer au Moulin. Ceci fait, elle longerait la berge occidentale du vallon, gagnerait le revers nord de la hauteur des Badinières, menacerait ainsi le flanc de l'adversaire et rejette-

(1) Ex-bataillon échelonné (3 compagnies).

rait sur les pentes de la Pachoudière la brigade de cavalerie dont l'ennemi se servait pour couvrir son aile gauche.

B) *L'attaque décisive.* — Le directeur approuvait, dans son ensemble, les dispositions d'attaque prises, à couvert, par la 2e brigade. Il faisait remarquer toutefois que le caractère brusqué de cette attaque — justifié entièrement par la courte distance séparant l'objectif de la zone défilée où la brigade avait pu se former — aurait permis d'économiser un bataillon sur la première ligne et de renforcer d'autant l'échelonnement sur l'aile exposée, ou bien encore de constituer une réserve.

Il montrait, *de visu*, que le plus grand danger que puisse courir une attaque en voie d'exécution provient de la contre-attaque toujours possible. Dans le cas particulier, cette action de l'ennemi ne pouvait provenir que d'une troupe dissimulée dans le couvert boisé occupant la pente ouest du mamelon 521.

Contre ce danger, s'il venait à surgir, il fallait pouvoir instantanément disposer : 1° d'une force d'infanterie assez puissante pour pouvoir déborder l'aile nord de l'ennemi ; 2° d'artillerie, qui accueillerait l'adversaire de ses rafales dès le moment où il aurait débouché au nord de 521, en marche sur Franchison.

Deux bataillons n'auraient pas été trop puissants pour répondre à cette éventualité : quant à l'artillerie, elle était à placer tout entière, y compris les deux batteries à cheval, sous les ordres du commandant de l'artillerie de corps, seul en mesure de répartir les rôles entre les groupes de batteries.

Les canons de la 9e division de cavalerie étaient tout indiqués pour agir sur la contre-attaque, s'il s'en produisait une, et, à cet effet, leur chef devait avoir fait opérer, sur la crête 521, les repérages nécessaires à une action efficace instantanée.

Les circonstances du terrain étaient telles que c'était ce même groupe enfin qui devait, en raison du temps relativement long qu'il fallait à l'artillerie de corps pour descendre de la hauteur du Genevey sur la route de Bourgoin, remplir le rôle de batteries d'accompagnement.

Peut-être aurait-on pu réserver une batterie montée qui aurait accompagné la 2e brigade dans sa descente du Rapoux sur le vallon de Vaumarin et se serait placée en deux fractions, lors du débouché de l'attaque, sur chacun des deux pitons 535 et est de Châteauvilain. Cette mesure, en tout cas, n'eût visé qu'à l'obtention d'un but moral, la position dominante occupée au Genevey par l'artillerie de corps découvrant parfaitement tout le terrain à battre.

Le directeur insistait encore sur les rôles des lignes dans une attaque à intention décisive. Il montrait que la 2e brigade avait fait, le 1er septembre, une attaque brusquée, que le feu, tout en jouant un rôle très important, avait été accompagné de la vitesse, en sorte que l'action avait pris plutôt l'allure d'une irruption dans la position adverse que celle d'une conquête méthodique, en sorte aussi que la formation prise, au début et à couvert, en diverses lignes, avait pu subsister jusqu'au premier succès. Il ajoutait que généralement il n'en serait pas ainsi pour des raisons diverses dont la principale est que l'attaque partira de beaucoup plus loin.

Il y aura donc surprise jusqu'au débouché de la première ligne d'attaque, mais, à partir de ce moment, l'ennemi sera prévenu, le corps à corps ne succédera pas, instantanément pour ainsi dire, à l'apparition de cette première ligne au-dessus de la crête couvrante.

De là une résistance plus acharnée de la part de l'adversaire, plus de pertes sur la chaîne, nécessité plus grande d'alimenter cette chaîne en fusils pour lui conserver la supériorité du feu : autant dire que l'attaque prendra la forme de toutes les attaques, avec cette seule différence que le réservoir de forces étant plus considérable que dans une attaque ordinaire, les renforcements se feront moins économiquement et plus rapidement.

S'il est nécessaire, la deuxième ligne fournira à la chaîne tous les soutiens dont elle pourrait avoir besoin pour progresser après qu'elle aura épuisé les siens propres.

A son tour, la troisième ligne (ou réserve) comblera les vides ainsi produits dans la deuxième.

L'échelonnement d'unités sur le flanc extérieur est toujours indispensable : c'est la sauvegarde de l'attaque contre les contre-attaques.

La deuxième ligne ne surgit de son couvert, au bord duquel elle se tient tapie, qu'au moment où la chaîne va se précipiter sur la position à enlever.

Si son chef s'aperçoit, avant ce moment, que la première ligne va manquer de soutiens, et s'il juge que ces soutiens seraient trop éloignés en restant au bord du couvert, il en pousse vers la chaîne à quelques centaines de mètres en arrière d'elle.

Ils franchissent la crête à la conrse, en essaims et en divers endroits, après avoir pris leurs points de direction à l'avance, en sorte qu'il n'y a jamais de masses en prise aux coups de l'ennemi.

Lorsque la ligne donne l'assaut, au contraire, il n'y a plus de ménagements à garder : l'adversaire est trop occupé pour qu'il puisse songer à ce qui se passe sur un autre terrain que celui où se meut son assaillant le plus immédiat.

La deuxième ligne, suivie à distance par la troisième, escortée sur son flanc extérieur par les éléments échelonnés, se met en marche sans arrêt vers le point d'appui conquis.

Jusqu'à ce qu'elle l'ait atteint, c'est à la première ligne que revient le rôle de la poursuite, mais cette poursuite ne *s'effectue que par les feux et non par le mouvement* : la chaîne est dans un état de trop grande confusion pour conserver la puissance nécessaire à l'exécution d'une nouvelle action coordonnée.

La deuxième ligne traverse le point d'appui, se déploie à la sortie, et entame la poursuite par le feu et par le mouvement : elle devient première ligne.

La troisième ligne se répartit en réserves partielles derrière la précédente et forme, à son tour, deuxième ligne.

L'ex-première ligne, après avoir désigné une garnison pour continuer à occuper la conquête, se reconstitue en unités organiques et devient réserve, ou troisième ligne.

Si des fractions de divers régiments ou bataillons ont été appelées par les circonstances à entrer dans la composition de la première ligne d'attaque, il est constitué des commandements provisoires.

L'attaque continue ainsi à se développer, entrant toujours plus profondément dans la position ennemie, renversant les lignes de repli et repoussant les retours offensifs ou les charges de cavalerie. Aussi longtemps qu'elle n'a pas brisé toutes les résistances et déterminé le recul puis la fuite de l'adversaire, rien n'est fait et la décision n'est pas encore obtenue.

Le rôle de l'artillerie pendant l'attaque ressort nettement des indications qui précèdent. Son but essentiel doit être d'assurer le succès de la première ligne. Par conséquent : il lui faut terrasser l'infanterie qui défend l'objectif visé, annihiler l'artillerie qui appuie la défense, désorganiser toute contre-attaque.

Les deux premières missions exigent des groupements distincts d'artillerie, la troisième n'est pas forcément remplie par des batteries spéciales mais il est de toute nécessité que certaines d'entre elles soient placées favorablement pour bien découvrir le terrain des contre-attaques possibles.

Si elles concourent à la lutte d'artillerie ou à la préparation directe de l'attaque, il est nécessaire qu'elles aient, au préalable, repéré le terrain par où peuvent venir les contre-attaques, leur action contre une tentative de ce genre devant présenter un caractère spécial d'instantanéité.

Il est désirable enfin que de l'artillerie puisse s'installer, le plus tôt possible, sur une position qui vient d'être emportée parce que les retours offensifs de l'ennemi sont plus à craindre encore que les contre-attaques, par cette raison que l'adversaire peut alors généralement associer des fusils et des canons contre l'attaque qui ne possède encore que des fusils.

La mission de la cavalerie est de se tenir sur le flanc extérieur de l'attaque pour dépister toute tentative de la cavalerie adverse, rejeter au loin cette dernière, contribuer à repousser les contre-attaques ou les retours offensifs et profiter du désarroi causé chez l'adversaire par une retraite précipitée.

Le travail de la matinée était terminé : les officiers prenaient, vers 11 h. 45, la route de Saint-Jean-de-Bournay, gîte de la journée.

§ 2. — APRÈS-MIDI DU 30 MAI.

I. — Stationnement du 1er septembre.

A 2 heures, à la mairie de Saint-Jean-de-Bournay, le directeur du voyage faisait distribuer :

L'*ordre général n° 5 du 1er corps* pour le stationnement du 1er septembre.

Meyzieu, 1er septembre, 7 heures du soir.

1. — L'ennemi, poursuivi par les 4e et 1re brigades, s'est arrêté sur la ligne Saint-Jean-de-Bournay—la Combe-de-Pommier—Artas.

2. — Les avant-postes de la 4e brigade s'étendent de Carloz, par le pied des pentes des hauteurs 462 (M. Guillaud), 440 (M. Birochon), jusqu'à la Cantonnière, se liant, par le vallon, à l'ouest de la cote 495, à ceux de la 1re brigade qui occupent : le Plan, Clos Morel, Charmenson, la Verne.

3. — La 9e division de cavalerie (moins un régiment) a dû se diriger sur la région Four-Bourgoin au-devant de forces adverses d'infanterie et d'artillerie qui lui avaient été signalées, dans la soirée, comme étant en marche de Lyon sur Bourgoin.

4. — La poursuite sera reprise, demain 2 septembre, avec l'idée générale de rejeter l'ennemi qui nous fait face sur Vienne.

5. — *La 2e division* stationnera au sud du ruisseau de Beausoleil, la queue des cantonnements aux Châtaigniers, le Mollard, la Bâtie. Quartier général à Chatonnay.

6. — *La 1re division*, le régiment de cavalerie qui lui est rattaché, l'artillerie et le génie de corps s'établiront au nord du ruisseau de Beausoleil (la 2e brigade, en échelon en arrière et à droite, dans la région : Bagneu, l'Orme, Saint-Agnin, Crachier, Chézeneuve). Quartier général à Saint-Agnin.

7. — Le quartier général du corps d'armée est à Meyrieu.

Les ordres de stationnement correspondants des divisions étaient aussitôt rédigés.

A) *2e division.*

Chatonnay, 1er septembre, 7 h. 30 du soir.

1. — L'ennemi s'est arrêté sur la ligne Saint-Jean-de-Bournay—la Combe-de-Pommier—Artas.

2. — La 4e brigade couvre, par des avant-postes, la zone : Carloz, pentes des hauteurs 462-440, jusqu'au vallon à l'ouest de la cote 495, où ces avant-postes se relient à ceux de la 1re brigade.

3. — La poursuite sera reprise, demain 2 septembre, avec l'idée générale de rejeter l'ennemi sur Vienne.

4. — *La 4e brigade* stationnera dans la zone : Carloz, Étang-de-Bonneveaux, ruisseau de Beausoleil, les Châtaigniers, route du Trievoz à maison Garnier et Carloz : état-major aux Bouvaratières.

5. — *La 3e brigade* stationnera dans la zone : maison Rabatel, le Pollet, le Trievoz, le Mollard, la Bâtie, le Robin et Chatonnay (état-major).

6. — Quartier général de la division et artillerie divisionnaire à Chatonnay, avec un bataillon de la 3e brigade.

Ambulance et compagnie divisionnaire du génie à Saint-Christophe.

Escadron divisionnaire aux Brosses.

La *3e brigade* disposait :

Le 5e régiment.	État-major et 1 bataillon à Chatonnay.
	2 bataillons au Pollet, le Ginet, le Trievoz.
Le 6e régiment.	A la Vollandière, le Robin, la Bâtie, le Mollard.
	État-major au Robin.

L'état-major de la brigade s'établissait à Chatonnay.

Les avant-postes étant fournis par la 4e brigade, la 3e se contentait de faire garder les issues de ses divers cantonnements.

Le commandant de la *4e brigade* donnait, de son côté, l'ordre suivant :

« 1. — En exécution de l'ordre du 1er corps d'armée communiqué verbalement et de l'ordre de la 2e division ci-joint :

Le 8e établira des avant-postes sur la ligne indiquée (1) ;

Deux secteurs seront occupés chacun par un bataillon et séparés par la route de Chatonnay à Saint-Jean-de-Bournay, cette route appartenant au secteur sud ;

Le 3e bataillon, avec la compagnie divisionnaire du génie, en cantonnement-bivouac aux Brosses, formera réserve d'avant-postes (2).

---

(1) Dans la réalité, le contact avec l'ennemi poursuivi étant complet, les avant-postes sont sur les positions atteintes à la tombée du jour ; l'ordre de la brigade ne peut ordonner que de légères rectifications, mais il doit dire quels sont les effectifs à laisser en première ligne.

(2) Les opérations de la poursuite n'ayant pas été étudiées, on ne peut ni expliquer, ni incriminer la présence supposée du seul 8e régiment aux avant-postes de la 2e division.

2. — Le 7e cantonnera à Sainte-Anne et aux Châtaigniers.

3. — Le général aux Bouvaratières, sur la route de Meyrieu à Chatonnay.

Le présent ordre suscite une simple remarque. Dans les manœuvres avec cadres, on est contraint de suppléer à la présence réelle des troupes par l'imagination. Or, après une poursuite comme celle du 1er septembre qui ne se termine qu'avec la journée, il est probable que le commandant du 1er corps n'a pu faire connaître ses intentions pour le stationnement que par un simple billet, écrit sous sa dictée et sur le terrain, puis envoyé à chacun des deux divisionnaires.

On doit admettre que le commandant de la 2e division marchait auprès du général commandant la 4e brigade, puisque cette brigade exerçait directement la poursuite et qu'il a pu communiquer à son subordonné la teneur de l'ordre du corps d'armée.

On peut encore supposer, pour la même raison, que le colonel du 8e a pu prendre connaissance de l'ordre du corps d'armée et de l'ordre de la division quoique ce dernier soit daté de Chatonnay; mais, à partir de là, on ne s'explique guère qu'un exemplaire de chacun de ces ordres ait pu être envoyé aux deux colonels de la 4e brigade.

Ce travail de copie aurait, d'ailleurs, été parfaitement inutile, la situation pouvant être expliquée en peu de mots.

Il ne faut donc pas abuser de ces communications hypothétiques d'ordres émanant d'autorités supérieures, communications qui supposent, pour qu'elles puissent être faites, qu'on dispose à la fois de temps et d'une parfaite liberté d'esprit ; ce n'était pas le cas dans la soirée du 1er septembre.

Avant-postes. — Le colonel du 8e, conformément aux ordres qu'il avait reçus, plaçait son 3e bataillon en réserve d'avant-postes aux Brosses avec l'escadron et la compagnie du génie et formait deux secteurs :

1° *Secteur Nord.* — 1er bataillon ayant :

1 compagnie, à la ferme Cantonnière (1), avec mission

(1) Le chef du 8e régiment dénomme, à tort, ferme Cantonnière le groupe de maisons voisin de l'extrémité nord-ouest de l'Étang-de-Bonneveaux.

de se tenir en constante liaison avec le Plan ; 1 compagnie au nord de l'Étang-de-Bonneveaux ; 2 compagnies, en réserve à Monjou, devant reconnaître le chemin conduisant au Plan à travers bois.

2° *Secteur Sud.* — 2e bataillon ayant :

1 compagnie, dans les maisons sur la hauteur de M. Birochon, avec mission de surveiller la route ; 1 compagnie, aux Biessés—maison Guillaud ; 1 compagnie, à Carloz (sortie ouest) ; 1 compagnie, en réserve, sur la route à l'est des Biessés.

Les deux bataillons de première ligne étaient placés sous les ordres du lieutenant-colonel : le colonel se tenait aux Brosses.

Cet ordre appelle quelques observations. Tout d'abord, la conduite à tenir par les avant-postes en cas d'attaque fait défaut. Le fait que la même indication manquait dans l'ordre de la brigade ne saurait être une excuse.

Il n'est pas permis à un chef, de quelque grade qu'il soit, de reproduire dans son ordre, et textuellement, une prescription peu claire émanant de son supérieur ; il ne doit pas davantage y laisser subsister de lacunes sous prétexte que les indications qu'il a lui-même reçues en comportaient aussi.

On ne saurait admettre qu'une omission ou une erreur provenant d'une autorité supérieure franchît ainsi tous les échelons et fît, en dernière analyse, supporter la responsabilité sur le dernier degré de l'échelle hiérarchique. Ce serait là une désastreuse méthode de commandement.

Tout chef qui ne comprend pas un ordre ou le trouve incomplet, agit au mieux des circonstances, sauf à rendre compte des dispositions qu'il a cru devoir prendre, soit pour appliquer une prescription indécise, soit pour combler une omission constatée.

Le commandant du 8e devait donc indiquer fermement, dans le cas particulier, que son intention était de résister, en cas d'attaque, sur la ligne : la Cantonnière, Saint-Pierre-de-Bournay d'une part, maison Birochon, maison Guillaud, Carloz d'autre part.

Il y avait lieu d'affecter au secteur nord, séparé du gros du régiment par l'Étang-de-Bonneveaux, et chargé d'établir la liaison avec la 1re brigade, un peloton au moins de la cavalerie divisionnaire.

Le colonel du 8e, enfin, étant commandant des avant-postes, ne pouvait se décharger entièrement sur son lieutenant-colonel du soin de l'établissement du service de sûreté de la division.

B) *1re Division.*

Saint-Agnin, 1er septembre, 8 heures du soir.

1. — L'ennemi occupe : Saint-Jean-de-Bournay, Combe-de-Pommier, Artas.

2. — Les avant-postes de la 4e brigade s'étendent de Carloz, par 440, jusqu'au sud du Plan.

La 2e division cantonne au sud du ruisseau de Beausoleil.

La 9e division de cavalerie s'est dirigée vers la région Four—Bourgoin, au-devant de forces ennemies marchant de Lyon sur Bourgoin.

3. — La 1re brigade couvrira par ses avant-postes la ligne : le Plan (inclus), Clos-Morel, Charmenson, la Verne.

L'escadron divisionnaire est laissé aux ordres du général commandant la 1re brigade qui installera au stationnement les troupes non employées aux avant-postes et la compagnie du génie dans la zone : Meyrieu, le Raffour, Bagneu, les Vignes, les Révollets, en laissant Bagneu à l'artillerie divisionnaire.

4. — Quartier général de la 1re division : Saint-Agnin.

15e régiment de dragons à............	Chézeneuve.
État-major de la 2e brigade............	Crachier.
Un régiment..............................	Crachier-Paleysin.
Un régiment..............................	Châtenay.
Compagnie du génie de corps..........	Le Rajon.
Artillerie de corps.........................	Saint-Agnin et l'Orme.
Demi-ambulance........................	Saint-Agnin.
Demi-ambulance........................	Bagneu.

5. — La 2e brigade assurera la sécurité de ses cantonnements face à l'ouest sur le front : Étang-de-la-Dame, 495, la Pelottière.

Le 15e dragons se reliera à la 9e division de cavalerie à Four et poussera la surveillance par ses patrouilles sur les Beaux et le Bois de Roche.

Cet ordre a omis de fixer le point de stationnement de l'état-major de la 1re brigade. Il parle, d'autre part, de patrouilles à effectuer, de nuit, par le 15e régiment de dragons : c'est, évidemment, postes fixes à la cosaque qu'il faut lire.

1re brigade. — La 1re brigade suppose qu'elle a pu faire envoi aux troupes sous ses ordres, c'est-à-dire : deux régiments d'infanterie, l'escadron divisionnaire et la compagnie du génie divisionnaire, des ordres du corps d'armée et de la 1re division.

On a déjà dit pourquoi cette hypothèse n'est pas admissible en la circonstance.

L'ordre ajoutait :

État-major de la 1re brigade.........	Meyrieu.
Escadron divisionnaire..............	Raffet.
Compagnie du génie.................	Chevron.

Le 2e régiment stationnera dans la zone : le Raffour, les Bruyères, les Vignes, Bagneu (exclu), Panissière, *R* de les Révollets. Le 1er régiment qui fournira 2 bataillons aux avant-postes sur le front : le Plan (inclus), Clos-Morel, Charmenson, la Verne, occupera Meyrieu.

En prévision de la reprise du mouvement de poursuite, dans la nuit même, les unités reconnaîtront des itinéraires pour gagner la Petite-Forêt; le bataillon de réserve du 1er régiment, l'escadron et la compagnie du génie, à l'ouest de cette localité, le 2e régiment à l'est.

Avant-postes. — Cet ordre était complété par un autre dit : « Ordre pour les avant-postes » et qui, non seulement empiétait entièrement sur les attributions du colonel du 1er régiment mais se trouvait même, sur un point, en contradiction avec celui qui précède. Il s'exprimait ainsi :

« Le 1er régiment fournira les avant postes dans les conditions suivantes :

Bataillon n° 1. — Tiendra le Plan (inclus), où il se reliera par sa gauche à la 4e brigade (où est cette brigade ?), Clos-Morel jusqu'au chemin (inclus) conduisant d'Artas dans le bois de Felline par le nord de la cote 507; il aura sa réserve aux Grandes-Brosses.

Bataillon n° 2. — Tiendra la ligne : chemin nord de la cote 507 (exclu), Charmenson jusqu'à la Verne (inclus) où il se reliera aux avant-postes de la 2e brigade (vers quel point?) ; il aura sa réserve à la Petite-Forêt.

Bataillon n° 3. — Cantonnera en alerte à Langouvet (ouest de Meyrieu). (Il n'occupera donc pas Meyrieu ainsi que le disait l'ordre de stationnement ?)

La brigade est à Meyrieu. Le colonel du 1er régiment se tiendra aux Grandes-Brosses. »

Cette disposition d'avant-postes n'est pas heureuse.

Le secteur à couvrir par la 1re brigade était large de deux kilomètres et demi environ. Artas était le point dangereux d'où pouvaient venir des incursions ou attaques de l'ennemi. De cette localité partent deux routes formant les principaux axes de marche utilisables par l'adversaire : Artas, Meyrieu-Artas, la Verne. Ces deux routes devaient, avant tout, être barrées par des forces sérieuses (1 bataillon chaque). Tous les autres itinéraires, constitués, en tout ou partie, par des chemins de terre, n'exigeaient qu'une simple surveillance.

En raison de l'étendue du secteur, la réserve des avant-postes (3e bataillon du 1er régiment) devait être placée en un point central d'où elle pût appuyer à volonté l'un ou l'autre des bataillons avancés.

Dans ces conditions, le dispositif de sûreté du 1er régiment pouvait être le suivant (1) :

Un bataillon en réserve générale d'avant-postes dans la partie est de la Petite-Forêt (2 compagnies) et aux Grandes-Brosses (2 compagnies et état-major du régiment) apte à se porter, soit sur la Verne, par les maisons nord de 484 et même par l'est du bois nord de 476, soit sur la corne sud du bois de Felline (Étang-de-la-Maronne).

Un bataillon aux avant-postes dans le secteur Étang-de-la-Maronne, le Plan, Clos-Morel, ayant : deux compagnies à l'Étang-de-la-Maronne, sur la route d'Artas à Meyrieu (en réserve partielle de secteur) ; une compagnie au Plan (liaison au moyen d'un poste poussé sur le chemin de la Cantonnière, avec les avant-postes de la 4e brigade) ; une compagnie à Clos-Morel.

---

(1) C'est celui qui est reproduit en signes non teintés sur la carte n° 7.

Un bataillon aux avant-postes dans le secteur maisons de la cote 484, la Verne, Charmenson, ayant : deux compagnies aux maisons de la cote 484 (en réserve partielle de secteur), une compagnie à Charmenson, une compagnie à la Verne (liaison par un poste vers l'Étang-de-la-Dame avec les avant-postes de la 2e brigade).

Chacun des deux bataillons de première ligne aurait été pourvu d'un peloton divisionnaire; celui du Nord aurait, en outre, disposé de la compagnie du génie à la Verne.

D'autre part, en vue de préparer l'action du lendemain, qui avait été spécifiée dans ses grandes lignes par l'ordre du corps d'armée (rejeter l'ennemi sur Vienne en débordant, par conséquent, son flanc nord), il y aurait eu intérêt à ne pas faire stationner trop au sud le 2e régiment de la brigade. L'ordre de la 1re division autorisant l'occupation du Raffour et des Bruyères, il était préférable de cantonner, sur ces points, deux bataillons du 2e au lieu d'un et d'abandonner Panissière. Il était certain, en effet, qu'en raison de la faible largeur du terrain compris entre Saint-Jean-de-Bournay et les montagnes situées au sud, la 2e division suffirait amplement, sur cette zone, pour la poursuite directe, et que le 2e régiment ne pouvait être employé que sur Artas, ou même plus au nord.

2e brigade. — Le commandant de la 2e brigade, après avoir défini, en un court paragraphe, la situation de l'ennemi, celles du 1er corps et de la 1re division, indiquait la position occupée par les avant-postes de la 1re brigade, l'emplacement du 15e dragons (à Chézeneuve) et continuait ainsi :

2. — La 2e brigade cantonnera (cantonnement d'alerte) :

État-major et deux bataillons du 3e............	à Crachier.
Un bataillon du 3e..........................	à Malassin.
4e régiment..........................	à Châtenay.

Le stationnement de la brigade sera couvert face à l'Ouest par le bataillon de Malassin (du 3e). Ligne de surveillance des avant-postes : Étang-de-la-Dame, cotes 466, 525, 510. Liaison avec la 1re brigade, vers la Verne ; avec le 15e dragons, vers Chézeneuve.

3. — Quartier général du corps d'armée......... à Meyrieu.
Quartier général de la division............. à Saint-Agnin.
Demi-ambulance divisionnaire............. à Saint-Agnin.

Le 3e régiment se contentait judicieusement de pousser de simples postes aux Brosses (liaison par l'Étang-de-la-Dame avec la 1re brigade), aux maisons de la cote 495, au hameau est de 525, à la bifurcation voisine de 510.

Les postes cosaques du 15e régiment de dragons étaient dirigés sur les hameaux suivants : le Molard-d'Alliat, les Beaux, le Ribolet et devaient se lier à la 9e division de cavalerie occupant Four.

C) *9e division de cavalerie.* — La 9e division de cavalerie, diminuée d'un régiment, s'établit, le 1er septembre au soir, à Four et Saint-Alban-de-Roche poussant de gros postes avancés (2 pelotons) jusqu'à Vaulx-Milieu et Roche.

Ses reconnaissances ne lui ont rien signalé sur la route de Bourgoin à la Verpillière, mais elles ont pris le contact, entre Heyrieux et Diémoz, avec des avant-postes d'infanterie ennemie.

II. — Opérations des services pendant la journée du 1er septembre.

A) *Télégraphie.* — Dès le moment où l'attaque exécutée par la 2e brigade sur la gauche ennemie avait été en voie de réussite, le commandant de la compagnie de télégraphistes avait pris ses mesures pour faire poursuivre la continuation du fil aboutissant à Champier.

La construction avait pu suivre sans difficultés les progrès de la 2e division vers l'Ouest : elle avait même dû s'arrêter à Chatonnay en attendant la fixation du quartier général du corps d'armée.

Ce point fixé, le commandant de la compagnie avait ordonné :

« Le quartier général du corps d'armée est à Meyrieu ;
« celui de la 2e division à Chatonnay ; celui de la 1re à Saint-
« Agnin.

« L'objectif de la compagnie doit être de relier, dès

« aujourd'hui, Chatonnay (où un poste restera établi) à « Meyrieu.

« Une demi-section se rendra à Meyrieu, sans plus « attendre, pour jeter une ligne téléphonique entre cette « localité et Saint-Agnin.

« Les postes de la Frette et de la Côte-Saint-André « seront supprimés : personnel et matériel rejoindront à « Meyrieu dans la journée du 2 septembre. »

A 9 heures du soir les liaisons ordonnées se trouvaient établies.

La suppression du poste de la Côte-Saint-André était judicieuse puisque la route d'étapes du corps d'armée évitait désormais cette localité et passait par Moirans, la Frette et Champier. Pour cette dernière raison, la Frette devait être un lieu de passage et de séjour fréquent pour les divers ravitaillements venant de l'arrière, il était donc intéressant d'y pouvoir expédier des ordres télégraphiques et, par conséquent, d'y conserver le poste qui s'y trouvait établi.

B) *Parc d'artillerie.* — On sait quelle était la situation des divers échelons de ravitaillement du service de l'artillerie, le 31 août, à 11 h. 59 du soir.

1er échelon,	au complet, au Mottier.
2e échelon à la Frette	3e section d'infanterie, au complet.
	4e section, au complet (sauf dix caissons).
	5e section, vide.
	10e et 11e sections d'artillerie, au complet.
	12e section, au complet (sauf neuf caissons).

On se rappelle également que la 1re section de munitions de grand parc (39 caissons artillerie, 24 caissons infanterie) devait arriver de Roybon, le 1er septembre à 10 heures du matin, à Saint-Étienne-de-Saint-Geoirs, où devaient se rendre également, venant de la Frette, une section de parc vide (n° 1) (30 caissons), 9 caissons d'artillerie vides du 2e échelon et 24 caissons vides de la 5e section de munitions d'infanterie.

D'autre part, à Moirans, devaient arriver le 1er septembre, l'en-cas mobile (2e section de munitions de grand parc), et, pour s'y charger, une section de parc vide (n° 2) et 12 caissons des 4e et 5e sections de munitions d'infanterie.

Enfin, on rappelle que, le 1er septembre devant être jour de grande bataille, on avait demandé à Moirans les 3e et 4e sections de munitions de grand parc et prévu l'envoi ou le rassemblement sur le même point :

1° De l'équipage de transport vidé à Saint-Étienne-de-Saint-Geoirs ;

2° De deux convois de 100 voitures requises et propres, chacun, au transport d'un lot complet de munitions (39 caissons artillerie, 24 caissons infanterie) (1).

Le matin du 1er septembre, le commandant du parc d'artillerie, au Mottier, prescrivait de pousser de l'avant 3 sections de munitions d'artillerie et 2 sections de munitions d'infanterie du 1er échelon, savoir : 1 section d'artillerie, 1 section d'infanterie, rendues pour 4 heures du matin, au sud de Champier, à la disposition de la 2e division.

2 sections d'artillerie, 1 section d'infanterie, à la disposition, à partir de 6 heures du matin, de la 1re division qu'accompagnait l'artillerie de corps.

Le commandant de cette dernière section de munitions d'infanterie était informé que la 1re brigade partirait de Flachères et de Rebaillères pour opérer à la lisière des bois du Marc et que la 2e brigade était momentanément réservée.

---

(1) On sait que le total des voitures envoyées à Moirans suffisait (sans tenir compte du deuxième convoi requis) à enlever les trois lots de munitions arrivant en ce point, moins 9 caissons d'artillerie et 12 caissons d'infanterie.

Le 1er échelon se trouva dès lors réduit à 1 section d'artillerie et demeura au Mottier, mais il était vers 7 heures du matin, recomplété à :

4 sections d'artillerie, moins 9 caissons ;
2 sections d'infanterie, moins 10 caissons ;

grâce à l'arrivée du 2e échelon appelé de la Frette sur le Mottier.

Vers 8 heures du matin, le commandant du parc se décidait à pousser son nouveau 1er échelon sur Champier où il arrivait avant 9 heures.

Cette décision était malheureuse à tous égards. A une heure où le gros effort du corps d'armée allait être effectué par la droite, il était de toute nécessité que la 1re division ne pût, à aucun moment, manquer de munitions. De Champier, le parc d'artillerie, à moins de revenir sur ses pas, était dans l'impossibilité de la ravitailler.

Il aurait donc été préférable, ou bien de faire un nouveau détachement sur Champier à l'usage de la 2e division, ou mieux encore de prescrire au chef du 2e échelon de prendre au Mottier, dès qu'elles y seraient revenues, les voitures revenant du ravitaillement à Saint-Étienne-de-Saint-Geoirs et de les acheminer sur Champier puis de faire filer le nouveau 1er échelon tout entier, par Eydoche, sur Saint-Didier-de-Bizonnes et, ultérieurement, les Rebaillères, où il se serait trouvé bien placé pour ravitailler les six batteries établies à 691, l'artillerie de corps en position au Genevey et même le groupe divisionnaire en action au Marc.

Le 1er échelon se rendit donc à Champier et, plus tard, à Eydoche où il se trouvait encore — un peu loin de la ligne de combat — à la fin de la journée.

Les sections vidées étaient dirigées, au fur et à mesure, sur la Frette où devaient venir successivement les voitures revenant du ravitaillement de Saint-Étienne-de-Saint-Geoirs (1) (1 section de parc + 9 caissons et 24 caissons d'infanterie).

---

(1) Ces dernières arrivaient à la Frette à 1 heure du soir.

Ravitaillement en munitions. — Les consommations de la journée du 1er septembre s'étaient élevées, au total, à :

27 caissons d'infanterie (1) ;
112 caissons d'artillerie (1).

S'il n'y avait pas eu bataille, la situation, en tenant compte des 24 caissons d'infanterie et 39 caissons d'artillerie fournis par la 1re section de grand parc aurait été la suivante :

Batteries. Infanterie. Munitions au complet.

Parc.		Caissons. Infant.	Caissons. Artill.
1er échelon (Éclose).	Sections d'infanterie, 1 et 2, au complet...	52	»
	— d'artillerie, 6, 7, 8, 9, au complet.	»	80
2e échelon (porté de la Frette à Champier).	Sections d'infanterie, 3 et 4, au complet...	52	»
	— — 5 (manquent 12 c.)..	14	»
	— d'artillerie, 10, 11, 12, au complet.	»	60
3e échelon (la Frette).	Section de parc, no 1, au complet.........	»	30
	Section de parc, no 2, vide..............	»	»
		118	170

Les consommations de la journée devaient donc amener la situation ci-dessous :

Batteries. Infanterie, au complet.

Parc.		Caissons. Infant.	Caissons. Artill.
1er échelon (Éclose).	Sections d'infanterie, 1 et 2, au complet...	52	»
	— d'artillerie, 6 et 7, au complet....	»	40
	— — 8 (manquent 2 c.).....	»	18
	— — 9, vide...............	»	»
2e échelon (Champier).	Section d'infanterie, 3, au complet........	26	»
	— — 4, (manquent 13 c.)..	13	»
	— — 5, vide.............	»	»
	— d'artillerie, 10, 11, 12, vides......	»	»
3e échelon (la Frette).	Vide..................................	»	»
		91	58 (2)

(1) Ces chiffres sont certainement beaucoup trop faibles. La raison en est que le directeur avait fait, la veille, une observation sur les consommations de la journée qui, elles, avaient été estimées trop fortes. On est passé d'un extrême à l'autre. La moyenne est, sans doute, exacte.

(2) Vérification : infanterie, 118 — 91 = 27. Artillerie, 170 — 58 = 112.

Soit un manque de 142 caissons artillerie et 39 caissons infanterie (1).

Mais on sait que la section de parc n° 2 (30 caissons) et 12 caissons d'infanterie se sont rendus, dans la journée, à Moirans pour se charger à l'en-cas mobile et ont pu regagner la Frette (2) le même jour, en sorte que ces voitures ont pu livrer leurs munitions (dans la nuit ou le 2 septembre au matin) et rentrer à leurs échelons respectifs (3).

On sait également qu'un lot complet de munitions a été

---

(1) L'approvisionnement complet du parc est, en effet, de :

Infanterie.. $5 \times 26 = 130$ caissons. $130 - 91 = 39$.

Artillerie.. $\left\{\begin{array}{l} 7 \times 20 = 140 \\ 2 \times 30 = 60 \end{array}\right\}$ TOTAL..... 200; $200 - 58 = 142$.

(2) Ils y arrivaient à 4 heures du soir.

(3) La situation réelle, le 1er septembre dans la nuit, ou le 2 aux premières heures de la journée, était donc :

Batteries. Infanterie, au complet.

	Parc.	Caissons. Infant.	Caissons. Artill.
1er échelon (Éclose).	Sections de munitions d'infanterie, nos 1 et 2, au complet........................	52	»
	Sections de munitions d'artillerie, nos 6, 7, 8, 9, au complet.....................	»	80
2e échelon (Champier).	Section de munitions d'infanterie, n° 3, au complet..............................	26	»
	Section de munitions d'infanterie, n° 4, (manque 1 c.).........................	25	»
	Section de munitions d'infanterie, n° 5, vide.	»	»
	Section de munitions d'artillerie, n° 10 (manquent 12 c.).........................	»	8
(La Frette).	Sections de munitions d'artillerie, nos 11 et 12, vides..........................	»	»
3e échelon (la Frette).	Section de parc, n° 2, vide.............	»	»
	Section de parc, n° 1, vide.............	»	»
		103	88

Vérification $\left\{\begin{array}{l} \text{Infanterie.........} \quad 91 + 12 = 103. \\ \text{Artillerie.........} \quad 58 + 30 = 88. \end{array}\right.$

poussé, le 1er au soir, à Beaucroissant et qu'il peut se trouver le 2 de bon matin, à la Frette (1), et qu'en outre, l'équipage de transport peut également atteindre le même point, de bonne heure (2). Il en résulte que, tant dans la nuit du 1er au 2 que dans la matinée du 2, arriveront à la Frette :

12 caissons d'infanterie.			12 caissons d'infanterie.	
1 section de parc.....	30 caissons d'artillerie.			
1 section de grand parc (convois requis)....	39	—	24	—
1 section de grand parc (équipage de transport)............	39	—	24	—
TOTAL......	108		60	

S'il n'y avait pas consommation dans la journée du 2, le parc d'artillerie à qui il manquait : 142 caissons d'artillerie et 39 caissons d'infanterie pourrait donc se trouver, le 2 au soir, dans la situation ci-dessous décrite (3) :

Batteries. Infanterie, au complet.

	Parc.	Caissons. Infant.	Caissons. Artill.
1er échelon...	A Éclose, au complet..................	52	80
2e échelon...	A Champier, au complet................	78	60
3e échelon (à la Frette).	Section de parc, n° 1 (manquent 4 caissons).	»	26
	— n° 2, vide..............	»	»
		130	166 (4)

La section de parc n° 1, l'équipage de transport iront ou

(1) Il s'y trouvera à 7 heures du matin.

(2) Il s'y trouvera à midi.

(3) En fait, il en sera tout autrement en raison du combat du 2 septembre.

(4) Vérification : { Artillerie, 58 + 108 = 166. Infanterie, 91 + 60 = 151 (21 caissons d'infanterie ne trouveraient pas place, le 2, dans le parc d'artillerie : s'il n'y avait pas bataille ce jour-là, il faudrait les entreposer).

retourneront à vide à Moirans, le 2 au soir : il en sera de même du premier convoi requis.

Dès le premier engagement sérieux une observation s'impose, en ce qui concerne nos approvisionnements hypothétiques en munitions. La proportion des munitions d'infanterie est trop forte par rapport à celle des munitions d'artillerie. Le 2 septembre au soir, tout ravitaillement fait, notre parc, incomplet encore en ce qui regarde ces dernières, disposerait d'une telle quantité de cartouches d'infanterie qu'il en serait réduit à faire un dépôt de cette sorte de munitions si l'on ne se battait pas dans la journée.

L'expérience de nombreux voyages d'état-major autorise à dire que la même circonstance se renouvellerait généralement après chaque bataille, si nous poussions plus avant la campagne imaginaire entreprise par le 1er corps.

Il y aurait donc à remanier, dans le sens de l'augmentation des munitions d'artillerie, la constitution de notre parc du 1er corps d'armée.

Mais ce n'est là qu'un point de la question. Dès le 1er septembre on a fait venir à Moirans, au titre du 1er corps, les quatre premiers lots de munitions du grand parc : nous verrons que, le 1er au soir, pour parer aux consommations de la journée du 2, il faudra télégraphier au service des étapes pour obtenir l'arrivée à Moirans, dans un délai très bref (3 septembre dans la journée), non seulement du 5e lot du grand parc, mais encore des 6e et 7e lots. L'arsenal se trouverait donc fort dépourvu s'il s'était borné à la constitution pure et simple des cinq premiers lots, et il est probable qu'en admettant même une fabrication intensive, entreprise dès la première heure de la mobilisation, il ne serait pas en mesure de satisfaire à des exigences aussi vastes, s'il n'avait constitué, dès le temps de paix, de dix à douze lots environ.

Le 1er septembre, à 10 heures du soir, sur la proposition du commandant de l'artillerie, les demandes suivantes étaient adressées au directeur des étapes et des services de l'armée :

DEMANDES.	RÉPONSES
Pousser, pour le 2 septembre midi, sur Moirans, le 5e lot de munitions de grand parc.	Arrivera à Moirans le 2 septembre, à midi 10.
Pousser, pour le 3 septembre matin à Moirans, les 6e et 7e lots de munitions (*munitions d'artillerie seulement*).	Seront à Moirans le 3 septembre, à 4 h. 10 matin.

La restriction apportée à la dernière de ces deux demandes fournit une justification expérimentale des considérations développées plus haut.

C) *Intendance.* — Les deux sections des trains régimentaires se trouvaient, le 31 août au soir, dans la situation suivante :

Les TR_2, après avoir fait la distribution du jour, étaient venus :

2e division et quartier général du C. A....	à Saint-Corps.
1re division et E. N. E..................	au Lac, la Piottière.
Trains de combat..........................	à la Frette.

Ceux de la 9e division de cavalerie laissés à Biol étaient avisés, le 1er septembre au matin, que leur convoi requis serait chargé au Grand-Lemps.

On a dit déjà comment ces TR_2 devaient se ravitailler, dans la journée du 1er septembre auprès de la section C_1 des convois administratifs, fractionnée, à cet effet, entre la Côte-Saint-André et le Grand-Lemps.

Les TR_1, de leur côté, partant de Roybon et de Chasselay, au complet, ainsi que les troupeaux de ravitaillement, ralliaient, dans la journée, les mêmes points, fournissaient un jour de bétail aux TR_2 et se tenaient prêts à continuer au delà, avec l'autre jour de viande sur pied.

A 1 heure du soir on prescrivait aux deux sections TR_1 et TR_2 de continuer de concert :

2e division et quartier général du C. A., sur Champier ;

1re division et E. N. E., sur Saint-Didier-de-Bizonnes ;

Train de combat, sur Longechenal.

Ultérieurement, vers 6 heures, on ordonnait aux TR_1 de la 1re division et des éléments non endivisionnés de gagner Éclose, à ceux du train de combat de se rendre à Champier.

Enfin, les TR_2 avaient ordre de rester à Champier (2e division, quartier général et train de combat) ou d'aller à Flachères (1re division et E. N. E.).

Un peu après 7 heures ordre était envoyé aux TR_1 de cantonner à Champier (2e division) et Éclose (1re division

— E. N. E. — train de combat), aux TR_2 de cantonner également à Champier (2e division-train de combat) et Flachères (1re division et E. N. E.).

Ni les uns (TR_1) ni les autres (TR_2) ne pouvaient aller plus loin.

Aussi, à 7 heures, le commandant du C. A. faisait-il connaître qu'ils ne pourraient rejoindre les troupes le 1er septembre au soir, et qu'il y avait lieu de prélever sur le sac les vivres du jour du 2 septembre. Le convoi requis de la 9e division de cavalerie gagnait Biol. Les mouvements de sa division avaient été si imprévus qu'il lui avait été impossible de pousser plus avant. Le train régulier demeurait au Grand-Lemps.

Le 1er septembre, la section C_1 du convoi administratif se trouvait donc vide à la Côte-Saint-André et le Grand-Lemps ; la section C_2 était venue à Saint-Étienne-de-Saint-Geoirs, les sections C_3 et C_4 étaient arrivées à Moirans accompagnées du convoi requis (180 voitures), lequel avait pris livraison de deux jours de pain biscuité.

Le parc de bétail, débarqué également à Moirans, se trouvait formé en cette ville.

Les demandes adressées à l'armée, en vue du ravitaillement en vivres, et les réponses correspondantes sont reproduites ci-dessous :

DEMANDES.	RÉPONSES.
T. E. G. à Moirans, le 2 septembre. Reprise du ravitaillement quotidien.	Accordé. Le ravitaillement quotidien et la poste arriveront à Moirans le 2 septembre, à 7 h. 10 matin.
Ravitaillement non quotidien demandé : 250 têtes de bétail.	Le bétail arrivera le 2 septembre, à 3 h. 10 soir et se rendra à Rives le soir même.

Cette dernière demande faite à un moment où le corps d'armée disposait déjà de quatre jours de viande sur pied, soit deux jours avec les trains régimentaires et deux jours au parc de bétail de Moirans, peut paraître exagérée. Elle constitue, au contraire, une heureuse prévision.

Si la même demande n'avait été faite que le 2 pour le 3, les deux jours réclamés n'auraient pu quitter Rives que le 4; or, à cette date, les troupeaux de ravitaillement ayant livré leur viande le 2 et le 3 au soir, auraient été remplacés par les deux premiers jours du parc de bétail arrivés à Moirans.

Le 4 au matin, le C. A., éloigné de Rives de plus de trois étapes et ne disposant de viande que pour le 4 et le 5, n'aurait pu être rejoint le 6 par le bétail le plus proche.

Il était donc justifié de prévoir l'arrivée de deux jours de bétail, dès le 2, à Moirans.

Les mouvements du convoi administratif furent réglés ainsi qu'il suit, pour la journée du 2 septembre :

La section C_1 (vide) ira de la Côte-Saint-André et Grand-Lemps à Moirans pour s'y ravitailler (ravitaillement quotidien).

La section C_2 (pleine) viendra de Saint-Étienne-de-Saint-Geoirs à Saint-Corps.

La section C_3 (pleine) se rendra à Champier où elle attendra des ordres.

La section C_4, avec le parc de bétail, ira à la Frette.

Après ces explications, l'intendant rendait compte de la reconnaissance faite à Saint-Jean-de-Bournay en vue de trouver un magasin apte à contenir deux jours de vivres pour un corps d'armée et une division de cavalerie.

Le local désigné, vaste établissement alors inoccupé, répondait entièrement à sa destination : situé au bord de la grande route, muni d'une large porte et d'une vaste cour, il se prêtait parfaitement au rôle qu'on lui destinait. La description des locaux, l'arrimage des denrées de diverse nature, la consigne pour l'entrée, le chargement et la sortie des trains régimentaires firent l'objet d'un compte rendu détaillé.

D) *Génie.* — Le 1er septembre, le parc du génie avait reçu l'ordre d'aller cantonner à Éclose : il était avisé le soir du même jour d'avoir à se rendre, le 2, pour 10 heures du matin, à Meyrieu, à l'effet d'y fournir aux voitures des compagnies du génie un certain nombre d'outils et de pétards dont il avait été fait consommation dans les deux journées précédentes (1).

E) *Santé.* — Les instructions du commandement relatives au service de santé s'étaient bornées, le 1er septembre au matin, à indiquer les points sur lesquels devaient se diriger les blessés pouvant marcher : Champier et Bizonnes. Encadrés par les blessés gradés, ils seraient acheminés, le 2 septembre, sur Moirans.

L'hôpital de campagne no 1 était invité à relever, au Mottier, l'ambulance de corps, et l'hôpital de campagne no 2 à se rendre à Champier. Une fois libérée, l'ambulance de corps devait gagner Flachères.

Dans le cours de la journée, ordre était envoyé aux hôpitaux de campagne nos 3 et 4 de se porter sur Éclose et l'on avisait le directeur du service de santé qu'il n'y aurait pas, le 2 septembre, d'autres évacuations que celles des blessés pouvant marcher.

Le médecin principal exposait ensuite l'organisation générale du service de la 2e et de la 1re division pendant la journée du 1er septembre.

Il ressortait principalement de ses explications que notre règlement sur le service de santé en campagne, vieux de près de quinze ans, ne se trouve plus en concordance avec les nécessités du combat moderne.

Le jeu du relais d'ambulance et, surtout, le relèvement des ambulances par les hôpitaux de campagne étaient condamnés. La conclusion était que le service de santé de

---

(1) On verra plus loin à quelle remarque donnait lieu cette dernière prescription.

l'avenir devait ne plus comprendre que des ambulances légères, plus nombreuses, s'immobilisant sur les places où se rencontrent le plus de blessés et s'y transformant en hôpitaux par le moyen de l'arrivée d'un matériel spécial d'hospitalisation marchant avec les parcs.

Dans cette organisation, les ambulances non immobilisées suivraient naturellement les troupes sans avoir à être relevées par personne.

Le médecin principal réclamait, en outre, l'adjonction soit aux ambulances, soit au corps d'armée, à titre d'organe spécial, de colonnes de voitures destinées à assurer le transport des blessés des points où ils sont tombés à l'ambulance, et de l'ambulance aux stations ou gîtes d'évacuation.

F) *Quartier général du corps d'armée.* — Pendant toute la journée du 1er septembre, le quartier général du corps d'armée resta représenté à Champier : à 7 heures du soir, les divisions et les éléments non endivisionnés étaient avisés qu'il cesserait de fonctionner à 8 h. 30 et serait ouvert, à la même heure, à Meyrieu.

Quant aux voitures entrant dans sa composition, elles étaient acheminées par bonds sur Meyrieu qu'elles atteignaient à 7 heures du soir.

G) *Poste.* — Le 1er septembre, le train de ravitaillement journalier n'étant pas arrivé (sur demande), la correspondance avait été apportée par un train de munitions et ramenée à la Frette, à 1 heure du soir, par les voitures d'une section de parc (n° 2), revenant du ravitaillement à Moirans.

Le fourgon de correspondance du corps d'armée, dirigé sur la Frette, était, le soir du 1er, à Meyrieu, où il opérait le tri de la correspondance.

Ordre était envoyé :

A la 1re division (y compris les E. N. E. et le régiment

de cavalerie rattaché) d'envoyer son courrier montant, pour 9 heures du matin, à Meyrieu et d'y prendre son courrier descendant (1).

A la 2e division, de livrer son courrier montant et de réclamer son courrier descendant au fourgon de correspondance se rendant le 2, de Meyrieu à Champier, par Chatonnay.

L'échange de la correspondance montante contre la correspondance descendante du corps d'armée devait s'effectuer, le 2, vers midi, à Champier (où la correspondance descendante devait être apportée par la section C_3 du convoi administratif).

H) *Étapes.* — On se rappelle qu'un bataillon d'étapes se trouvait, dès le 31 août, à la disposition du 1er corps à Moirans et qu'en prévision de l'établissement d'une route d'étapes, un deuxième bataillon avait été réclamé et devait arriver à Moirans, le 1er septembre, à 4 h. 10 du matin.

A 8 heures du matin, l'ordre suivant avait été adressé au commandant d'étapes de Moirans.

ORDRE.	RÉPONSE.
Faites partir, le 2 septembre au matin, trois compagnies (2) du bataillon territorial sur le Mottier. Le chef du bataillon sera commandant d'étapes du champ de bataille du 31 août (région Eydoche, Flachères, Champier). Il se mettra en rapport avec les formations sanitaires immobilisées, procédera aux inhumations et assurera les éva–	Ces éléments (1 bataillon et 3 compagnies) arriveront au Mottier le 2 septembre, avant midi.

(1) On appelle « courrier montant » celui partant de l'armée à destination du territoire national.

(2) Une compagnie était réservée pour accompagner les convois requis et chargés de munitions devant quitter Moirans le 2 et le 3.

ORDRE.	RÉPONSE.
cuations (voitures requises ou autres se rendant au ravitaillement à Moirans). Le deuxième bataillon d'étapes demandé se portera également, le 2 septembre, sur le Mottier, où il recevra de nouveaux ordres.	

Il était, en outre, demandé :

DEMANDE.	RÉPONSE.
Organiser à Champier, dès que possible, un commandement de tête d'étapes de route.	Pourra être organisé le 3 septembre, dans l'après-midi.

Toutes les demandes relatives aux services de l'arrière concernant le 1er corps d'armée étaient, depuis le 1er septembre au matin, adressées directement au commandant d'étapes de Moirans dont le directeur des étapes et des services avait fait son délégué, vis-à-vis du 1er corps, par le télégramme suivant, daté du 31 août, 6 heures du soir :

« Le général commandant le 1er corps est autorisé à « donner directement des ordres au commandant d'étapes « de Moirans pour tout ce qui concerne l'exécution des « services de l'arrière. »

Cette organisation de circonstance fut reconnue nécessaire à la suite de l'étude des conditions dans lesquelles s'effectuerait, dans la réalité, la transmission des demandes adressées jusque-là au directeur des étapes et des services. Il fut unanimement reconnu qu'il n'y avait qu'avantage à supprimer l'intermédiaire de ce directeur et à le remplacer par un délégué à lui, placé directement à Moirans.

En ce qui concerne les chemins de fer, ce délégué communiquait directement avec la commission régulatrice qui donnait satisfaction à ses demandes dans la mesure, quant aux heures, où elles étaient compatibles avec les demandes de l'armée.

L'exécution des opérations à effectuer à Moirans pour le compte du 1er corps acquit de ce fait un degré de rapidité qu'elle ne pouvait atteindre jusqu'alors.

III. — Répartition du travail pour la matinée du 31 mai.

L'opération du 31 mai devait avoir pour but d'étudier, au cours d'une poursuite, les mouvements débordants successifs du poursuivant sur un flanc de l'adversaire, celui-ci cherchant à échapper à l'enveloppement au moyen d'une série d'échelons disposés en arrière de l'aile menacée.

L'ordre suivant servit de base aux travaux :

A) *Ordre général d'opérations n° 6 pour la journée du 2 septembre.*

Meyrieu, 1er septembre, 11 h. 50 du soir.

1. — La poursuite sera continuée, demain 2 septembre.

2. — L'effort du corps d'armée sera exercé principalement sur la gauche adverse (1re brigade, appuyée s'il y a lieu, par la 2e brigade) tandis que la 9e division de cavalerie s'efforcera de retarder les forces ennemies arrivant de Lyon, lesquelles paraissent devoir atteindre Saint-Quentin-Fallavier et Heyrieux ce soir, entre 9 et 10 heures.

3. — A cet effet *la 2e division* poussera droit devant elle sur le front Saint-Jean-de-Bournay, route de Vienne — Combe-de-Pommier, bois de Molèze.

La 1re division, avec un régiment de cavalerie, l'artillerie et le génie de corps, s'avancera :

1re brigade, sur Artas qu'elle attaquera en le débordant par le Nord;

2e brigade, par la région au nord de la Grande-Forêt, sur le Vernay et la route de Diémoz à Beauvoir (1).

4. — Les 4e et 1re brigades attaqueront à partir de 3 heures du matin; la 2e brigade franchira la crête 526-525-510, à l'ouest de Crachier-Chezeneuve, à 4 heures du matin.

5. — La 9e division de cavalerie, rompant à 3 heures du matin, se dirigera vers Bonnefamille, Diémoz, et s'efforcera de retarder à coups de canon et de carabine les troupes ennemies venant de Lyon.

6. — Le commandant du corps d'armée se trouvera à la Petite-Forêt (1,500 mètres d'Artas) pour 3 h. 30 du matin, venant de Meyrieu par Grandes-Brosses.

B) *Travaux à effectuer sur le terrain*. — *1re (2e) division.*

1re (3e) brigade et artillerie divisionnaire. — Opérations pour l'enlèvement d'Artas, au moyen d'une attaque de front et d'un mouvement débordant par le Nord.

2e (4e) brigade. — Franchissement par la 2e brigade du mouvement de terrain 466-526-525-510 (ouest de Chezeneuve) dans l'hypothèse où l'ennemi s'y oppose avec de la cavalerie (1 brigade environ).

Artillerie de corps. — Marche, arrivée et appui fourni à la 1re brigade dans son attaque sur Artas.

9e division de cavalerie. — Opérations du régiment de cavalerie (demeuré avec le corps d'armée) en liaison avec la 1re brigade, puis avec la 2e. (L'ennemi s'est créé un repli, en arrière de son flanc gauche, au pied de la hauteur du Vernay, à la Grotte, le Baroz, les Grenouilles.)

C) *1er point de rendez-vous.* — Hauteur 492 (nord-est d'Artas) à 8 h. 30 du matin.

---

(1) Beauvoir se trouve à 1,500 mètres sud-ouest du bois de Molèze.

SEPTIÈME PARTIE

TRAVAIL DE LA CINQUIÈME JOURNÉE (31 MAI).

§ 1er. — MATINÉE DU 31 MAI.

I. — Travail jusqu'à 8 h. 30 du matin (1).

A) *2e division.* — Les opérations de la 2e division n'ont pas été étudiées dans la journée du 31 mai : néanmoins les ordres initiaux ont été confectionnés dans le but de servir de base à la situation du combat de front aux divers moments de la journée.

Ordre d'opérations n°...... pour la journée du 2 septembre.

Chatonnay, 2 septembre, minuit 30.

1. — La poursuite sera continuée aujourd'hui 2 septembre.

2. — L'effort du corps d'armée sera exercé principalement sur la gauche adverse, par la 1re division, entre Artas et la Grande-Forêt.

3. — La 4e brigade attaquera droit devant elle à 3 heures du matin, sur le front Saint-Jean-de-Bournay, route de Vienne-Combe-de-Pommier, bois de Molèze.

---

(1) Voir cartes nos 9 et 9 *bis*.

Axe du mouvement : Charbonnière, maison Laval. Un peloton de cavalerie et la compagnie du génie sont laissés à sa disposition.

4. — La 3e brigade, à la disposition du général de division, vers maison Crozet—les Brosses.

5. — L'artillerie divisionnaire s'établira aux environs de la cote 476 (ouest des Bouvaratières).

6. — L'escadron divisionnaire laissera un peloton à la disposition du général et couvrira avec 2 pelotons le flanc gauche (sud) de la division.

7. — Le général de division se tiendra, à partir de 3 heures du matin, à la cote 495 (nord de Monjou).

8. — L'ambulance divisionnaire se tiendra jusqu'à nouvel ordre à maison Bouillat.

4e brigade. Les Bouvaratières, 2 septembre, 1 heure du matin.

1. — Ci-joint l'ordre du 1er corps et de la 2e division.

2. — En exécution de ces ordres, le 8e régiment, appuyé par l'artillerie divisionnaire de la cote 476, enlèvera Saint-Jean-de-Bournay qui sera mis en état de défense avec l'aide de la compagnie du génie et où il sera laissé une garnison.

Le peloton de cavalerie poussera alors des reconnaissances dans les directions de Beauvoir et de la Détourbe (1).

3. — Le 8e, appuyé par l'artillerie qui viendra à la cote 462 (maison Guillaud), attaquera ensuite par le Sud et par l'Ouest le plateau de Charbonnière.

---

(1) La Détourbe est une localité située sur la route de Saint-Jean-de-Bournay à Vienne, à 6 kilomètres à l'ouest de Royas.

4. — Le 7e, partant de Sainte-Anne à 3 heures du matin, s'engagera à la droite du 8e, en se reliant à droite avec la 1re division. Direction : Sainte-Anne, Mollard, Combe-de-Pommier.

5. — Le général commandant la 4e brigade se tiendra avec le bataillon de réserve du 7e.

Ces deux ordres sont intéressants à discuter. L'un et l'autre utilisent pour l'attaque l'unité (qui fournit les avant-postes : la division prend la 4e brigade, la 4e brigade désigne le 8e régiment.

Cette prescription se conçoit à la rigueur de la part de la division qui sait un régiment de la 4e brigade disponible (7e) et qui, vu l'heure tardive à laquelle son ordre est lancé et l'éloignement relatif de la 3e brigade, peut craindre de n'être pas en mesure d'attaquer avec cette unité à l'heure fixée (3 heures du matin).

Mais la désignation du 8e, par le commandant de la brigade, pour fournir l'attaque du 2 au matin, est tout à fait incompréhensible. La 4e brigade ne peut attaquer qu'autant que ses avant-postes, ou tout au moins ses grand'gardes, restent en place, et comme ces avant-postes comprennent deux bataillons du 8e, il en résulte qu'il n'y a plus qu'un bataillon de ce régiment qui soit réellement disponible. Il n'était pas possible d'espérer obtenir un résultat avec une aussi faible force. Il fallait donc faire attaquer par le 2e régiment de la brigade, tout entier disponible (7e) et, Saint-Jean-de-Bournay enlevé, rallier les avant-postes du 8e, soit sur leur droite si l'on voulait faire donner ce régiment à la droite du 7e, soit sur leur gauche si c'était à gauche que l'on se décidait à le faire agir.

Mieux encore, il fallait que la division ordonnât à la 3e brigade de fournir l'attaque de gauche, et à la 4e (ayant le 7e régiment immédiatement disponible) de fournir l'attaque de droite, de manière à produire de suite et sur tout le front adverse, une violente poussée. Saint-Jean-de-Bournay fortement attaqué par la 3e brigade, le 8e pouvait se rassembler et se mettre à la disposition du général de division, en échelon de gauche par exemple, tant en vue de protéger l'aile extérieure de la division que de fournir, le cas échéant, une troupe apte à tenter un mouvement débordant sur tout échelon que présenterait l'adversaire en arrière de son aile droite.

Le général de division jugeait-il que, dans ces conditions, il manquerait de réserve derrière le centre, qu'il lui était loisible de conserver deux bataillons du 8e derrière ce centre et de n'en pousser qu'un seul en échelon de gauche. Il pouvait aussi prescrire à la 3e brigade de lui laisser un ou deux bataillons de réserve générale.

S'il adoptait cette dernière solution, il disposait, au début, comme réserve centrale, d'un ou deux bataillons de la 3e brigade et d'un bataillon (3e) du 8e puis, plus tard, des deux autres bataillons du 8e (ex-avant-postes). A ce moment, s'il ne voulait pas échelonner le 8e régiment tout entier derrière son aile gauche, il pouvait rendre à la 3e brigade les deux bataillons dont il s'était provisoirement réservé l'emploi.

La tendance est par trop généralisée dans notre armée à considérer qu'un ordre une fois donné, la répartition des forces qui en découle doit demeurer invariable pendant tout le cours de l'action. L'occasion s'est présentée déjà de dire que, bien au contraire, c'est dans la modification constante du système des forces réservées, en vue de le rendre adéquat à chaque situation nouvelle, que réside l'intervention essentielle du commandement dans la bataille.

L'ordre de la division ne place pas l'artillerie divisionnaire sous les ordres du général commandant la 4e brigade, mais, comme il devait arriver, ce dernier, seul engagé, en prévoit la libre disposition puisqu'il la fait aller de la cote 476 à la cote 462 en prévision de l'attaque du plateau de Charbonnière après l'enlèvement de Saint-Jean-de-Bournay. Il n'y a pas là d'accord entre les commandements.

Enfin le commandant de la 4e brigade annonce qu'il se tiendra avec le bataillon de réserve du 7e ; mais ce régiment ne part de Sainte-Anne qu'à 3 heures du matin alors que le combat doit être inauguré (par hypothèse, car le 8e ne le pourrait faire, dans la réalité) à cette même heure par le 8e régiment. Qui conduira l'action ?

L'ordre du colonel du 8e montre, mieux que tout discours, l'erreur commise.

Les Brosses, 2 septembre, 2 heures du matin.

La poursuite sera continuée aujourd'hui 2 septembre.

Le 2e bataillon se portera à 3 heures à l'attaque de Saint-Jean-de-Bournay par le Sud et par l'Ouest. Il sera soutenu par le 1er bataillon qui prendra comme point de direction : maison Linage.

Le 3e bataillon aura pour objectif le plateau de Charbonnière, cote 473. Il quittera son cantonnement des Brosses à 2 h. 40.

Le colonel marchera avec ce bataillon. Le régiment sera éclairé dans sa marche par un peloton de cavalerie.

Après l'enlèvement de Saint-Jean-de-Bournay, une compagnie sera laissée comme garnison de ce point d'appui.

Si l'on voulait passer aux détails d'exécution d'un pareil ordre, on se trouverait immédiatement arrêté par l'impossibilité d'y obéir.

Que ferait, en particulier, le chef du 1er bataillon recevant une pareille instruction aux Biessés, vers 2 h. 30 du matin ? Il a trois compagnies en avant postes, une seule en réserve : attaquera-t-il avec cette unique compagnie ? Alors son effort sera insignifiant. Cherchera-t-il à rallier son bataillon ? Non seulement il n'attaquera pas à l'heure prescrite mais encore il découvrira toute la portion du terrain abandonnée par son service de sûreté.

De toute manière, il ne peut jouer le rôle qu'on lui assigne : ceci prouve, une fois de plus, *qu'on n'attaque pas avec des avant-postes*. Faits pour remplir une mission exactement inverse, c'est-à-dire pour résister, les avant-postes sont inaptes à l'attaque, et ils le sont d'autant plus qu'on leur donne moins de temps pour transformer leur dispositif défensif en un autre, offensif

On remarquera enfin que la place d'un colonel dont deux bataillons s'engagent n'est pas avec le 3e bataillon qui, lui, chemine par les fonds pour échapper aux vues et, par conséquent, ne voit rien, mais en un point d'où il domine ses deux bataillons engagés, aperçoive l'engagement et le dirige.

Les ordres du 7e et de la 3e brigade n'offrent aucun intérêt particulier, car ils ne visent, l'un qu'une mise en marche, l'autre qu'un rassemblement.

B) *1re division.* — A 8 h. 30, à la cote 492, il était donné lecture des ordres suivants :

Ordre d'opérations pour la journée du 2 septembre.

Saint-Agnin, 2 septembre, 1 heure du matin.

1. — Ci-joint l'ordre général d'opérations no 6 du 1er corps.

2. — Pour l'opération confiée à la 1re brigade, l'artillerie divisionnaire et la compagnie divisionnaire du génie sont mises sous le commandement du général commandant la 1re brigade, ainsi que l'escadron divisionnaire avec lequel il assurera la liaison avec la 2e brigade.

3. — La 2e brigade sera formée, à 4 heures du matin, au sud de la Pelottière, face à sa direction de marche, encadrant l'artillerie de corps et ayant une avant-garde à 525 avec la compagnie du génie de corps.

Le 15e dragons fournira un escadron à l'avant-garde de la 2e brigade.

Cette brigade se mettra en marche à 4 heures du matin sur le Vernay ; son mouvement sera couvert au Nord par le 15e dragons qui aura comme direction générale le Bois-de-Roche, Saint-Georges-d'Espéranche (1).

Ce régiment poussera, dès 3 heures du matin, des reconnaissances spéciales sur le Baroz et le Vernay.

4. — Le général de division marchera avec le gros de la 2e brigade (2).

5. — La 1/2 ambulance de Bagneu assurera le service de la 1re brigade, celle de Saint-Agnin, celui de la 2e brigade.

Cet ordre donne sujet à une importante critique en ce qui concerne la 2e brigade : on la trouvera développée plus loin.

Il reste muet, d'autre part, sur le terrain par où devra se faire l'attaque débordante de la 1re brigade : le nord d'Artas ! Prescription un peu vague.

L'ordre de la 1re brigade montrera qu'une prescription de ce genre n'aurait pas été superflue. A son défaut cependant on pouvait s'imaginer assez facilement comment ce mouvement s'effectuerait.

Pendant que l'unique bataillon dont disposait le 1er régiment attaquerait directement, *bien sûr de trouver un repli sur ses avant-postes demeurés en position*, le 2e ne pouvait qu'attaquer par la route de la Verne à Artas avec un bataillon, par exemple, et faire monter les deux autres, échelonnés la droite en arrière, sur le mouvement de terrain 492. Ceci posé,

---

(1) Saint-Georges-d'Espéranche se trouve à 5 kilomètres à l'ouest du Vernay.

(2) La 1re brigade s'engageant à partir de 3 heures du matin, la place du général de division est, à ce moment, auprès d'elle.

comment devait s'effectuer la marche de la 2e brigade ? Sa forme générale ne devait tendre qu'à un but : déborder sans cesse tout échelon que l'ennemi pourrait présenter pour couvrir son aile nord. Échelonnée en arrière de la 1re, par ordre du corps d'armée, cette brigade devait être, elle aussi, formée sur autant de colonnes qu'il était possible, ces colonnes étant échelonnées elles-mêmes la gauche en avant et en liaison avec la droite de la 1re brigade.

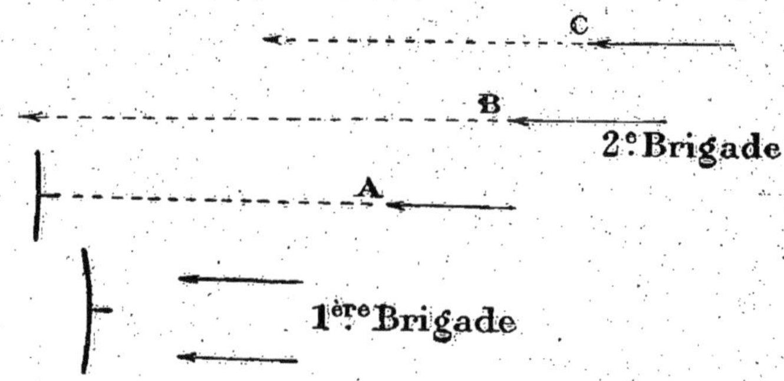

Or, trois itinéraires permettaient de franchir la crête 466, 526, 525, 510 : l'un partant de Malassin (400 mètres sud) et se dirigeant par les Brosses sur la Grande-Forêt, aurait été suivi par la colonne de gauche ; le deuxième commençant à Malassin (200 mètres sud) et montant vers les cotes 495 et 526, aboutissait au carrefour des chemins sud-est des Beaux : il pouvait être pris par la colonne centrale ; le troisième, enfin, quittant Malassin (nord) prenait par le *la* de *la* Pelottière, gagnait Alliat, puis les Beaux : il pouvait être utilisé par la colonne de droite.

Dans ces conditions, si la 1re brigade ne parvenait pas à trouver le flanc de l'ennemi, la colonne A, marchant droit sur 446, aurait cherché à déborder ce flanc ; si elle n'y réussissait pas et trouvait en face d'elle un nouvel échelon, la colonne B descendait, par l'ouest du Mollard-d'Alliat, dans la direction de Revolet et obtenait l'enveloppement que sa voisine de gauche n'avait pu réaliser.

Dans l'hypothèse, au contraire, où la 1re brigade suffisait à sa tâche et continuait sur le Revolet, les trois colonnes de la 2e brigade, prévenues par le 15e dragons de la présence de l'ennemi au pied de la hauteur du Vernay, auraient prolongé leur mouvement respectif sur le Baroz, les Agnets et Fournéat, prêtes à recommencer le même jeu.

Au lieu de cette disposition articulée, le gros de la 1re division allait se trouver figé en une seule colonne sur un itinéraire unique.

Elle ne pouvait donc agir rapidement qu'avec son avant-garde alors que le propre de la poursuite, ainsi qu'il sera dit plus loin, est surtout de pouvoir faire apparaître sur le flanc de l'adversaire des moyens plus nombreux que réellement puissants, *mais tôt disponibles*, à l'effet de donner très vite des craintes à l'ennemi, sur sa ligne de retraite.

1re brigade. — Quoi qu'il en soit, la 1re brigade ordonnait, comme conséquence des prescriptions de sa division :

Meyrieu, 2 septembre, 1 h. 45 du matin.

1. — Ci-joint l'ordre général n° 6 du 1er corps d'armée et l'ordre correspondant de la 1re division (1).

2. — Pour l'attaque d'Artas, les bataillons d'avant-postes du 1er régiment mèneront l'attaque directe (?) : le 3e bataillon du même régiment et le 2e régiment viendront prendre une formation de rassemblement vers la Petite-Forêt à un emplacement qui sera indiqué par un officier de l'état-major.

L'artillerie divisionnaire quittera Bagneu à temps pour prendre une formation de rassemblement en arrière de la cote 446 (vers *o* de Grande-Forêt (2). Elle devra être rendue à cet emplacement au point du jour (4 h. 30 matin). Le commandant de cette artillerie reconnaîtra, aux environs de 446, des positions permettant de battre Artas et ses abords avec une partie ou la totalité de ses batteries.

3. — L'intention du général est de prononcer un mouvement par le nord de la Petite-Forêt vers la Grande-Forêt et de se rabattre ensuite sur Artas par 492 avec 4 bataillons (3 du 2e et 1 du 1er) pendant que les deux bataillons d'avant-postes du 1er se porteront directement sur Artas avec la compagnie du génie.

---

(1) On ne reviendra plus sur l'observation suggérée déjà par un paragraphe analogue à celui-ci.

(2) Malgré cette indication très précise, le point de rassemblement de l'artillerie ne peut être authentiqué sur la carte, du moins *à l'intérieur des avant-postes* de la 1re brigade.

4. — L'escadron divisionnaire couvrira le rassemblement de la Petite-Forêt et reliera ensuite la 1re brigade en arrière et à droite avec la 2e brigade qui prononce son mouvement vers l'Ouest une heure après la 1re brigade.

La mission assignée aux deux bataillons d'avant-postes est irréalisable. Des avant-postes ne peuvent pas attaquer : seules les réserves sont disponibles et seules elles peuvent se mobiliser dans une direction quelconque. Par conséquent, elles peuvent seules obéir à un ordre comme celui du commandant de la 1re brigade. Dans le dispositif de sûreté adopté, c'étaient donc deux compagnies seulement de chacun des deux bataillons de première ligne du 1er régiment qui pouvaient se porter à l'attaque d'Artas.

Et pendant que ces quatre compagnies allaient se jeter sur l'adversaire, le gros de la brigade (4 bataillons), rassemblé à la Petite-Forêt, *à une heure que l'ordre ne précise pas*, allait se mettre à effectuer un grand mouvement qui devait le porter *tout entier* à la Grande-Forêt pour y exécuter une manœuvre débordante contre un ennemi fort insuffisamment fixé, on en conviendra.

Ce n'est pas de cette manière que, même dans la poursuite, on procède à une attaque.

Là, comme en toute circonstance, il faut d'abord étreindre sérieusement l'ennemi de front et le manœuvrer ensuite. La différence entre la poursuite et le combat ordinaire réside en ce fait qu'on se décide beaucoup plus vite à la manœuvre débordante et qu'on ose bien davantage, mais les caractères généraux de l'opération ne diffèrent pas de ce qu'ils sont dans une attaque en règle.

Or, dans le cas particulier, Artas n'était pas sérieusement attaqué de front. Il fallait le faire ; certes, on pouvait donner à chaque unité, dans ce combat de front, plus de terrain à couvrir que dans le cas où l'ennemi n'aurait pas été un ennemi battu, mais encore était-il nécessaire d'attaquer réellement : c'était la seule manière de faciliter le mouvement débordant.

L'ordre du commandant de la 1re brigade pouvait donc être le suivant :

1. — A 3 heures du matin, les deux réserves de secteur et le bataillon de réserve d'avant-postes du 1er régiment déboucheront de la ligne des grand'gardes et se porteront à l'attaque d'Artas ; à gauche, on marchera le long de la route de Clos-Morel à Artas, direction 505 ; au centre, le long de la route de la Petite-Forêt à Artas, direction le clocher ; à droite, par le vallon à l'ouest de Charmenson, direction Cinquin et la partie nord-est d'Artas.

2. — A 3 heures également, un bataillon du 2e débouchera de la Verne

et se portera, par le revers sud de la hauteur 492, sur la partie nord d'Artas.

Les deux autres bataillons (formant provisoirement réserve de brigade), seront échelonnés en arrière par rapport au précédent, monteront par Tarnezieu et prendront, l'un par le sud, l'autre par le nord de 492 : directions Richalisse et 450.

3. — Un groupe de l'artillerie divisionnaire sera pour 3 h. 30 du matin (jour) sur la hauteur à l'est de Charmenson pour appuyer l'attaque du 1er régiment, un autre à 466 pour aider à l'attaque du 2e régiment : ils se gareront des hauteurs 485 et 505 (sud-ouest d'Artas).

4. — En cas d'échec, les fractions engagées du 1er régiment et le bataillon du 2e débouchant de la Verne se replieront sur les grand'gardes du 1er régiment.

Artas pris, les grand'gardes rallieront leurs postes et se rendront à l'endroit indiqué par le colonel du régiment.

5. — Le général de brigade : à 3 heures du matin à Charmenson ; plus tard, à la Grande-Forêt.

Comment se serait exécuté le mouvement du 2e régiment ? Le bataillon des Bruyères (1er) descendait sur le Raffour pour 2 h. 15 du matin et se mettait en marche vers la route de Saint-Agnin à Artas, puis vers la Verne.

Le bataillon venant des Vignes (2e), passait à Bagneu de manière à se présenter au Raffour à 2 h. 25 et suivait le même itinéraire que le précédent jusqu'à la route, s'engageait sur le chemin de Tarnezieu—la Grande-Forêt, suivi du bataillon de Panissière (3e) (arrivant au Raffour par la route de Meyrieu à Saint-Agnin, vers 2 h. 30 du matin).

De ce qui précède, il résulte que le bataillon de tête (1er) gagnait 800 à 1,000 mètres sur le gros du régiment. Celui-ci, arrivé à la route de 466 à la Grande-Forêt, engageait le 2e bataillon sur le chemin bordant au sud la hauteur 492 et le deuxième sur la route de la Grande-Forêt.

L'échelonnement général était réalisé sans autre difficulté, dans l'ordre de la gauche à la droite, 1er, 2e, 3e bataillon.

L'artillerie divisionnaire, venant de Bagneu, et trouvant le Raffour évacué à 2 h. 40 du matin au plus tard pouvait, par conséquent, se trouver à 3 h. 30 sur les positions indiquées sans avoir à se heurter aux colonnes d'infanterie.

De cette manière, Artas devait se trouver attaqué sérieusement à 3 h. 30 ; par la valeur de deux bataillons (1) et trois batteries sur ses

---

(1) Demi 1er et demi 2e bataillon du 1er régiment, 3e bataillon du même régiment.

lisières sud et est ; par un bataillon (1er du 2e) et trois batteries sur sa lisière nord-est.

Dans le même temps, un bataillon (2e du 2e) aurait cheminé par le sud de 492, vers le piton nord-est d'Artas, à l'effet de menacer la retraite des défenseurs.

Si ce bataillon avait rencontré un repli de la défense installé sur la petite hauteur de Richalisse, il se serait engagé contre elle, tandis que le 3e bataillon du 2e aurait débouché de la Grande-Forêt vers 450, précédé des patrouilles d'un demi-escadron divisionnaire.

Dans l'hypothèse où ce bataillon encore aurait trouvé le cirque 450 en possession de l'adversaire, il l'aurait attaqué en attendant l'intervention de la 2e brigade.

Il va sans dire que le groupe d'artillerie de la cote 466 aurait conformé son mouvement, par la route de la Grande-Forêt, à celui de la droite du 2e régiment.

L'attaque, en résumé, aurait pris l'allure d'une opération normale mais elle s'en serait distinguée par une rapidité plus grande, un moindre souci de conserver des réserves et une absence relative d'atermoiements qu'autorisait la situation spéciale de l'adversaire : en d'autres termes, lorsqu'on poursuit, on ne se comporte ni dans le *temps* ni dans l'*espace*, avec la même prudence que lorsqu'on s'attaque à un ennemi inconnu ; mais, ces restrictions faites, la *forme* générale des opérations (attaque de front et prolongement de ladite attaque jusqu'à ce que soit possible la manœuvre débordante) reste toujours la même.

2e brigade. — On a déjà développé la manière dont la 2e brigade devait franchir les crêtes marquées par les cotes 466, 525, 510 puis 492, 511, 475 ; on n'y reviendra pas et l'on reproduira simplement l'ordre donné par le commandant de cette brigade, en conformité de celui de la 1re division, à l'effet d'éclairer les opérations ultérieures.

Grachier, 1er septembre, 9 heures du soir (1).

1. — L'ennemi, vivement poursuivi par les 4e et 1re bri-

(1) Il importe, dans la confection d'ordres hypothétiques, de prendre garde aux heures dont on les date. Il est évident qu'à la guerre, il ne saurait y avoir d'erreurs possibles puisqu'il faut bien attendre l'ordre de l'échelon supérieur avant de confectionner le sien ; mais, dans une

gades, s'est arrêté sur la ligne Saint-Jean-de-Bournay—la Combe-de-Pommier—Artas, où il paraît vouloir se maintenir.

Demain, 2 septembre, dès la première heure, le 1er corps l'attaquera de nouveau et tentera de le rejeter sur Vienne en débordant son aile gauche.

La 2e division doit pousser droit devant elle, la 1re est chargée d'attaquer Artas en le débordant par le Nord et de tourner l'aile gauche ennemie.

La 1re brigade doit attaquer Artas ; la 2e brigade tournera la position de l'ennemi au nord de la Grande-Forêt, en se dirigeant sur le Vernay par les Beaux et le Baroz.

2. — En conséquence, la 2e brigade va se rassembler immédiatement à Malassin et se mettra en marche dès 4 heures du matin, sur les Beaux, dans l'ordre suivant :

1°. *Avant-garde* — Sous les ordres du colonel du 3e :

1 escadron de dragons (15e dragons).
2 bataillons du 3e.
Compagnie du génie de corps.

Itinéraire. — Chemin de Crachier aux Beaux, au sud de la cote 525. Point initial : carrefour de Malassin.

2° *Gros*. — 1 bataillon du 3e, 1 groupe de l'artillerie de corps, 3 bataillons du 4e (moins 1 compagnie). Même itinéraire et même point initial que l'avant-garde.

Le gros se maintiendra à 1 kilomètre environ de la queue de l'avant-garde.

---

manœuvre de cadres, suivant qu'un ordre sera plus ou moins tardif, il pourra être plus ou moins long ou détaillé. L'ordre du 1er corps étant de minuit, celui de la 1re division de 1 heure du matin, la 2e brigade ne pouvait lancer le sien avant 1 h. 30 ou 2 heures du matin. Ce simple fait pouvait amener à le rédiger autrement, attendu qu'il y avait urgence à prévenir les troupes le plus tôt possible, le franchissement de la crête 466—525—510 étant fixé à 4 heures.

3. — La 2e brigade sera suivie de la demi-ambulance de Saint-Agnin. La compagnie du 4e disponible formera arrière-garde derrière l'ambulance.

4. — Le général de brigade marchera avec l'avant-garde ; l'escadron de dragons détachera auprès de lui un maréchal des logis et 6 cavaliers.

5. — Le mouvement de la 2e brigade sera couvert, au Nord, par le régiment de dragons qui a pour direction générale le bois de Roche et Saint-Georges-d'Espéranche.

Il y a, dans cet ordre, un *lapsus* certain : on ne s'explique pas, en effet, que la 2e brigade — surtout si l'ordre avait été réellement donné à 9 heures du soir — ait eu à se rassembler immédiatement, et, moins encore, si ce rassemblement avait lieu, qu'elle ait besoin d'un point initial puisqu'elle se trouvait précisément rassemblée à Malassin, origine de son itinéraire.

On voit aussi que la 2e brigade n'était accompagnée, dans sa marche du 2, que par un seul groupe de l'artillerie de corps. Cette circonstance provient de deux causes : le commandant de la 1re division avait considéré le chemin à suivre comme un peu difficile pour l'artillerie et estimé, à juste raison, que les trois groupes restants seraient plus rapidement et plus sûrement à sa disposition en se rendant de Malassin à la bifurcation sud de la cote 471 puis, suivant les progrès de la 1re brigade, à la Grande-Forêt et au Mollard-d'Alliat, d'où ils pouvaient venir très facilement dans le terrain au sud des Beaux.

Le commandant de la 1re division pensait aussi qu'en introduisant 1,000 à 1,100 mètres d'artillerie de plus dans sa colonne, il retarderait singulièrement l'arrivée de son infanterie dans le seul terrain où elle put être utile, c'est-à-dire celui à l'ouest des crêtes boisées du Mollard-d'Alliat et de 511-la Combe. Cette idée juste aurait dû l'amener également à scinder la 2e brigade en deux colonnes au moins, ainsi qu'il a été précédemment expliqué. Outre les avantages déjà développés et relatifs à la manœuvre d'ensemble du corps d'armée, on aurait tiré un autre profit. On a supposé, en effet, que l'ennemi gardait par quelques postes de cavalerie les débouchés sur les Beaux (et environs) des chemins venant de Crachier : ces postes adverses auraient été balayés d'autant plus vite que la 2e brigade leur aurait présenté plus de têtes de colonne ; l'attaque de l'un d'eux, puis du voisin, aurait empêché l'agglomération de toutes les carabines ennemies disponibles sur un seul point.

Quoi qu'il en soit, on admit que l'attaque du 2e régiment par le nord d'Artas amena l'évacuation de cette localité et du mamelon 505 où s'installa le 1er régiment (1).

Mais l'ennemi présenta une nouvelle ligne sur l'éperon 485, prolongé au Nord par le bois 443 et la combe 450. Les 1er et 2e bataillons du 2e faisaient face à Richalisse et à la partie sud de ladite combe, le 3e bataillon du même régiment cherchait à déborder cette dernière sans d'ailleurs réussir à atteindre le flanc de l'adversaire.

Vers 5 heures du matin, l'avant-garde de la 2e brigade, débouchant des Beaux sur la route du Baroz, amenait l'abandon, par l'ennemi, de la combe 450. La conséquence immédiate était d'obliger l'adversaire à évacuer la pointe nord de la hauteur 485 et le Revolet et, par répercussion, la 4e brigade s'emparait de la Combe-de-Pommier (qu'elle avait attaqué inutilement jusque-là) puis de la hauteur de Charbonnière, puis de Saint-Jean-de-Bournay.

Et c'est ainsi que le débordement d'une aile oblige successivement toute la défense à céder le terrain sur le front, sans qu'il soit même besoin, pour l'assaillant, d'avoir forcé ce front.

C) *Situation détaillée du 1er corps à 5 h. 30 du matin.* — Avant de donner la répartition du travail pour la suite de la matinée, le directeur, bien convaincu que le défaut général des manœuvres avec cadres est de placer les officiers dans des situations imprécises d'où ne résultent que des discours et des dissertations plus ou moins vagues, faisait établir l'emplacement exact des divers éléments du 1er corps et de la ligne reconnue de l'ennemi vers 5 h. 30 du matin. Les brigades de la 2e division (ordres de la veille rectifiés) se trouvaient dans la situation suivante :

3e brigade. — 6e régiment (formant la gauche du corps d'armée) faisant face :

---

(1) Celui-ci fit alors appeler les quatre compagnies laissées en repli (grand'gardes) qui vinrent former réserves de leurs bataillons respectifs.

Avec un bataillon, à la hauteur 450 (maison Janeriat);

Avec un bataillon, déployé au pied de M. Sermet, à la lisière sud de Saint-Jean-de-Bournay.

Un bataillon en réserve au sud de Bille, apte, soit à renforcer le bataillon dirigé sur Saint-Jean, soit à former échelon refusé en arrière du bataillon couvrant l'extrême gauche.

5e régiment, constituant l'attaque de front, sur Saint-Jean-de-Bournay (un bataillon) et à hauteur de Nivotière, le long de la route de Saint-Jean à Artas (un bataillon).

Un bataillon réservé à l'ouest de l'Étang-de-Bonneveaux.

4e brigade. — 7e régiment : deux bataillons déployés entre Artas et la Combe-de-Pommier.

Sur la menace d'enveloppement d'Artas par le Nord, l'ennemi a évacué la village et le mamelon 505. Cette évacuation a permis au bataillon de droite du 7e de pénétrer dans le bois sud de 485, peu à peu abandonné par l'adversaire.

Cette opération, à son tour, a déterminé l'offensive de l'autre bataillon du 7e sur la Combe-de-Pommier : un troisième bataillon est en réserve au coude de la route de Saint-Jean à Artas au nord-est de la Combe-de-Pommier.

8e régiment. — Dès le moment où il a été dépassé par la 3e brigade et que les fractions avancées de cette dernière se furent établies en avant ou à hauteur des anciens avant-postes, le 8e a rallié d'abord ses postes, puis reformé ses bataillons et, à 5 h. 30, le régiment se trouve reconstitué non loin des Biessés.

Artillerie divisionnaire. — L'artillerie divisionnaire, répartie en deux groupes sur les hauteurs 440 et 462, prépare l'attaque de Saint-Jean-de-Bournay et maintient dans le silence les batteries que l'adversaire a établies au nord-ouest de Saint-Jean-de-Bournay.

D'après le calque représentant la situation de l'ennemi, celui-ci avait, sur ladite hauteur, 5 batteries : il en résulte que l'action de la 2e division ne pouvait guère être décisive, et c'est ce qui explique que ce soit le mouvement débordant de la 1re division par le nord qui ait déterminé l'évacuation successive, en commençant par la gauche adverse, des points d'appui tenus par le parti bleu.

A l'heure considérée, la 1re division, avec laquelle marchait l'artillerie de corps, était ainsi disposée :

1re brigade. — 1er régiment : un bataillon arrivait au pied ouest de la cote 505 : c'était un ex-bataillon d'avant-postes (dont deux compagnies en grand'gardes, ralliées après la prise d'Artas, formant réserve de bataillon); un bataillon à la lisière occidentale d'Artas; un bataillon (ex-bataillon de Charmenson) reformé et rassemblé à Cinquin.

2e régiment. — 1er bataillon, déployé sur la hauteur à l'est de Richalisse, 2e et 3e bataillons pénètrent dans la combe 450 abandonnée par l'ennemi à l'approche de la 2e brigade.

L'artillerie de la 1re division, des abords de Charmenson, commande le couloir de Revolet, et, du mamelon au sud-ouest de 492, canonne la hauteur 485 où l'ennemi présente une ligne d'infanterie et où il a montré antérieurement une à deux batteries.

2e brigade. — L'avant-garde de la 2e brigade (2 bataillons du 3e), en débouchant aux Beaux, a dû obliquer vers le Sud-Ouest, à l'effet de déborder la combe 450. Elle a lancé ses deux bataillons du 3e l'un par l'est, l'autre par l'ouest du mamelon 465 et, à 5 h. 30 du matin, ces deux bataillons encadrent le mamelon en question. La tête du gros (1 bataillon du 3e) sort des Beaux sur le chemin de Fournéat, le groupe de l'artillerie de corps qui le suit traverse alors le hameau des Beaux.

Derrière ce groupe d'artillerie, vient le 4e régiment.

Les trois autres groupes de l'artillerie de corps ayant pris par le chemin conduisant de Malassin à la Grande-Forêt, et, de là, par le Mollard-d'Alliat, se trouvent rassemblés à la bifurcation de chemins située à 1,200 mètres sud des Beaux.

Un escadron de dragons se tient aux Agnets, tâtant les abords orientaux de la hauteur du Vernay, le reste du régiment de dragons est à l'ouest du Bois de Roche avec patrouilles sur Bonnefamille, Saint-Georges-d'Espéranche (1), et la route de Beauvoir.

D) *Répartition du travail jusqu'à 10 h. 30 du matin.* — Ces explications données, le directeur faisait distribuer le calque reproduisant la situation connue de l'ennemi à 5 h. 30 du matin et répartissait ainsi le travail pour la suite de la matinée :

L'ennemi occupe, sur le front de la 2e brigade, le Baroz, les Grenouilles, le petit lac du Pin, au pied de la hauteur du Vernay. Il en sera débusqué par la 2e brigade, appuyée par l'artillerie de corps et le régiment de dragons. Le but de l'opération sera de rejeter l'adversaire sur la route de Vienne.

Tous les officiers, divisés en deux groupes, par division, étudieront l'action de la 2e brigade contre la hauteur du Vernay. Les commandants des artilleries divisionnaires se joindront au chef de l'artillerie de corps.

2e point de rendez-vous. — A 10 h. 30, sur la hauteur 465, à l'est des Agnets.

---

(1) Autant pour se lier à la 9e division de cavalerie que pour être prévenu de l'approche de la colonne ennemie de secours venant d'Heyrieux. A 5 h. 30, on entend déjà le canon dans la direction de Diémoz. Les opérations de la 9e division de cavalerie contre le renfort adverse venant de Lyon (en vue d'en retarder la marche) font précisément l'objet des études de la matinée du 1er juin.

II. — Travail jusqu'à 10 h. 30 du matin.

A 10 h. 30 du matin, sur la hauteur 465 (est des Agnets), les officiers se trouvaient de nouveau réunis pour fournir des explications sur les opérations de la 2e brigade :

L'ordre de la 1re division était le suivant :

1. — La gauche ennemie débordée se retire vivement du Revolet sur la Tourtellière, mais un échelon adverse occupe le Baroz, les Grenouilles et le petit lac du Pin.

2. — Tandis que la 2e division poussera avec sa droite sur le bois de Molèze, conformément à l'ordre du corps d'armée, *la 1re brigade*, soutenue par l'artillerie divisionnaire, prendra sa direction sur Sous-Molèze (gauche) et la Grange-du-Bailly (droite).

3. — *La 2e brigade*, ayant l'artillerie de corps à sa disposition, marchera sur le Baroz (gauche) et cherchera à déborder l'aile nord de l'ennemi dans le but de la rejeter sur la route de Vienne.

4. — Le général de division reste à la cote 465 (nord-est des Agnets).

Le commandant de la 2e brigade, placé à côté de son chef, prescrivait alors :

1. — Le 3e régiment marchera sur le Baroz et les Grenouilles ; le 2e régiment, à notre gauche, se dirige sur la Grange-du-Bailly.

2. — Le 4e régiment, utilisant le vallonnement des Agnets et celui au nord de la cote 455, passera, avec sa gauche, au nord du petit lac du Pin, il cherchera à déborder l'aile nord de l'ennemi supposée aux abords du petit lac du Pin.

3. — Le régiment de dragons prolongera le mouvement du 4e par la plaine à l'ouest de Malatrait et la cote 405,

poussant ses partis sur le carrefour de l'Ambalon et Charentonnay. Il maintiendra la liaison avec la 9e division de cavalerie et renseignera sur les événements survenus dans la région de Diémoz.

4. — Les trois groupes de l'artillerie de corps réunis au nord du Mollard-d'Alliat prendront position à 465 et sur la hauteur au sud-est à l'effet de préparer l'action de la 2e brigade sur le Baroz, les Grenouilles et d'éteindre le feu des batteries que l'ennemi pourrait avoir sur la hauteur du Vernay.

5. — Le groupe de l'artillerie de corps marchant derrière le 3e régiment se réunira à Fournéat et se tiendra prêt à occuper la crête 455 pour agir sur la gauche ennemie dès le moment où le 4e lui aura procuré la sûreté nécessaire.

6. — Le général de brigade se tiendra à 465, puis à 455.

Les opérations de la 2e brigade se déroulaient suivant les prévisions. L'ennemi ne tenait ni au Baroz, ni aux Grenouilles où pénétraient assez facilement les deux premiers bataillons du 3e régiment (tandis que le dernier bataillon se rassemblait aux Agnets) mais défendait la lisière des bois à mi-côte. Il tombait alors sous le feu de l'artillerie de corps établie au sud-est de 465 et à 455 (deux groupes au total) ainsi qu'à la cote 465 même (deux groupes). Cette dernière fraction maintenait facilement inoffensives trois à quatre batteries installées par l'ennemi sur la hauteur du Vernay.

Le 4e régiment, sous la protection du feu de l'artillerie, réussissait à loger son bataillon de tête (venu par le nord de 455) dans Langot et le petit lac du Pin où ne se trouvait plus que de la cavalerie ennemie. Les deux autres bataillons se formaient, l'un au nord-ouest de 455, l'autre non loin de Malatrait, ayant, vers 405, le 15e dragons.

Ce régiment faisait connaître, vers 6 h. 30, que l'ennemi ne présentait aucune force d'infanterie à l'ouest de la hauteur du Vernay.

Dès lors, en raison des positions qu'était venue occuper l'artillerie divisionnaire de la 1re division au sud-ouest (485) et au nord-ouest d'Artas, positions d'où elle dominait toute la plaine de la Tourtellière, la poursuite était menée tambour battant (1), et, dans le temps que la 2e brigade escaladait et doublait par l'ouest la hauteur du Vernay, la 1re brigade atteignait Sous-Molèze. Une partie des défenseurs du Vernay était prise, tout le reste de la ligne ennemie se mettait rapidement en retraite dans la direction de Vienne (2).

Le sujet étant épuisé, le directeur arrêtait en ce point le travail de la journée et tous les officiers se dirigeaient vers le gîte de Saint-Georges-d'Espéranche.

§ 2. — APRÈS-MIDI DU 31 MAI.

I. — Stationnement du 2 septembre.

Dans le but de donner une conclusion ferme aux travaux du voyage qui devaient se terminer le 1er juin, après les études de la matinée, et dans celui aussi de rendre facilement compréhensible le fonctionnement des services pendant la journée du 2 septembre, le directeur faisait connaître, à deux heures du soir, à la mairie de Saint-Georges-d'Espéranche, la

Situation du 1er corps d'armée et de la 9e division de cavalerie, le 2 septembre au soir.

Après l'enlèvement de la hauteur du Vernay, dans la

(1) L'ennemi ne montrait plus qu'une seule batterie à l'éperon 459 situé au nord de Sous-Molèze.

(2) Ce résultat parut pouvoir être atteint vers 7 heures du matin.

matinée du 2 septembre, l'ennemi rompu a été rejeté sur Vienne.

Décidé à continuer la marche sur Lyon, et, tout d'abord, à secourir la 9e division de cavalerie qui ne réussissait qu'à grand'peine à contenir une brigade adverse venant, par Diémoz au secours de son parti, le commandant du 1er corps a ordonné une conversion générale vers le Nord à l'exception toutefois d'un détachement chargé de la poursuite sur Vienne et comprenant :

La 3e brigade, l'artillerie, la cavalerie et le génie divisionnaires de la 2e division, le régiment de dragons (15e) précédemment demeuré auprès du 1er corps : le tout sous les ordres du général commandant la 2e division.

La 2e brigade, bientôt appuyée à gauche par la 1re a fait face au Nord-Ouest et refoulé l'ennemi venant du Nord jusqu'au delà de la plaine située au nord de Diémoz.

La 9e division de cavalerie, dans le même temps, s'élevait sur le flanc est de l'adversaire, tandis que la 4e brigade se plaçait en réserve de la 1re division.

A la fin de la journée du 2 septembre, les troupes du 1er corps étaient ainsi disposées (carte n° 10) :

Quartier général du corps d'armée : Saint-Georges-d'Espéranche.

1re division. — Quartier général : Saint-Georges-d'Espéranche.

1re brigade. — De part et d'autre de la route de la Fayette à Charentonnay (y compris la Chapelle, sur la grande route de Diémoz à Beauvoir).

2e brigade. — Le long de la route de Diémoz à Beauvoir depuis Notre-Dame-de-Lettras jusqu'à Château-Tillet.

Artillerie et génie divisionnaires à Saint-Georges-d'Espéranche.

Artillerie et génie de corps. — Au bivouac aux abords du Brachet.

4e brigade. — Depuis la grande route (excluse) de Diémoz à Beauvoir, par Charentonnay, jusqu'à Sous-Molèze et écarts.

9e division de cavalerie (1). — Quartier général à Roche. Zone : Bonnefamille, Villefontaine, Saint-Bonnet, Roche.

Détachement de poursuite. — Quartier général à Beauvoir. Gros à Savas, Beauvoir et Royas.

Il n'a pas semblé utile de relater ici, *in extenso*, les ordres de stationnement donnés par les commandants de la 1re division, du détachement de poursuite et des brigades.

On s'est borné à reproduire les paragraphes relatifs aux avant-postes de la 1re division. Mais, au préalable, il n'est pas superflu de faire observer que, dans un ordre de stationnement, c'est à l'autorité supérieure qu'il incombe de fixer les localités où doivent s'établir les quartiers généraux ou états-majors des unités immédiatement subordonnées.

Or, les ordres des 1re et 2e brigades ont omis d'indiquer les points où devaient se tenir les états-majors de leurs régiments respectifs, de même que l'ordre de la 1re division passait sous silence les cantonnements à occuper personnellement par les chefs des 1re et 2e brigades.

Pareilles omissions provoqueraient à la guerre, des retards dans les transmissions des ordres et des renseignements, retards qu'on ne saurait trop éviter.

Avant-postes de la 1re division. — Les avant-postes seront fournis : par la 1re brigade, sur le front marqué par les Granges-Blanches (inclus), le torrent de Cesarge, la forêt de Chanos, jusqu'à la route de la Fayette à Saint-Quentin (exclu) ; par la 2e brigade, depuis cette route, par la Forêt, jusqu'au Trievoz (inclus).

L'escadron divisionnaire qui sera établi en cantonnement à Diémoz, mettra un peloton à la disposition du commandant des avant-postes de la 1re brigade.

---

(1) Moins le 15e dragons.

Chacun des commandants de brigade mettait un bataillon en avant-postes : la 1re, à la Fayette, tenant Granges-Blanches, les Cabanes, la Grande-Grange et la forêt de Chanoz ; la 2e, à Notre-Dame-de-Lettras, tenant la Grange-du-Loup, la Grange-Neuve et Trievoz.

Plus à l'Est, la 9e division de cavalerie prolongeait le système de protection au moyen de postes poussés sur Charreton, le Velain-Château et Vaux-Milieu.

II. — Opérations des services pendant la journée du 2 septembre (1).

A) *Télégraphie.* — Le 2 septembre à 1 heure du matin, la compagnie télégraphique recevait l'ordre de « poursuivre la ligne aboutissant à Meyrieu au fur et à mesure « de l'avancement des troupes, en suivant la route Meyrieu, Saint-Jean-de-Bournay, Beauvoir, Saint-Georges-« d'Espéranche ».

Le chef du service télégraphique ajoutait même que le commandant de corps d'armée « comptait avoir, le soir « même, son quartier général et celui de la 1re division à « Saint-Georges-d'Espéranche, celui de la 2e division à « Beauvoir ».

Il est bien clair que rien n'autorisait à prévoir que cette situation serait réalisée le 2 au soir et que le commandant du 1er corps en personne ne pouvait pas se douter, à 1 heure du matin, de la localité où il établirait son quartier général à l'issue de la journée. Il était évident, en tout cas, que le prolongement de la ligne avait d'autant plus de chances de s'opérer vite que le détachement télégraphique suivrait de plus près les troupes qui étaient appelées, selon toute vraisemblance, à refouler l'ennemi les premières. Il y avait donc lieu de donner Artas comme premier point à atteindre, et il semble que l'itinéraire à indiquer pour s'y rendre était à la fois le meilleur, le plus court et le moins encombré de troupes, c'est-à-

(1) La carte no 11 indique la position des organes des divers services, le 2 septembre au soir.

dire celui par l'Étang-de-la-Maronne et Clos-Morel. La pose, jusqu'à ce dernier hameau (compris dans les avant-postes), pouvait s'effectuer assez rapidement en raison de la présence d'arbres nombreux pouvant servir de supports naturels.

Parvenu à Artas, le fil aurait été ultérieurement prolongé sur le Revolet, puis, après la retraite définitive de l'ennemi, sur Saint-Georges-d'Espéranche par Charentonnay.

En raison de l'éloignement certain qui subsisterait durant toute l'action entre le commandant du 1er corps et le chef de la 2e division, il aurait été prudent de prévoir le maintien d'un poste à Meyrieu et l'affectation à la 2e division d'un détachement spécial destiné à pousser une liaison télégraphique entre Meyrieu, Royas, puis Beauvoir, au fur et à mesure des progrès de la division.

Ce détachement pouvait se contenter d'un matériel très réduit, attendu que les fils de la route et du tramway de Saint-Jean-de-Bournay à Vienne pouvaient, au prix de quelques réparations et raccords, servir à la construction de la ligne.

On aurait également pu réaliser la liaison de la 2e division avec le corps d'armée, dans la soirée du 2, une fois l'affaire finie, au moyen de l'établissement d'un poste à Charentonnay et de la jonction de cette localité à Beauvoir; mais cette solution était inférieure à la précédente, laquelle réalisait le grand avantage de laisser le commandant de corps d'armée et le commandant de la 2e division en liaison constante pendant la bataille.

Ultérieurement, le poste de Meyrieu aurait été transporté à Saint-Jean-de-Bournay, appelé à devenir gîte d'étapes à l'usage du détachement de poursuite.

B) *Poste.* — On sait que le fourgon du corps d'armée, après avoir ramassé le courrier montant, s'était rendu, pour midi, à Champier où la correspondance descendante, apportée par la section C_8 du convoi administratif lui avait été livrée.

Le fourgon était de retour à Chatonnay à 2 heures du soir, y laissait le courrier de la 2e division (qui avait encore en ce point son quartier général et son tilbury), puis continuait sur Meyrieu où il arrivait vers 4 heures du soir.

Le quartier général du corps d'armée y fonctionnait toujours (jusqu'à 7 heures) et le tilbury de la 1re division y était arrivé, venant de Saint-Agnin.

La poste du 3 était demandée à Saint-Jean-de-Bournay pour midi.

C) *Génie*. — Le parc du génie rompait d'Éclose, où il se trouvait cantonné le 1er septembre au soir, à 7 heures du matin, passait par Culin, et arrivait, vers 10 heures du matin, à Meyrieu, où il trouvait les voitures des compagnies du génie qu'il devait recompléter en outils et en pétards.

L'ordre qui prescrivait ce mouvement n'assignait pas d'itinéraire au commandant du parc du génie : en raison de l'heure assez matinale à laquelle le parc devait se trouver à Meyrieu, il pouvait être utile de ne pas laisser à son chef, non informé des mouvements des divisions, le choix de l'itinéraire à suivre et de lui indiquer celui passant par Culin, attendu que la région au nord du ruisseau de Beausoleil devait être, vraisemblablement, la première évacuée par les troupes.

Le parc du génie distribuait aux compagnies la valeur de deux prolonges d'outils : leur remplacement était aussitôt demandé à l'arrière par le télégramme suivant adressé au commandant d'étapes de Moirans (1) :

DEMANDE.	RÉPONSE.
Envoyer, le plus tôt possible, à Champier (T. E. R.) deux prolonges d'outils de remplacement pour le génie.	Seront à Champier le 3 septembre, à 6 heures du soir.

D) *Parc d'artillerie*. — On sait que le soir du 1er septembre, le parc d'artillerie du 1er corps se trouvait dans la situation suivante (2) :

(1) Il y a lieu de faire remarquer, d'autre part, que le ravitaillement en outils portant sur des quantités peu considérables, ainsi que le prouve la demande de remplacement, le parc du génie aurait eu intérêt à ne pas se porter tout entier sur Meyrieu et à rester en majeure partie à Éclose, où il pouvait rendre de grands services pour l'inhumation des tués de la bataille de la veille.

(2) Voir page 173, renvoi 3.

			Manquants.	
			Infant.	Artill.
Tableau nº 1	1er échelon (Éclose).	Sections d'infanterie 1 et 2, au complet	»	»
		Sections d'artillerie 6, 7, 8, 9, au complet	»	»
	2e échelon.	Sections d'infanterie (Champier) 3, 4 (manque 1 caisson)	1	»
		Section d'infanterie (la Frette), 5, vide	26	»
		Section d'artillerie (Champier) 10 (manquent 12 caissons)	»	12
		Sections d'artillerie (la Frette) 11, 12, vides	»	40
	3e échelon.	Section parc (la Frette) nº 2. / Section parc nº 1 — vides.	»	60
			27	112

Le commandant du parc d'artillerie achemina (ou laissa) donc, le 2 au matin, sur (ou à) la Frette, toutes ses voitures vides mais, sachant que la section de parc nº 1 (1), en particulier, ne s'y pourrait pas charger sur les stocks apportés dans la journée, lançait immédiatement cette unité sur Moirans.

A la Frette venaient donc :

27 caissons d'infanterie (section nº 5 plus 1 caisson).		
82 caissons d'artillerie (12 de la section nº 10), sections 11 et 12, section de parc nº 2.		
Au même point, devaient arriver, à 7 heures du matin, le premier convoi requis portant 24 caissons d'infanterie et 39 caissons d'artillerie (3e lot).	24	39
Et l'équipage de transport (midi) ayant un chargement égal (4e lot) (2)	24	39
	48	78

(1) Cette section était choisie comme ayant fait le moindre parcours dans la journée précédente.

(2) Un reliquat du 2e lot (9 caissons d'artillerie et 12 caissons d'infanterie) restait toujours à Moirans.

Il en résulte que s'il n'y avait pas bataille le 2, on trouverait à la Frette :

Un excédent de 48 — 27 = 21 caissons d'infanterie et un déficit de 82 — 78 = 4 caissons d'artillerie ; ce qui aurait eu pour résultat de laisser vides 4 caissons de la section de parc n° 2 (1).

Le commandant du parc, sachant l'attaque du 2 ordonnée pour 3 heures du matin, prescrivait, à 4 heures, au chef du 1er échelon de diriger :

1 S.M.A. et 1 S.M.I. sur Chatonnay à la disposition de la 2e division ;

2 S.M.A. et 1 S.M.I. sur Saint-Agnin à la disposition de la 1re division et de l'artillerie de corps ; il fixait, en outre, à Éclose, le point sur lequel devraient se diriger tous les éléments vides venant de l'avant et tous les éléments pleins arrivant de la Frette. Si l'on se reporte au tableau n° 1 qui précède, on voit que le commandant du 1er échelon ayant détaché : les sections 1 et 8 au profit de la 2e division, 2, 6 et 7 au profit de la 1re, n'a plus rien sous ses ordres que la section n° 9 et qu'il ne peut appeler de Champier sur Éclose puis Tramolé (où il se décide presque aussitôt après à pousser son 1er échelon) que les sections d'infanterie 3 et 4 (celle-ci ayant un caisson en moins) et les 8 caissons pleins de la section n° 10, soit, en tout, 51 caissons d'infanterie et 28 d'artillerie. Quant au 2e échelon, il est, à cette heure, entièrement inexistant.

Le bond de toutes les munitions encore disponibles sur Tramolé n'est pas justifié par la situation. Si l'on voulait maintenir réunies les quelques unités constituant le parc d'artillerie, il semble bien que c'est dans la direction de Meyrieu, point central pour le ravitaillement de la 2e division (attaquant sur Saint-Jean-de-Bournay) et de la 1re division (attaquant sur Artas), qu'il fallait les acheminer. Il est évident encore que les voitures vidées venant de l'avant, comme les voitures pleines arrivant de l'arrière, auraient dû être dirigées plutôt sur Champier que sur Éclose. Le

---

(1) Sans parler de la section de parc n° 1 envoyée à Moirans.

commandant du parc, enfin, dont le rôle est surtout fait de prévision, pouvait même éviter aux voitures qu'il avait envoyées, le matin, au ravitaillement à la Frette (1), le parcours Champier—la Frette et prescrire que l'équipage de transport (venant de Moirans) et le premier convoi requis (venant de Beaucroissant) pousseraient, au delà de la Frette, sur Champier. Cette disposition n'aurait pas, sans doute, procuré un sensible gain de temps (2) mais elle aurait évité aux chevaux du parc le double trajet : Champier—la Frette, soit 20 kilomètres au moins (3).

Quoi qu'il en soit, le commandant du parc, dès 5 heures du matin, n'avait plus, en réalité à sa disposition immédiate à Tramolé que les sections 3 et 4 (moins 1 caisson) d'infanterie, la S.M.A. nº 9 et les 8 caissons pleins de la S.M.A. nº 10.

Aux environs de 6 heures, son parc était ainsi réparti :

			Infant.	Artill.
Derrière les troupes.	S. M. I. nº 1	à Chatonnay.		
	— nº 2	à Saint-Agnin.		
	S. M. A. nºs 6, 7	à Saint-Agnin.		
	— nº 8	à Chatonnay.		
Nouveau 1er échelon (à Tramolé).	S. M. I. nº 3	à Tramolé, au complet.		
	— nº 4	id. (moins 1 caisson), au complet.		
	S. M. A. nº 9	id. au complet.		
	— nº 10	id. (8 caissons seulement).		
2e échelon.	Néant.			
3e échelon (au ravitaillement à la Frette).	1 caisson vide de la S. M. I., nº 4		1	»
	S. M. I. nº 5 (vide)		26	»
	S. M. A. nº 10 (12 caissons vides)		»	12
	— nºs 11 et 12 (vides)		»	40
	S. P. nº 2 (vide) (4)		»	30
				72
	Pour mémoire : section de parc nº 1			30
			27	112

(1) Où devaient arriver : à 7 heures, le premier convoi requis et, à midi, l'équipage de transport.

(2) En ce cas, le premier convoi requis ne serait arrivé, en effet, à Champier (nord) qu'à 9 heures du matin (au lieu de 7 heures à la Frette) et l'équipage de transport à 2 heures du soir (au lieu de midi à la Frette).

(3) Il est juste de dire que, ce faisant, le commandant du parc se serait privé de la possibilité de faire rétrograder sur Moirans, dès le 2 au soir, le premier convoi requis et l'équipage de transport.

(4) On sait que la section de parc nº 1 était alors à Moirans.

A 10 heures du matin, la section d'artillerie nº 10 (12 caissons), la section d'artillerie nº 11 (20 caissons) et 7 caissons de la section nº 12 débouchèrent au nord de Champier (1). Ils étaient accompagnés par la section d'infanterie nº 5 (24 caissons dont 1 de la section nº 4) arrivant également de la Frette (2).

Plusieurs de ces voitures avaient déjà parcouru dans la nuit et la matinée 25 kilomètres, dont 15, il est vrai, à vide.

A ce moment de la journée, l'ennemi avait évacué Artas, puis Saint Jean-de-Bournay, depuis longtemps, le commandant du parc se décidait à pousser sur Chatonnay tous ses éléments disponibles. Le soir, il leur faisait encore effectuer un nouveau bond jusqu'à Saint-Jean-de-Bournay, mais ils ne pouvaient pousser plus loin.

Dès 10 heures, les 3 sections de munitions d'artillerie poussées vers l'avant (6, 7, 8) étaient entièrement vidées (3) et s'étaient dirigées, conformément aux ordres reçus, sur Éclose, d'où on les poussa sur Champier.

Les 2 sections de munitions d'infanterie (1 et 2), n'avaient livré aux divisions que la moitié environ de leurs caissons (4). Elles demeurèrent respectivement à Saint-Jean de-Bournay et Artas après avoir dirigé leurs voitures vides (au nombre de 28) sur Champier.

Ravitaillement en munitions. — A midi, était arrivé à

---

(1) Au total, 39 caissons, venant de la Frette, où ils s'étaient chargés auprès du premier convoi requis amenant le troisième lot de munitions (39 caissons d'artillerie et 24 d'infanterie).

(2) La section d'infanterie nº 5 avait donc laissé encore 3 caissons vides à la Frette.

Le troisième lot enlevé, il demeurait à la Frette, en fait de voitures vides du parc d'artillerie : 13 caissons de la section nº 12, la section de parc nº 2 et 3 caissons de la section d'infanterie nº 5.

(3) On verra plus loin que la consommation en munitions d'artillerie, dans la journée du 2, avait été de 198 caissons d'artillerie.

(4) Consommation de la journée du 2 en munitions d'infanterie : 28 caissons.

la Frette, l'équipage de transport apportant de Moirans le 4e lot de munitions, soit 39 caissons d'artillerie et 24 d'infanterie. Il trouvait en ce point : 13 caissons de la section de munitions d'artillerie n° 12, la section de parc n° 2 (contenance totale, 43 caissons) et 3 caissons de la section de munitions d'infanterie n° 5.

Les munitions transbordées, les 13 caissons de la section n° 12 se trouvèrent pleins..................	13
La section de parc n° 2 emmagasina (le complément à 39) 26 caissons..............................	26
	39

Il y eut donc encore un déficit de 4 caissons.

Quant aux munitions d'infanterie apportées par l'équipage de transport (24 caissons), il n'y avait que 3 caissons pour les recevoir, en sorte que les 21 autres demeurèrent inutilisés et que le commandant du parc ordonna leur transport à Champier, localité sur laquelle il avait dirigé les voitures vides du parc venant de l'avant. Tous les éléments chargés, de leur côté, s'étaient dirigés sur Champier, puis, de là, sur Saint-Jean-de-Bournay.

Mais, sur ces entrefaites, les consommations de la journée avaient été les suivantes :

28 caissons d'infanterie,
198 caissons d'artillerie.

La situation en munitions d'artillerie, le 2 au soir, était la suivante :

Batteries. — Avaient reçu les munitions des S.M.A. nos 6, 7, 8 soit : 60 caissons.

(Ces sections retournèrent à vide à Champier et prirent les nos 10, 11, 12.)

Le déficit des batteries s'élevait donc à 198—60=138 c.

	Caissons pleins.	Caissons vides.
	—	—
Batteries		138
1er échelon : Saint-Jean-de-Bournay, ex-section 9 (prend le n° 6), pleine	20	»
Ex-sections 10, 11, 12 (chargées à la Frette, partie au premier convoi requis, partie à l'équipage de transport) (prennent les n°s 7, 8, 9), pleines	60	»
2e échelon : à Champier, ex-sections 6, 7, 8 (devenues 10, 11, 12), vides	»	60
3e échelon : à Saint-Jean-de-Bournay, section de parc n° 2 ; 26 caissons pleins	26	»
4 caissons vides (à Champier)	»	4
Section de parc n° 1, à Moirans	»	30
	106	232

Les mesures prévues pour le recomplétement des batteries et du parc dans la journée du 3, sont ci-dessous résumées.

Tous les caissons vides des batteries (au nombre de 138) devaient être dirigés, le 3 au matin, sur la Chapelle (sud-est de Saint-Georges-d'Espéranche) où viendraient successivement :

1°. — De Saint-Jean-de-Bournay, vers 6 heures du matin :

Les sections 6, 7, 8, 9 (nouvelle numérotation).	80 caissons	106
La section de parc n° 1 (moins 4 caissons)	26 —	

Ce ravitaillement effectué, il resterait encore à la Chapelle 138—106=32 caissons des batteries à remplir.

2°. — De Champier, dans l'après-midi, les éléments qui s'étaient ravitaillés en ce point auprès de la section de parc n° 1, du deuxième convoi requis, du premier convoi requis et de l'équipage de transport (arrivant de Moirans ainsi qu'il sera expliqué plus loin), savoir :

Les sections 10, 11, 12 (nouvelle numérotation)	60 caissons	64
4 caissons de la section de parc n° 2	4 —	

Il résulte de là que ces 64 caissons pouvaient :

a) Recompléter les batteries (32 caissons)....	32 caissons		64
b) Former la section nouvelle n° 6 (20 caissons)	20	—	
Et une partie (12 caissons) de la section nouvelle n° 7..........................	12	—	

Ces deux derniers éléments pleins suivront les troupes. Quant aux voitures du parc d'artillerie, vidées à la Chapelle, les unes, celles qui n'ont fait à plein que le trajet de Saint-Jean-de-Bournay à la Chapelle pourront retourner, le soir même du 3, à Champier ; les autres, qui auront marché à plein de Champier à la Chapelle, ne pourront rallier, le soir du même jour, que Saint-Jean-de-Bournay.

Les premières (celles qui pourront rentrer à vide à Champier) seront (numérotation nouvelle) :

De la section n° 7..........................	8 caissons		74
Les sections n°s 8 et 9..........................	40	—	
La section de parc n° 2 (26 caissons)........	2[illegible]	—	

Celles qui auront fait le trajet de Champier à la Chapelle ne pourront revenir à vide, le soir même (3), qu'à Saint-Jean-de-Bournay, mais regagneront Champier le 4 au matin seront :

Les sections n°s 10, 11, 12.................	60 caissons		64
4 caissons de la section de parc n° 2.......	4	—	

Restera à Champier, la section de parc n° 1, 30 caissons.

Comment s'effectuera maintenant, à Champier, dans la journée du 3, le ravitaillement des éléments vides dirigés, le 2 au soir et le 3, sur cette localité.

On disposera pour le ravitaillement de ces éléments :

Voitures et munitions disponibles à Moirans. — Sachant que le 2, la quantité de munitions arrivant à la Frette ne suffirait pas à remplir la section de parc n° 1 qui se trouvait en ce point, le commandant du parc avait ordonné à cette unité de se diriger, le jour même, sur Moirans, pour s'y charger, le 3, à la gare de cette ville (1).

Il avait ordonné, de même, au premier convoi requis et à l'équipage de transport de rétrograder, le 2 au soir, sur Moirans (1).

Enfin, on se rappelle que le deuxième convoi requis se trouvait déjà à Moirans, disponible, le 2, et qu'il s'y pouvait charger du cinquième lot de munitions arrivant en gare à midi 10, puis gagner du terrain, le soir même, en allant coucher à Beaucroissant.

En fait de munitions disponibles, le 3 au matin, à Moirans ou abords, on trouverait :

1° Le 5e lot, chargé sur le deuxième convoi requis, partant de Beaucroissant pour Champier où il devait arriver à 9 heures du matin ;

2° Les 6e et 7e lots (munitions d'artillerie) arrivant à 4 h. 10 du matin en gare de Moirans ;

3° Le reliquat du 2e lot qu'on sait consister en 9 caissons d'artillerie et 12 caissons d'infanterie (emmagasiné à Moirans).

En résumé, les munitions pouvant être dirigées sur Champier le 3, comprenaient :

24 + 12 = 36 caissons d'infanterie.	} 162
3 × 39 = 117 + 9 = 126 caissons d'artillerie.	

Pour le transport de ces unités, on disposait :		
De la section de parc n° 1 pouvant porter 30 caissons.	»	30
Des 1er et 2e convois requis pouvant porter :		
2 × 24 = 48 caissons d'infanterie.	48	»
2 × 39 = 78 caissons d'artillerie.	»	78
De l'équipage de transport pouvant porter :		
39 caissons d'artillerie.	»	39
Et 24 — 21 (2) = 3 caissons d'infanterie.	3	»
Totaux.	51	147
	198	

(1) Voir page 210.

(2) On sait qu'une partie seulement de l'équipage de transport — celle

On voit que les moyens de transport suffisaient pour acheminer sur Champier les

126 caissons d'artillerie..................	162 caissons.
26 caissons d'infanterie..................	

disponibles à Moirans.

Le deuxième convoi requis pouvait, ainsi qu'il a été dit, arriver à Champier vers 9 heures du matin, le premier convoi requis vers 11 heures, l'équipage de transport, vers midi.

Ravitaillement à Champier. — Dès son arrivée à Champier, le deuxième convoi requis y trouva les sections 10, 11, 12 qui y avaient cantonné (60 caissons) et 4 caissons de la section de parc n° 2, total 64 caissons qui prirent livraison des 39 caissons d'artillerie de ce convoi et se dirigèrent sur la Chapelle.

Les munitions d'infanterie furent emmagasinées (1) non sans que 7 caissons de munitions d'infanterie qui restaient encore vides à Champier se soient chargés, en sorte qu'il resta 17 caissons d'infanterie en cette ville.

Lorsqu'à 11 heures, le premier convoi requis parvint à Champier, il livra à son tour 64 — 39 = 25 nouveaux caissons d'artillerie aux éléments du parc que le deuxième convoi n'avait pu servir et ces éléments filèrent aussitôt sur la Chapelle : il restait 14 caissons d'artillerie.

Enfin après l'arrivée de l'équipage de transport, et de la section de parc n° 1, le total des approvisionnements réunis à Champier s'éleva à :

---

qui n'avait pas été conduire à Champier les 21 caissons d'infanterie d'excédent — avait pu obtempérer à l'ordre de rétrograder, le 2 au soir, sur Moirans.

(1) Les 21 caissons qui se trouvaient la veille en magasin avaient été prélevés par les S.M.I. qui avaient fait une consommation de 28 caissons dans la journée du 2 ; les 7 manquants furent aussitôt livrés.

14 + 39 + 9 = 62 caissons d'artillerie } qu'on emmagasina à Champier
17 + 12 = 29 caissons d'infanterie.. } pour rendre les voitures disponibles.

Dans la soirée, revinrent à Champier, ainsi qu'il a été expliqué précédemment, 74 caissons d'artillerie.....	74
Puis, le 4 au matin, 64 nouveaux caissons............	64
Enfin, la section de parc n° 1 se trouvait à Moirans, vide...	38
	168

Pour remplir ces 168 voitures, on disposait de 62 caissons seulement, en sorte que le parc (abstraction faite des consommations du 3) resta en déficit de :
168 — 62 = 106 caissons (1). Au contraire, 29 caissons d'infanterie restaient en dépôt à Champier.

Ce chiffre de 106 est considérable, comparé surtout à la situation en munitions d'infanterie qui, elle, est excellente, *malgré qu'on n'ait pas demandé à l'arrière la partie des* 6e *et* 7e *lots renfermant les munitions pour fusils.*

On remarquera, en outre, que la majeure partie du parc d'artillerie sera encore, le 3 au soir et même une bonne partie de la matinée du 4, à Champier, c'est-à-dire assez loin du corps d'armée. Il est fort heureux que ce dernier puisse être considéré comme arrivé le 3, et surtout le 4, à sa destination définitive, car le problème des ravitaillements en munitions sur une plus longue ligne d'étapes aurait pu donner lieu à de très sérieuses difficultés.

Dans le cas du 1er corps, qui allait sans doute avoir à faire un assez long séjour en face de la place fortifiée de Lyon, il semble que la certitude d'être sûrement ravitaillé pouvait être acquise au moyen de l'établissement de magasins à munitions à proximité de la région occupée, vers Bourgoin par exemple (2), les convois requis, l'équipage de transport et, au besoin, les sections de parc du 3e échelon faisant la navette entre la tête d'étapes de guerre de Moirans et la tête d'étapes de route de Bourgoin, tandis que le parc lui-même (1er et 2e échelons) aurait desservi le corps d'armée *directement*, à partir de Bourgoin.

---

(1) Vérification. — Le 2, après tout ravitaillement de la journée, le déficit du parc devait être (s'il n'y avait pas eu combat le 2) de 34 caissons ; la consommation du 2 ayant été de 198 caissons, le déficit total s'élevait à 198 + 34 = 232 caissons. Le ravitaillement du 3 avait fourni 126 caissons. Différence : 232 — 126 = 106 caissons.

(2) On verra plus loin qu'à partir du 3, la route du corps d'armée passera par Bourgoin.

La nécessité d'un puissant appel de munitions vers l'avant se faisait si bien sentir que, le 2 au soir, le commandant du corps d'armée adressait au commandant d'étapes de Moirans la demande suivante :

DEMANDE.	RÉPONSE.
Envoyer à Moirans, pour le 4 septembre au matin, les lots de munitions 8, 9, 10, 11.	Arriveront à Moirans trois lots à 5 h. 10 du matin, un lot à 6 h. 10 du matin, le 4 septembre.

Mais on remarquera que *tous les moyens de transport* restés à Champier le 3 ne pourront rallier Moirans que le 4, et n'enlever les lots réclamés qu'à partir du 5 (1). C'est donc à cette date seulement qu'on pourra disposer à Champier, c'est-à-dire à deux étapes du corps d'armée, du relativement faible approvisionnement demandé : 156 caissons d'artillerie, à peine de quoi satisfaire aux exigences d'une journée de bataille.

E) *Intendance.* — Les trains régimentaires, le 1er septembre au soir, n'avaient fait aucune distribution : ils se trouvaient au complet :

TR_1	1re division et E. N. E.	Éclose.
	2e division	Champier.
TR_2	1re division et E. N. E	Flachères.
	2e division	Champier.

Les deux sections de troupeaux accompagnaient leurs trains respectifs.

Le convoi requis (plein) de la 9e division de cavalerie se trouvait à Biol : dans le cours de la journée et, par bonds effectués au fur et à mesure des opérations en cours du côté de Diémoz, il parvint, le 2 au soir, dans les cantonnements de la 9e division (Saint-Bonnet) (2).

---

(1) Pour être exact, 21 caissons de l'équipage de transport pouvaient être à Moirans le 3 et à Champier dans la journée du 4 ; ce sont ceux qui avaient transporté de la Frette à Champier les 21 caissons d'infanterie en excédent ; la section de parc n° 1 (30 caissons) pouvait également se trouver à Champier le 4. C'était un total de 51 caissons, mais 51 caissons sont de bien minime importance en comparaison des consommations journalières à prévoir.

(2) Le convoi régulier vide était resté à la Frette ; il put se charger,

Les sections de convoi administratif, le soir du 1er septembre, se trouvaient ainsi réparties :

C_1 à la Côte-Saint-André et Grand-Lemps	Vide.
C_2 à Saint-Étienne-de-Saint-Geoirs............	Pleine.
C_3-C_4 à Moirans..........................	Pleines.
Convoi de pain biscuité (180 voitures) à Moirans.	2 jours pain.
Parc de bétail, à Moirans......................	2 jours.

Dans la journée du 2, et jusqu'à midi, les TR. ne firent aucun mouvement.

La section C_1 du convoi administratif se rendit à Moirans pour y prendre le ravitaillement quotidien, lequel devait arriver en gare à 7 h. 10 du matin.

La section C_2 (pleine) venait à Saint-Corps par la Côte-Saint-André.

La section C_3 (pleine) avec 1 jour de pain du convoi spécial atteignait Champier, tandis que la section C_4 avec 1 jour de pain du convoi spécial et le parc de bétail gagnait la Frette.

A midi, les vaguemestres (à Champier et Éclose) étaient avisés d'avoir à pousser les TR_1 avec la section de troupeaux correspondante à :

Chatonnay, 2e division et quartier général du C.A.

Ferme Marget (route d'Artas, sud-ouest de Saint-Agnin), 1re division et E. N. E.

On remarquera qu'il aurait été plus avantageux d'avoir les TR_1 du quartier général avec ceux de la 1re division, car il était certain que le commandant du corps d'armée ne pouvait fixer son cantonnement du 2 qu'au milieu de cette division.

A 5 heures du soir, enfin, les TR_1, avec leur jour de troupeau, reçurent l'ordre de se diriger sur les cantonnements :

2e division (moins 4e brigade), vers Royas ;

---

dans la journée, auprès de la section C_3 (venue, ainsi qu'il sera dit plus loin, à la Frette) puis gagner Bourgoin.

4e brigade, vers Charentonnay;

1re division, quartier général et E. N. E. vers Saint-Georges-d'Espéranche.

Les instructions aux troupes prescrivaient encore que les TR_1 se replieraient, après livraison de leur chargement, sur Saint-Jean-de-Bournay (2e division) et Artas (1re division et E. N. E.).

Il arrive fréquemment que de pareilles prescriptions sont données aux TR dans les travaux d'état-major, lesquels s'exécutent uniquement sur la carte et aussi dans les manœuvres avec cadres sur le terrain où, finalement, les mouvements des services ne sont étudiés que sur le papier : elles sont inapplicables.

Prenons comme exemple les TR_1 de la 1re division : ils sont encore, à 5 h. 30 du soir, à ferme Marget au moment où l'ordre les touche d'avoir à se diriger sur Saint-Georges-d'Espéranche.

Déjà, ils ont fait 10 kilomètres et *leur troupeau avec eux* (1); il leur en faut encore parcourir 15 pour arriver à Saint-Georges : ils n'y arriveront guère avant 9 heures — 9 h. 30 du soir; plus tardivement encore pour ceux desservant les unités cantonnées plus au Nord. Alors a lieu la distribution : il est 11 heures du soir et, bien entendu, les trains sont essaimés dans les divers cantonnements. Est-il vraisemblable qu'on les puisse regrouper, de nuit? Peut-on penser qu'après la marche de 25 kilomètres qu'ils ont déjà effectuée, il soit possible d'exiger une nouvelle étape d'à peu près égale importance? Cela serait tout à fait impossible.

Une autre considération intervient encore : les TR ne portent pas que des vivres, ils contiennent aussi des bagages, des registres de comptabilité, des séries d'outils d'ouvriers de divers métiers, tous objets dont les officiers, les comptables et même les soldats ont un urgent besoin. Les TR ne peuvent donc pas apparaître, distribuer et partir : tout porte à croire que des TR, arrivés tard dans les cantonnements ou bivouacs, y stationneront, régulièrement parqués en dehors des routes, pendant tout le reste de la nuit et ne se remettront en marche que le lendemain dans la matinée pour se grouper d'abord (tous ceux se dirigeant sur le même point marchant ensemble) et cheminer vers la localité où ils doivent recompléter leur chargement.

Dans la journée du 2, aucun ordre ne fut donné aux

---

(1) Comme ils ne savent pas, *certainement*, s'ils auront à distribuer le 2 au soir, *ils ne peuvent abattre d'avance* et sont contraints de traîner leur troupeau à leur suite.

TR_2 (et 1 section de troupeau) qui restèrent à Champier et à Flachères, sans faire le moindre mouvement.

La situation militaire était telle qu'il n'y avait aucun inconvénient et un grand avantage (1) à rapprocher ces éléments des troupes. Rien n'empêchait de les appeler, le soir, à Chatonnay et à Artas : ils auraient été assez éloignés du corps d'armée pour ne pas constituer un embarras et assez rapprochés aussi pour le pouvoir rejoindre le 3 au soir, sans faire une marche exagérée et sans arriver à une heure trop tardive.

Il est enfin à remarquer que les troupes ayant, le 1er au soir, prélevé un jour de vivres de réserve sur le sac (vivres du jour du 2), si l'on avait voulu remettre les approvisionnements au complet (en introduisant, toutefois, un jour de pain biscuité au lieu d'un jour de pain de guerre) il aurait fallu pousser les deux sections de TR sur les cantonnements du 2 et non pas une seule.

En fait, les TR_1 ne pourront fournir aux troupes, en dehors des vivres du jour du 3, que la viande de conserve, le potage condensé et l'eau-de-vie : il manquera donc encore aux vivres de réserve le pain de guerre, les petits vivres et l'avoine.

Les mesures prises pour le recomplétement des organes du service de l'intendance, pendant la journée du 3, furent les suivantes :

Les TR_1 rétrograderaient sur Saint-Jean-de-Bournay (groupe de poursuite) et Artas (gros du C. A.). Là, ils se recompléteraient auprès de la section C_2 du convoi administratif venant de Saint-Corps et 1 jour du parc de bétail venant de Champier (2).

Aux mêmes points arriveraient, le 3, les TR_2 avec leur section de troupeau et les voitures chargées en pain de guerre de la section C_3, tous ces éléments étant destinés à pousser, le 3 au soir, sur les cantonnements du jour.

Il n'était pas suffisant de diriger sur Saint-Jean-de-Bournay et Artas les voitures de C_3 chargées en pain de guerre : il fallait, si l'on ne voulait remettre à une date ultérieure le recomplétement des vivres du sac, y

(1) Diminution des distances à parcourir le lendemain.

(2) Ils resteraient toutefois démunis de viande de conserve, potage condensé et eau-de-vie.

envoyer également les voitures portant un jour de viande de conserve, d'eau-de-vie, de petits vivres et d'avoine.

La viande de conserve et l'eau-de-vie auraient été passées aux TR_1, l'avoine et les petits vivres auraient continué avec les TR_2 sur les cantonnements du 3 où ils auraient servi à parfaire les deux jours de vivres de réserve des troupes.

La section C_2, son ravitaillement effectué, irait cantonner à Chatonnay.

La section C_3 pousserait (voitures à pain de guerre exceptées) (1) de Champier sur Bourgoin (2).

La section C_4, avec le jour restant du parc de bétail (3), devait également se diriger sur Bourgoin.

La section C_1 ravitaillée à Moirans dans la journée arriverait à Champier, où viendraient également les 2 jours de bétail de supplément (arrivés à Rives, le 2).

Cet échelonnement des moyens sur la route d'étapes Moirans—Champier—Bourgoin—TR répondait parfaitement bien aux besoins de la situation qu'allait avoir le C. A. face à Lyon. Le service pourrait alors s'effectuer régulièrement, les chevaux faisant chaque fois une faible étape à vide, une faible étape à plein et les jours de bétail s'avançant, chaque jour également, d'une seule étape (3 au total, ce qui assurait leur arrivée en un état suffisant).

Exemple : le 4, C_1 ayant déchargé ses vivres à Champier, ira à vide à Moirans et en ramènera 1 jour de vivres et 1 jour de bétail.

C_3 ayant déchargé ses vivres à Bourgoin viendra à vide à Champier, y trouvera ses voitures de pain de guerre

---

(1) Lesquelles reviendront à Champier.

(2) L'intention du commandant de C. A. était de faire bifurquer provisoirement sa route d'étapes à Champier, une branche se dirigeant sur Saint-Jean-de-Bournay et desservant le détachement de poursuite, une autre passant par Bourgoin et alimentant le gros du corps d'armée.

(3) La partie destinée au détachement de poursuite exceptée.

arrivant à vide de Chatonnay, prendra l'ex-chargement de C_1 et 1 jour de bétail puis retournera à Bourgoin.

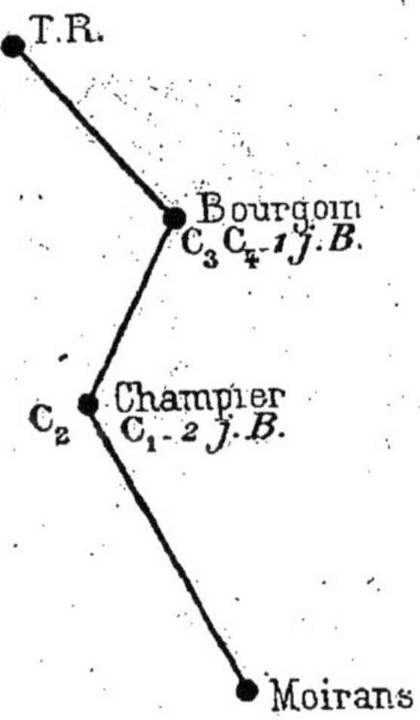

C_4 emmenant 1 jour de bétail, ira, à plein, ravitailler les TR qui auront fait leur distribution du jour, puis reviendra à vide à Bourgoin et ainsi de suite les 5, 6 et jours suivants.

La section C_2 installée à poste fixe à Champier, jouera le même rôle entre Champier et les TR du détachement de poursuite ; au besoin, elle se scindera si la distance entre Champier et le détachement de poursuite vient à l'exiger (1).

L'organisation pouvait être rendue un peu plus favorable encore en disposant les sections de convoi de la manière indiquée ci-dessous. Dans ce cas, en effet, une journée de vivres, arrivée le 4 de bon matin, à Moirans, pouvait être conduite dans la matinée à Champier par les chevaux de C_1, lesquels rentreraient à vide à Moirans, après avoir attelé les voitures de C_2 (vides) à Champier. Cette journée de vivres pouvait être prise, *le*

---

(1) C'est cette organisation d'ensemble que devait étudier, puis exposer, à la conférence du 31 mai, le sous-intendant faisant fonctions de directeur du service de l'intendance du corps d'armée.

même jour — c'est là qu'est l'avantage du système — et conduite à Bourgoin par les chevaux de C_3 qui auraient amené, en ce point, dans la matinée, leurs propres voitures vides.

Pendant ce temps, C_4 aurait effectué le ravitaillement des trains régimentaires.

Autrement dit, un jour de vivres débarqué à Moirans le matin, arrivera dans la même journée à Bourgoin ayant franchi deux étapes et *sans rompre charge*, ce qui a bien son importance.

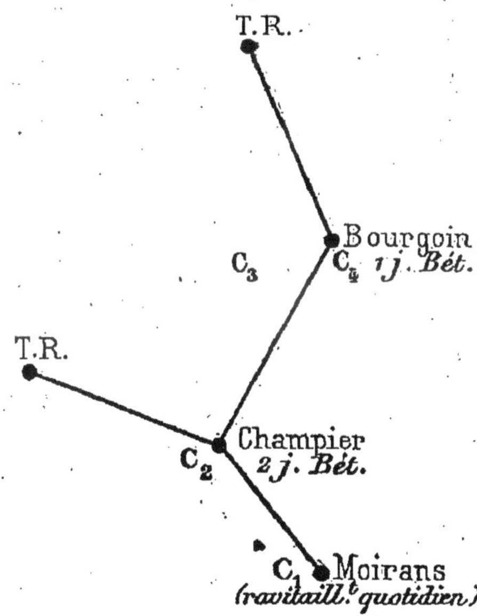

Bien entendu, à Champier, le jour de vivres arrivant de Moirans se scindera, la partie destinée au détachement de poursuite étant attelée par les chevaux de C_2 et conduit aux TR dudit détachement, le reste continuant sur Bourgoin avec les chevaux de C_3.

Chaque jour, une journée de bétail progressera d'une étape, comme dans le système adopté.

Le schéma ci-dessous indique le mouvement journalier des chevaux des quatre sections de convoi.

Bien entendu, dans la situation où se trouve le 1er corps, il n'y a pas de différence à faire entre les sections, qu'elles portent du pain biscuité ou du pain de guerre. D'ailleurs, au bout de deux jours, le ravitaillement quotidien peut fort bien ne plus apporter que du pain biscuité, attendu que, durant la période d'immobilité que va subir le corps d'armée en observation devant Lyon, il n'y aura aucun inconvénient à constituer les vivres de réserve en pain biscuité quoique le poids de ce dernier soit un peu supérieur à celui du pain de guerre.

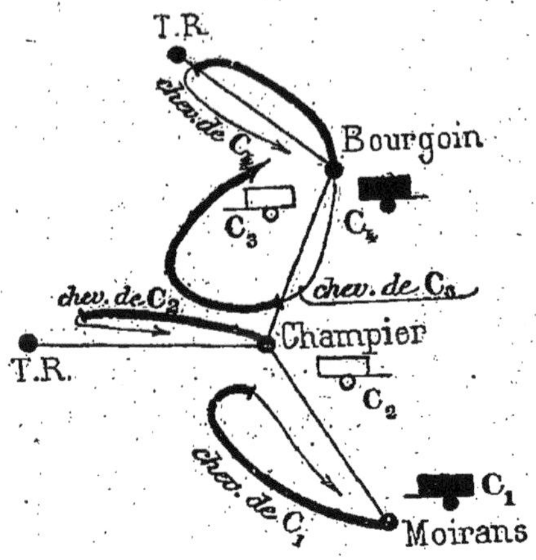

F) *Santé.* — Le médecin principal avait à rendre compte, en cette journée, de l'organisation des évacuations des blessés provenant des combats du 31 août (région Eydoche, Champier, Flachères), du 1er septembre (région Éclose, Meyrieu) et du 2 septembre (région Artas, Charentonnay d'une part et Diémoz, d'autre part).

Les formations sanitaires immobilisées, le 3 au matin, étaient les suivantes :

HC_1 venant du Mottier (où il avait terminé les évacuations des blessés du petit combat du 31) à Chatonnay où il avait relevé l'ambulance de la 2e division;

HC_2 à Champier, à partir du 1er dans la matinée ;

HC_3 à Éclose, à partir du 1er dans l'après-midi ;

HC_4 à Artas, à partir du 2 au matin, où il relevait l'ambulance de la 1re division ;

Ambulance de corps à Tramolé.

Les blessés légers de la journée du 2 devaient être dirigés sur Chatonnay et Tramolé, puis ultérieurement, sur Champier.

On sait, d'autre part, que ceux du 1er septembre avaient été acheminés, la veille, sur Champier et Bizonnes, en sorte qu'ils pouvaient atteindre Moirans, au cours de la journée du 3.

Dans le détail du service des évacuations qui va être ici exposé, il ne sera pas parlé de ces blessés légers qui sont capables de gagner la voie ferrée par leurs propres moyens.

Les blessés de la journée du 31, recueillis par l'hôpital de campagne n° 1 installé au Mottier, n'étaient pas en grand nombre : 300, dont 110 à transporter couchés, et 190 à transporter assis. Une cinquantaine de voitures au total suffisaient pour l'évacuation : or, pendant toute la journée du 2, une série considérable de voitures se dirigea de Champier sur la Frette et un grand nombre d'autres de la Frette sur Moirans. Il fut donc possible au commandant d'étapes du champ de bataille installé au Mottier de réclamer le transport de ses blessés jusqu'à la Frette où, après un transbordement regrettable, mais impossible à éviter, ils pouvaient facilement continuer sur Moirans (1).

La situation, à la suite des batailles du 1er et du 2, était moins favorable.

2,500 blessés étaient tombés sur le champ de bataille du 1er, la majeure partie d'entre eux sur le terrain compris entre la région au nord de Champier et Franchison. Ils ressortissaient aux hôpitaux de campagne nos 2 et 3, déployés respectivement à Champier et à Éclose.

La mineure partie, atteinte au cours de la poursuite, avait été recueillie par les ambulances installées à Tramolé (ambulance de corps), à Chatonnay (ambulance de la 2e division), celle de Chatonnay presque immédiatement relevée par l'hôpital de campagne n° 1.

La dispersion des blessés sur un vaste terrain amenait le médecin principal à demander que le service de santé fût possesseur en propre d'un service de relèvement des blessés (brancardiers et voitures).

---

(1) C'est ainsi que l'hôpital de campagne n° 1 put quitter le Mottier et se rendre à Chatonnay pour y relever l'ambulance de la 2e division.

D'autre part, les hypothétiques relèvements d'ambulances dont on avait dû faire état pour expliquer le jeu du service de santé dans la bataille — relèvement dont la situation du 1er au soir montre toute la nécessité puisqu'il fallait bien avoir des ambulances à la suite des troupes qui allaient combattre, le 2 — ces relèvements supposés, pense-t-on, ne se passeraient pas, dans la réalité, avec la facilité que permettent seules des opérations fictives. D'où l'avantage inappréciable qui résulterait d'une organisation différente de notre service actuel et permettant la suppression de ces relèvements.

Des deux considérations précédentes, le médecin principal arrivait à conclure aux propositions suivantes : le corps d'armée n'aurait que des ambulances et plus d'hôpitaux de campagne. L'ambulance serait légère, peu armée chirurgicalement et n'aurait en propre que les voitures nécessaires au transport de son personnel officier et de ses approvisionnements médicaux. Un certain nombre de ces éléments marcheraient comme aujourd'hui avec les troupes et feraient l'office de nos ambulances actuelles ; un autre groupe suivrait le train de combat et un troisième les parcs.

Les premières, plus ou moins renforcées par le second groupe, une fois immobilisées pour donner leurs soins aux blessés, se transformeraient sur place en hôpitaux par les moyens qui seront dits plus loin. Les ambulances restant encore au second groupe, ainsi que celles du troisième groupe, prendraient alors place derrière les troupes en mouvement, lesquelles seraient ainsi, et *certainement*, toujours suivies de formations sanitaires. Le relèvement disparaîtrait et l'on donnerait aux ambulances immobilisées les matériaux nécessaires pour se transformer en hôpitaux en faisant appel à une formation spéciale ne transportant que des objets d'hospitalisation et suivant le groupe des parcs, par exemple.

Les ambulances détachées auprès des troupes relèveraient des médecins divisionnaires, les autres, ainsi que la colonne transportant le matériel d'hospitalisation, du médecin directeur du service de santé du corps d'armée.

Pour le relèvement des blessés et même leur évacuation, le service de santé disposerait en propre d'un bataillon de brancardiers et d'un certain nombre de colonnes de voitures pour le transport des blessés.

Une partie de ces éléments pourrait être détachée auprès des ambulances affectées elles-mêmes aux divisions ; sur le reste, on prélèverait d'abord l'appoint nécessaire au cas où les premiers détachements ne suffiraient pas, et ensuite on ferait suivre brancardiers et colonnes de transports restants dans le sillage des troupes pour qu'ils aillent jouer leur rôle auprès de nouvelles ambulances.

Cette proposition, qui paraît de nature à satisfaire à toutes les exigences, mériterait d'être envisagée lorsque le moment sera venu de refondre notre règlement, déjà bien ancien, sur le service de santé en campagne.

Quoi qu'il en soit, à part l'ambulance de corps immobilisée à Tramolé, le 1er au soir, et dont les moyens de transport étaient suffisants pour assurer un service assez rapide de relèvement de blessés et même d'évacuations, les hôpitaux de campagne arrivés sur le terrain se trouvaient fort démunis, car des pertes nouvelles s'étaient produites aussi le 2.

1,000 blessés environ de la journée du 2, dont 600 à transporter assis et 400 couchés, se trouvaient depuis les abords de Saint-Jean-de-Bournay jusqu'à Artas, le Vernay et Beauvoir. Ils relevaient : de l'HC_1, de l'ambulance de la 2e division qui s'installait le 2 au soir à Royas, et de l'HC_4 à Artas.

Aux abords de Diémoz, le petit combat livré contre la brigade ennemie de renfort venant de Lyon avait fait 450 blessés dont 250 à transporter assis et 200 couchés. La seule formation sanitaire disponible était l'ambulance de la 1re division qui s'était portée sur le Brachet. L'ambulance de la division de cavalerie, arrivée tardivement le 2 au soir, ne pouvait s'installer que le 3 au matin, au Pillard.

On n'entrera pas ici dans l'étude du relèvement des blessés par les diverses formations sanitaires immobilisées sur les champs de bataille du 1er et du 2 : faute de moyens de transport et de personnel de relèvement, il est probable que les hôpitaux de campagne n'auraient aucunement pu suffire à la tâche si celle-ci n'avait été faite auparavant par les ambulances.

L'ambulance de corps au contraire, grâce à ses 21 voitures (9 à 4 roues et 12 à 2 roues), et à ses 145 brancardiers était outillée non seulement pour relever rapidement les blessés tombés sur sa zone d'action mais encore pour les conduire jusqu'à Champier.

Le premier soin du directeur du service de santé avait été de délimiter les secteurs de recherche des blessés des diverses formations laissées en arrière. On trouvera le croquis représentatif des zones assignées à chaque hôpital ou ambulance, sur la carte n° 10.

Il résultait de cette décomposition que les blessés acheminés sur les divers hôpitaux se décomposaient de la manière suivante :

	NOMBRE total de blessés.	A ÉVACUER assis.	A ÉVACUER couchés.	BLESSÉS du
HC_2 à Champier	2,500	300	200	1er sept.
HC_3 à Eclose		1,000	700	
AC à Tramolé		200	100	
HC_1 à Chatonnay	1,000	200	100	2 sept.
AD_2 à Royas		100	50	
HC_4 à Artas		300	250	
AD_1 au Brachet	450	225	150	2 sept.
AD (9e div. de caval.) au Pillard		50	25	
	3,950	2,375	1,575	
		3,950		

Et en ajoutant les blessés du Brachet et du Pillard à ceux d'Artas pour la raison qui sera indiquée plus loin, HC_4 compta 550 + 450 = 1,000 blessés.

De ce simple tableau, on peut conclure que 3,950 blessés seront soignés par :

4 H.C. ayant chacun 4 médecins, soit	16 médecins.
1 ambulance de corps ayant	16 —
2 ambulances divisionnaires à 14 médecins	28 —
	60 médecins.

On voit que le nombre total des médecins doit suffire (même si l'on fait abstraction des ambulances divisionnaires : 28 médecins) à donner des soins aux blessés tombés pendant les journées des 1er et 2 septembre (1) (2).

(1) En revanche, l'ambulance de corps se trouve immobilisée au même titre qu'un hôpital de campagne, et là n'est pas son rôle : le nombre des hôpitaux de campagne affectés en propre au 1er corps était donc insuffisant.

(2) On admet qu'un médecin peut, à la rigueur, donner ses soins à 150 blessés.

Comment pourra s'effectuer, à partir du 3, le service des évacuations?

On disposera, pour cela, des voitures se rendant pour une cause quelconque à Moirans et des voitures requises dans le pays, par le commandant d'étapes de Champier et les chefs des formations sanitaires (1).

Les voitures à vivres, il n'y fallait pas songer, car elles avaient, à dater du 4, double étape à effectuer, l'une à vide, l'autre à plein.

En revanche, il était possible de disposer du convoi de pain (2 jours), comprenant 180 voitures, dont le commandement ordonnait le déchargement à Champier (2).

De là, ces voitures devaient rayonner sur les divers hôpitaux de campagne et ramener leurs blessés à Champier. Les ambulances, avec leurs propres moyens, amèneraient aussi leurs blessés au même point.

Tous les moyens de transport mis en œuvre se composaient donc :

De 180 voitures pouvant transporter		1,300 blessés (3).
De 12 voitures à 2 roues De 4 voitures à 4 roues	de l'ambulance de corps...	150
De 4 voitures à 2 roues De 4 voitures à 4 roues	de l'ambulance de la 2e division	84
De 4 voitures à 4 roues	de l'ambulance de la 1re division (4)	84
De 6 voitures à 2 roues	de l'ambulance de la 9e division de cavalerie (4)...	20

(1) On verra, plus loin, qu'un commandement d'étapes s'organisait à Champier au cours de la journée du 3.

(2) Le pain correspondant serait pris par les sections de convoi s'acheminant sur Bourgoin, de manière que ce pain soit mis en consommation en premier lieu.

(3) Tant assis que couchés.

(4) L'ambulance de la 1re division et celle de la 9e division de cavalerie devaient simplement conduire leurs blessés à Artas auprès de l'hôpital de campagne n° 4.

En admettant que les voitures du convoi de pain soient partagées proportionnellement au nombre de blessés de chaque hôpital de campagne, c'est-à-dire que les évacuations sur Champier se terminent le même jour pour tous les hôpitaux de campagne, que, d'autre part, les ambulances de corps et de la 2e division acheminent directement leurs blessés sur Champier, on trouve qu'il pourrait arriver chaque jour, en cette localité :

1,300 + 150 + 84 = 1,534 blessés.

Ce qui terminerait les évacuations (3,950 blessés) en 3 jours, s'il ne fallait conduire les blessés qu'à Champier.

En réalité, c'est sur Moirans qu'il faut les diriger, mais la situation demeure à peu près la même grâce aux voitures d'artillerie (équipage de transport et deux convois requis), qui feront constamment la navette entre Champier et Moirans.

On peut donc estimer que, vers le 7 septembre, les évacuations seront à peu près terminées.

En prévision de ces évacuations s'élevant chaque jour à 1,500 blessés environ, le commandant du corps d'armée réclamait, dès le 2 septembre, au commandant d'étapes de Moirans, qu'il arrivât, journellement, à la gare de cette ville, deux trains sanitaires improvisés, à partir du 3 septembre.

Chaque train pouvant porter 150 blessés couchés et 750 assis, les deux trains pouvaient suffire à l'évacuation quotidienne de 1,800 blessés environ, chiffre supérieur à celui des blessés arrivant normalement à Moirans (1,534). Les places libres pouvaient être utilisées par les petits blessés venus en cette localité par voie de terre.

Le service de santé n'a pas eu à étudier la manière dont il aurait procédé aux inhumations des tués, pendant les journées du 1er et du 2 septembre. Ce problème n'aurait pas été des moins difficiles à résoudre (1,500 tués environ, dans les deux jours de bataille).

G) *Quartier général du corps d'armée.* — Le quartier général du corps d'armée, à l'exception du général, des officiers et agents de liaison emmenés sur le champ de bataille, continuait à fonctionner à Meyrieu pendant le combat du 2.

A 3 heures, le commandant du quartier général était avisé d'avoir à se mettre en route sur le Baroz (nord-ouest d'Artas) et d'y attendre des ordres.

Le commandant du quartier général arrivait en ce point à 4 h. 15, et mettait sa troupe en marche, à 5 h. 15, en vue de gagner Saint-Georges-d'Espéranche, où il était informé que stationnait, le 2 au soir, le commandant du corps d'armée. Personnellement, il devançait son unité à l'effet de prévoir l'installation des bureaux, parcs et chevaux.

L'officier laissé à Meyrieu, ayant reçu avis que le quartier général serait ouvert à Saint-Georges-d'Espéranche, à 7 heures du soir, faisait, à l'heure indiquée, supprimer le poste télégraphique de Meyrieu, effectuer la soudure du fil avant avec le fil arrière et se rendait de sa personne à Saint-Georges-d'Espéranche (1).

H) *Étapes.* — On se rappelle que 2 bataillons d'étapes mis à la disposition du 1er corps devaient se trouver, le 2 septembre avant midi, au Mottier; l'un deux (1er), fort de 3 compagnies seulement (2), devait s'installer dans cette localité : son chef avait à prendre le commandement du champ de bataille du 31, à se mettre en relation avec les formations sanitaires (3), à procéder aux inhumations par

---

(1) Le personnel du poste télégraphique devait rejoindre, le 3, à Saint-Georges, la compagnie télégraphique. Il est évident que ce poste ne pouvait être supprimé qu'autant qu'il n'établissait pas la communication avec le quartier général de la 2e division (détachement de poursuite) établi à Beauvoir, communication que l'on pouvait, en effet, réaliser *désormais* plus directement.

(2) La 4e convoyant, par fractions, les convois de munitions partant de Moirans.

(3) HC_1 au Mottier, HC_2 à Champier.

le moyen de la réquisition d'ouvriers et d'outils civils, à requérir le plus de voitures possible et à présider aux évacuations.

Le 2e bataillon, au Mottier, devait recevoir de nouveaux ordres pour la continuation de sa marche et son affectation définitive. A midi, il fut télégraphié au poste de Champier d'envoyer chercher le 2e bataillon d'étapes. Son chef prendrait le commandement du champ de bataille du 1er septembre (région les Badins, Éclose, Franchison), se mettrait en rapport avec les formations sanitaires laissées sur le terrain (1), puis organiserait ultérieurement le service des inhumations (2) et évacuations.

Enfin, dans le but de mettre de l'ordre dans les nombreuses voitures et de régler les passages d'éléments divers qui allaient s'effectuer par Champier, le personnel d'un commandement de tête d'étapes de route avait été réclamé le 1er et promis pour le 3, à Champier, dans la matinée.

Son fonctionnement était assuré à cette date.

III. — Répartition du travail pour la matinée du 1er juin.

La manœuvre du 1er juin devait être exécutée à double action. Son but était l'étude du petit combat livré, le 2 septembre, aux abords de Diémoz (dans le temps que le corps d'armée se battait à Artas et Saint-Jean-de-Bournay) entre la 9e division de cavalerie et une brigade ennemie de renfort arrivant de Lyon et cherchant à rallier le gros de son parti.

A) *Thème de la manœuvre.* — 1° *Parti du Nord (ou*

---

(1) HC_2 à Champier, HC_3 à Éclose.

(2) On remarquera qu'il eût été de bonne précaution de laisser le parc du génie à proximité des points où il y avait de nombreuses inhumations à faire.

bleu). — Une brigade mixte (1) comprenant 2 régiments d'infanterie et 2 groupes d'artillerie (de 2 batteries chaque) est arrivée le 1er septembre, tard dans la soirée, à Heyrieux (1 régiment, 2 batteries) et Saint-Quentin-Fallavier (1 régiment, 2 batteries). Elle doit se porter, le 2 septembre, au secours du corps bleu précédemment envoyé de Lyon audevant des forces rouges remontant depuis quelques jours de Saint-Marcellin vers le Nord. Ce corps, dans la journée du 1er, a dû retraiter devant des forces supérieures débouchant de Champier et abords.

Aux dernières nouvelles, le commandant de la brigade de renfort sait que le corps d'armée ami, menacé sur son flanc gauche, s'est replié vers l'Ouest et tenait, à la fin de la journée du 1er, le front Saint-Jean-de-Bournay—Artas, avec échelon d'aile gauche sur la hauteur du Vernay. L'ennemi, de son côté, est signalé comme se trouvant au contact entre Artas et Saint-Jean-de-Bournay ; il stationne avec des forces nombreuses à Saint-Agnin—Crachier et plus à l'Est ; enfin une masse nombreuse d'escadrons rouges, avec du canon, est venue dans la soirée occuper la région de Roche et Four.

2° *Parti du Sud* (*ou rouge*). — Le parti du Sud est représenté par la 9e division de cavalerie (réduite à 3 régiments : 1 de dragons, 2 de cuirassiers) avec son groupe de 2 batteries à cheval.

Le 1er septembre, après le combat victorieux de Franchison et un commencement de poursuite, la division a été détachée vers le Nord avec mission d'empêcher l'intervention, dans le combat de poursuite du 2, d'une brigade mixte bleue que ses reconnaissances ont vu quitter Lyon dans l'après-midi du 1er et qui paraissait vouloir se diriger soit sur Heyrieux, soit sur la Verpillière.

Dans l'indécision sur la direction de marche de l'adver-

1. Numérotée 5e brigade (9e et 10e régiments).

saire, la division s'est portée, tout d'abord, sur Bourgoin puis, en apprenant que l'ennemi marchait définitivement sur Heyrieux, a obliqué vers l'Ouest. Elle cantonne, le 1er septembre au soir, de la manière suivante (1) :

Quartier général, à Saint-Alban-de-Roche.
16e dragons et état-major de la brigade, à Four.

Artillerie et 17e cuirassiers............	à Saint-Alban-de-Roche.
État-major de la brigade de cuirassiers.	
18e cuirassiers.........................	

Le 16e dragons a fait occuper Roche par 2 pelotons ; le 17e cuirassiers a fait occuper Vaulx-Milieu par 2 pelotons. Chacun de ces deux postes doit pousser des patrouilles légères ; le 16e dragons, sur Bonnefamille, Diémoz et le Brachet; le 17e cuirassiers, sur la Verpillière, Villefontaine et Saint-Bonnet.

Le 1er septembre dans la nuit, le commandant de la division apprend que des postes d'infanterie ennemie ont occupé Fallavier, Charreton, le carrefour de l'Alouette et quelques fermes sur la hauteur située au sud d'Heyrieux.

B) *Travaux à effectuer sur le terrain.* — Le directeur attache au général commandant la 4e brigade, chef du parti bleu, les officiers de la 2e division et au commandant de la cavalerie, les officiers supérieurs et subalternes de la 1re division.

Les officiers généraux non employés ainsi que les officiers appartenant à l'artillerie de corps, génie, etc... et services ont ordre de se joindre à la direction, à l'effet de se rendre compte des procédés matériels de conduite d'une manœuvre de cadres à double action sur le terrain.

La manœuvre commencera, hypothétiquement, à celle

---

(1) Ce stationnement n'est autre que celui fourni, pour le 1er septembre au soir, par l'officier de cavalerie représentant la 9e division.

des deux heures de départ la moins matinale fixée par les chefs de parti (1); en réalité, à 6 heures du matin.

A cette heure-là, le commandant du parti bleu, avec son groupe d'officiers, se trouvera à Valentier, le commandant du parti rouge et ses adjoints, à la sortie ouest de Roche.

Le directeur, au même moment, sera, de sa personne, sur le mamelon avoisinant la route de Bonnefamille à Oytier, au nord-est de Diémoz, et immédiatement à l'est du Potas.

Dans le but de pouvoir envoyer, dès 6 heures, des renseignements aux deux partis, le directeur prescrit que les ordres d'opérations des deux chefs opposés lui seront remis le soir même.

(1) C'est-à-dire à 4 h. 30 du matin, comme on le verra par les ordres d'opérations reproduits à la VIIIe partie.

HUITIÈME PARTIE

TRAVAIL DE LA SIXIÈME JOURNÉE (1er JUIN)

I. — Organisation matérielle de la manœuvre à double action.

Le directeur s'établissait à 6 heures du matin sur le mamelon avoisinant la route de Bonnefamille à Oytier, au nord-est de Diémoz, et immédiatement à l'est du Potas.

A la même heure, le commandant du parti bleu se trouvait à Valentier et le commandant du parti rouge à la sortie occidentale de Roche.

La direction avait à sa disposition les quatre vélocipédistes qui lui étaient affectés par organisation ; en outre, une voiture automobile stationnait sur la route au pied du mamelon du Potas, à Notre-Dame-de-Lettras : le chef du parti bleu disposait des quatre vélocipédistes de la 2e division et le chef du parti rouge des quatre vélocipédistes de la 1re division.

Les itinéraires de jonction étaient : pour le parti du Nord, Valentier, route de Diémoz, puis Notre-Dame-de-Lettras ; pour le parti du Sud, route de Roche à Bonnefamille, le Trievoz-Gilet, Notre-Dame-de-Lettras.

Dès le moment où un vélocipédiste arrivait à Notre-Dame-de-Lettras, sa dépêche était reçue par un officier de la direction, venu au-devant de lui. Le vélocipédiste recevait l'ordre de se mettre au repos en attendant la réponse à sa communication.

Ultérieurement, avec le développement de la manœuvre, les chefs de parti furent postés respectivement au carrefour nord-ouest de Diémoz (bleu) et au Pillard (rouge); puis, plus tard encore, la direction se transporta à l'est de Diémoz, à mi-chemin entre ce village et la cote 424, les chefs de parti venant alors à la sortie sud de Diémoz (bleu) et à la cote 424 (rouge).

Au début de la manœuvre, en raison des distances assez considérables que les vélocipédistes avaient à parcourir, l'action languit quelque peu, mais par la suite, elle prit une allure assez vive pour supprimer les périodes d'attente et provoquer un intérêt soutenu.

II. — Dispositions initiales adoptées par chacun des partis (1).

A) *Parti bleu.* — Le commandant du parti bleu était supposé donner son ordre à Heyrieux, le 1er septembre, à 10 heures et demie du soir.

I. — Le corps d'armée s'est arrêté sur la ligne le Vernay—Artas—Saint-Jean-de-Bournay ; il a appelé à lui la 5e brigade mixte (2), laquelle se portera demain dans la région du Vernay *de manière à prendre l'ennemi en flanc.*

Des précautions devront être prises pendant la marche, car la cavalerie ennemie, appuyée d'artillerie, est signalée dans la région Four, Saint-Alban, Bourgoin.

II. — La brigade marchera sur deux colonnes :

1re colonne (à l'est). — 2 bataillons du 9e, sous le commandement du colonel;

---

(1) Voir les cartes nos 12, 13 et 13 *bis*.

(2) Composition hypothétique : 5e brigade, formée des 9e et 10e régiments d'infanterie bleue ; 2 groupes de 2 batteries montées.

2e colonne (à l'Ouest). — 1 bataillon du 9e, formant avant-garde, 1 bataillon du 10e, 1 groupe de 2 batteries, 1 bataillon du 10e, 1 groupe de 2 batteries, 3 compagnies du 10e; 1 compagnie du 10e en arrière-garde.

Passage du gros de l'avant-garde à la bifurcation de Valentier, à 4 h. 20 du matin.

Distance d'avant-garde : 1,500 mètres.

Première halte horaire : 4 h. 50.

III. — La colonne de l'Est enverra, dès 4 heures du matin, un bataillon qui marchera aussi vite que possible pour prendre possession du plateau de Diémoz.

A cet effet, le 9e régiment et le 1er bataillon du 10e seront allégés en chargeant un quart des sacs sur les voitures de compagnie et le reste sur les quatre fourragères de l'artillerie.

L'autre bataillon de la colonne de l'Est (1) couvrira le gros de la colonne principale.

Après que l'avant-garde aura pris pied sur le plateau de Diémoz, le bataillon du 9e occupant le plateau rejoindra l'autre bataillon de la colonne de l'Est.

IV. — Itinéraires.— *Colonne de l'Est :* cote 347, Ponas, le Pillard, Vigneux, Fournéat.

Colonne de l'Ouest : Valentier, Diémoz, chemin de terre passant au sud de 424, Combe-Rousse, ouest de la cote 440 et Malatrait.

V. — Le commandant de la colonne de l'Est se reliera à la colonne principale par des bicyclistes et des officiers montés.

VI. — Le commandant de la brigade marchera en tête du gros de la colonne de l'Ouest.

VII. — En cas de rencontre avec l'ennemi, on s'arrêtera

---

(1) L'ordre portait ici Ouest au lieu de Est : ce *lapsus* était évident.

le moins possible pour combattre, n'ayant comme préoccupation que de gagner de l'avant vers le gros du corps d'armée.

VIII. — Les trains régimentaires seront réunis à Heyrieux et s'y barricaderont : ils seront sous les ordres du plus ancien officier d'approvisionnement.

L'idée qui a inspiré cet ordre mérite d'être discutée.

Le général commandant la 5e brigade n'avait été mis en possession que d'un seul renseignement (1) : la gauche du corps ami est, *le 1er au soir*, au Vernay ; l'ennemi est au contact jusqu'à Artas ; il a des forces considérables dans la région de Saint-Agnin—Crachier et plus à l'Est.

La première question à se poser était donc : quelle direction prendre pour prêter un appui certain au corps bleu, étant donné qu'une masse importante d'escadrons rouges, avec de l'artillerie, est arrivée sur le flanc de la ligne de marche (quelle que soit, d'ailleurs, celle qui sera prise) ?

Le commandant du parti bleu choisit un itinéraire qui, pense-t-il, le portera sur le flanc de l'adversaire. Le problème est ainsi mal posé. Le premier souci du chef de la brigade bleue devait être, non de prévoir une manœuvre *sur un flanc* de l'ennemi, flanc dont *il ne pouvait présumer la place* au moment où il serait en état d'entrer lui-même en action, mais d'arriver *vite*, sans *combattre, avec le maximum des forces disponibles* (sinon le tout), en un point d'où il soit *certainement* en situation, ou bien de recueillir le corps d'armée si, à ce moment, il était trop vivement pressé, ou bien, au contraire, de passer à une manœuvre offensive si le corps d'armée tenait encore solidement sur son front.

Envisagé à ce point de vue, le problème conduit nécessairement à aboutir en arrière de la gauche du gros du parti bleu, c'est-à-dire soit à Château-Tillet, soit à Saint-Georges-d'Espéranche.

La volonté bien arrêtée de ne pas combattre, d'autre part, amenait tout naturellement à choisir pour le gros de la brigade l'itinéraire le plus éloigné de la cavalerie ennemie pourvu qu'il n'en résultât pas un trop grand allongement des distances à parcourir. Or, la route : Heyrieux—la Fayette—Saint-Georges-d'Espéranche remplissait la condition désirée ; elle éloignait la brigade de l'ennemi et, par surcroît, elle était moins longue que celle passant par Valentier et Diémoz. C'est donc par la Fayette que devait être acheminé le gros de la brigade.

---

(1) Et, ce faisant, le directeur entendait lui laisser le soin de peser la décision à prendre.

Comment le couvrir contre la cavalerie adverse ? Il est clair qu'il devait y avoir un terrain particulièrement périlleux pour lui, c'était la traversée de la plaine comprise entre la Grange-Basse (au pied de la hauteur sud d'Heyrieux) et la Fayette.

Pendant tout le temps qu'elle s'allongerait dans cette plaine, la brigade se trouverait exposée au feu d'une artillerie ennemie installée soit sur la hauteur de Ponas soit sur la hauteur de Diémoz.

D'où l'on devait conclure :

1° Qu'il était nécessaire de tenir ces deux hauteurs avant que le gros de la brigade ne s'engage dans la plaine de la forêt de Chanos;

2° Qu'on devait diminuer au maximum la durée de la traversée de ladite plaine.

Ceci revient à dire :

1° Qu'un détachement spécial devait être affecté à la garde de la hauteur de Ponas (sur laquelle on avait déjà des avant-postes le 1er septembre au soir) et un autre à la conquête de la hauteur de Diémoz ;

2° Que le gros de la brigade devait franchir la plaine, *une fois ces hauteurs occupées*, avec la durée d'écoulement minima, autrement dit en formation massée.

L'opération pouvait donc se concevoir de la manière suivante : le bataillon d'avant-postes du régiment de Saint-Quentin—Fallavier (9e), se réunissant, pour 4 heures du matin, sur le revers nord de la hauteur de Ponas, avec postes de surveillance sur les bords est et sud du plateau ; un bataillon du même régiment (9e), marchant directement, à partir de 4 heures, sur la hauteur de Diémoz, à l'effet de pousser son gros sur les Bruyères et des détachements à 424, ouest de combe Rousse et bois au nord du Brachet.

Pendant ce temps, la brigade se mettant en marche sur Grange-Basse, par Maille, commencerait à se rassembler dans le vallon voisin de Grange-Basse, en attendant la nouvelle de l'occupation de la hauteur de Diémoz. Une ou deux compagnies seulement du bataillon de tête seraient poussées sur la Fayette et les premières crêtes au sud de ce hameau pour servir de future avant-garde.

Dès le moment où la croupe de Diémoz serait tombée au pouvoir du bataillon du 9e chargé d'en assurer l'occupation, toute la brigade, entièrement rassemblée ou non, mais, en tout cas, fort raccourcie comme écoulement, se mettrait rapidement en marche par le chemin (et le terrain de parcours facile) conduisant à la Fayette, les deux compagnies d'avant-garde poussant alors sur Saint-Georges-d'Espéranche.

A partir de l'instant où la brigade serait arrivée dans la zone mouvementée située au sud de la Fayette, elle se serait trouvée protégée par son avant-garde (2 compagnies), par le bataillon de la hauteur de Diémoz, puis par le bataillon de Ponas, venant rallier ce dernier, en prenant, au besoin, les formations diluées nécessitées par les circonstances. Elle était hors de toute atteinte possible, en liaison avec son corps d'armée et pouvait continuer sur Saint-Georges-d'Espéranche, sans avoir rien à craindre de la cavalerie adverse (1).

Là elle pourrait, soit recueillir le corps d'armée en tenant les berges des hauteurs à l'est de Saint-Georges, si l'ennemi avait déjà enlevé le Vernay, soit, au contraire, manœuvrer à l'abri de cette hauteur du Vernay pour exécuter une contre-attaque sur le flanc droit de l'adversaire.

Les deux bataillons détachés (9e) étaient aptes, dans les deux cas, à lui former une couverture solide contre toute intervention de la cavalerie rouge dans cette action.

En résumé, l'ordre initial, donné à Heyrieux, le 1er septembre, à 10 h. 1/2 du soir, pouvait être le suivant :

I. Situation.

II. La brigade (moins deux bataillons du 9e) se portera demain matin sur Saint-Georges-d'Espéranche à l'effet, soit d'y recueillir la gauche du corps d'armée, si l'ennemi l'a chassée du Vernay, soit de passer à l'offensive contre la droite adverse si le corps d'armée tient ferme au Vernay.

III. Le mouvement se fera par l'itinéraire : Heyrieux, Maille, Grange-Basse, la Fayette, Saint-Georges-d'Espéranche.

Ordre de marche :

Avant-garde...	2 compagnies du 3e bataillon du 9e.
1,000 mètres.	
Gros (colonel du 10e)	2 compagnies du 3e bataillon du 9e, 10e et artillerie (un groupe d'artillerie devant et un autre derrière le 1er bataillon du 10e). 1 compagnie du 10e (3e bataillon) en arrière-garde.

Heure de départ : tête du gros à la bifurcation sud de Maille, à 4 heures du matin.

IV. Au cas où l'ennemi tiendrait Diémoz avant nous, le mouvemant s'exécuterait en deux temps :

1° D'Heyrieux à Grange-Basse, où l'on se rassemblerait. Arrivées à Grange-Basse, les deux compagnies d'avant-garde (du 9e) pousseraient sur la Fayette et les hauteurs au sud de ce hameau.

Le gros de la brigade se rassemblerait auprès de Grange-Basse, défilé des vues des hauteurs de Diémoz et de Ponas (2) ;

2° De Grange-Basse à Saint-Georges-d'Espéranche. Dès le moment où le 9e se sera emparé de la hauteur de Diémoz, la plaine Grange-Basse—

(1) Son avant-garde gagnant, alors, le bord oriental du plateau.

(2) Au cas où l'ennemi montrerait de l'artillerie, soit à Diémoz ou

la Fayette sera traversée en masse, sur l'ordre qui en sera donné ; on passera à l'ouest de la forêt de Chanos.

Les deux compagnies de tête du 9e pousseront alors sur Saint-Georges-d'Espéranche.

V. Le mouvement sera protégé contre le canon de la cavalerie ennemie par un détachement placé sous les ordres du colonel du 9e et comprenant :

1° Un bataillon du 9e (ex-avant-postes) qui se rassemblera pour 4 heures du matin sur les pentes nord de la hauteur de Ponas, ayant ses postes sur les pentes est et sud ;

2° Un second bataillon du 9e qui passera à Valentier à 4 heures du matin et se dirigera sur Diémoz pour aller se former vers les Bruyères en tenant 424, la crête à l'ouest de combe Rousse et le bois au nord de Brachet.

Le bataillon de Ponas ralliera les Bruyères dès le moment où la brigade aura dépassé la Fayette.

IV. Le général de brigade marchera en tête du gros de la colonne principale.

V. Les trains régimentaires..... etc.

VI. *Nota.* — Le service général de sûreté constitué par les deux bataillons détachés du 9e n'ayant pour but que de s'opposer aux incursions de grosses forces de cavalerie adverse et d'empêcher l'ennemi de placer son artillerie en des points d'où elle pourrait canonner la brigade, ne dispense pas les colonels de s'entourer des patrouilles flanquantes destinées à écarter de la brigade les petits partis de cavaliers ennemis.

La solution adoptée par le commandant de la 5e brigade mixte diffère sensiblement de celle qui précède.

On ne saurait l'incriminer ici, toute décision non invraisemblable mais mise à exécution avec énergie pouvant conduire aux succès à la guerre.

Néanmoins, même si l on adopte l'idée directrice du chef du parti bleu, il semble bien que son ordre présente quelques lacunes.

On ne peut admettre, en particulier, qu'il suffise de dire que « des précautions doivent être prises pendant la marche, car la cavalerie ennemie, appuyée d'artillerie, est signalée dans la région..... »

S'il n'y avait à craindre que de la cavalerie, cette prescription pourrait suffire, attendu que tout colonel doit savoir comment on garde une colonne

---

environs, avant que le bataillon du 9e soit parvenu sur les hauteurs correspondantes, les quatre batteries pouvaient ainsi prendre immédiatement position derrière la crête 338 — Grange-Basse et réduire au silence, aussi rapidement que possible, le canon adverse.

contre des incursions de cavalerie, mais il n'en est plus de même si l'on est exposé à recevoir des coups de canon.

En ce cas, c'est au commandant de la colonne à qui incombe le soin de créer autour d'elle la zone de sécurité indispensable en faisant occuper les points du terrain d'où le canon ennemi pourrait précisément venir s'installer pour tirer sur la colonne en marche.

La division en deux colonnes (dont l'une, celle de l'Est, forte de deux bataillons du 9e) ne sera acquise, en fait, qu'après l'occupation de Diémoz par l'un des deux bataillons et le ralliement ultérieur de l'autre sur 424.

D'autre part, la colonne de l'Est doit « envoyer, dès 4 heures du matin, un bataillon qui marchera aussi vite que possible pour prendre possession du plateau de Diémoz ». Cette heure correspond-elle à l'heure de départ du cantonnement ou, au contraire, au moment de l'arrivée à Diémoz? C'est un détail, sans doute, mais il est important, la marche de la colonne principale pouvant être influencée par la manière dont le colonel du 9e comprendra l'ordre qui lui est destiné.

B) *Parti rouge*. — Le commandant de la 9e division de cavalerie donnait, à minuit, à Saint-Alban-de-Roche, son ordre d'opérations pour la journée du 2 septembre.

I. — Situation générale.

II. — La division se dirigera vers Bonnefamille et Diémoz et s'efforcera de retarder à coups de canon et de carabine les troupes ennemies venant de Lyon.

III. — *Une reconnaissance d'officier* (17e cuirassiers) quittera le cantonnement à 1 heure du matin et gagnera la Grande-Grange (200 mètres nord de Bonnefamille). Sa mission sera de surveiller toutes les routes d'accès venant de Lyon entre la Fayette et Bonnefamille.

IV. — *Découverte*. — Cette reconnaissance sera appuyée par une découverte de dix éclaireurs (17e cuirassiers), qui quittera le cantonnement à 2 heures du matin et battra l'estrade dans le terrain compris entre Bonnefamille, Diémoz, la Fayette.

Renseignements adressés au général de division, en simple expédition, à Roche jusqu'à 5 heures du matin.

V. — La division quittera ses cantonnements à 3 heures du matin. Rassemblement cote 352 (sud-ouest de Four), sous la protection du régiment de dragons (16e).

Une avant-garde composée du régiment de dragons, avec une section d'artillerie, sera immédiatement jetée vers le Trievoz—Gilet, Ponas.

VI. — Le commandant de la division marchera avec l'avant-garde.

VII. — La division se portera vraisemblablement sur Roche ou la Tiercerye (453) et, de là, sur Bonnefamille ou Diémoz.

VIII. — Les avant-postes de Vaulx-Milieu rallieront leur régiment à Roche, par Saint-Bonnet; ceux de Roche attendront la division sur le plateau.

Avant que d'examiner la manière dont le commandant de la cavalerie devait comprendre sa mission, il convient de s'arrêter aux diverses dispositions de l'ordre qui précède.

On constate, tout d'abord, que le paragraphe II annonce la marche de la division sur Bonnefamille et Diémoz tandis que le paragraphe V, au contraire, prescrit un rassemblement à l'ouest de Four. La nécessité de ce rassemblement ne se faisait nullement sentir (1). Ainsi qu'il sera expliqué plus loin, le premier souci du général de division devait être de se rapprocher, aussi rapidement que possible, du terrain où il pouvait agir sur les colonnes adverses, quelque itinéraire qu'elles choisissent. Il suffisait donc de dire : le régiment de dragons quittera Four à 3 heures du matin et se dirigera sur Roche; la brigade de cuirassiers, ayant l'artillerie derrière son premier escadron, se présentera à Four à la même heure.

Une avant-garde composée du régiment de dragons renforcé d'une section d'artillerie doit être jetée sur le Trievoz et Ponas : il appartenait au commandant de la division d'indiquer l'intérêt qui s'attachait à l'occupation de Diémoz et de fixer la force de cette occupation ; on ne l'a pas fait.

D'autre part, la place du général est fixée à l'avant-garde : il s'agit,

(1) D'autant plus que, si le général disait marcher à l'avant-garde, il n'indiquait, dans son ordre, ni la formation de marche, ni l'heure de départ du gros.

sans doute, de l'avant-garde propre du gros de la division — du moins l'endroit où doivent parvenir les renseignements jusqu'à 5 heures (§ IV) semble l'indiquer — et non de l'avant-garde de Trievoz. Une confusion était possible.

On ne s'explique guère, enfin, qu'une dizaine de cavaliers (§ IV) chargés de « battre l'estrade » sur un vaste espace de terrain puissent servir d'appui à une reconnaissance d'officier.

Si maintenant on passe à l'examen de la situation le 1er septembre au soir, on constate que les dispositions adoptées ne répondent pas à la mission imposée au chef de la 9e division de cavalerie.

Arrêter, ou tout au moins retarder l'ennemi assez longtemps pour que le corps d'armée rouge ait le temps de se débarrasser définitivement de son adversaire déjà ébranlé par l'échec subi dans la journée du 1er, tout est là. Les moyens ? Des canons et des carabines, *des canons surtout*, parce qu'ils agissent de loin et n'engagent pas, comme les carabines, dans une lutte rapprochée dont la cavalerie est peu propre à se retirer facilement.

D'où l'on conclut à la *nécessité* de s'assurer la possession des positions d'où le canon sera en mesure d'agir sur l'adversaire et, cela, le plus tôt possible, car il est bien certain que, plus vite on arrêtera ou retardera l'ennemi, plus sûrement le rôle à jouer sera bien tenu.

Cette seule condition conduisait à mettre la division en mouvement *tout entière, avec tout son canon*, sans perte de temps et sans rassemblement préalable.

Sur quel point la diriger ? Là résidait la seule difficulté parce que c'est là qu'intervenait la seule inconnue du problème à résoudre, à savoir les itinéraires dont se servirait l'adversaire. Mais, à tout prendre, l'indécision ne pouvait être de longue durée : l'ennemi étant, dans la nuit du 1er au 2 septembre, à Heyrieux et Saint-Quentin-Fallavier, *il lui était impossible* de choisir d'autre route qu'une ou plusieurs des trois ci-dessous énumérées :

Saint-Quentin-Fallavier—Bonnefamille ;
Saint-Quentin ou Heyrieux—Diémoz ;
Heyrieux—la Fayette.

Tout autre itinéraire, possible encore, car les choses invraisemblables arrivent quelquefois à la guerre, était improbable et l'on devait se borner à le surveiller à l'effet de le pouvoir encore atteindre si, par hasard, il venait à être employé par l'ennemi.

Si l'on s'en tient aux trois routes précitées, il tombe sous le sens que la hauteur dont Diémoz marque le point central, la cote 424 et le Costat les deux extrémités, les commandait dans des conditions excellentes au point de vue de l'utilisation du canon. Le premier soin du commandant de la division devait être de s'assurer la possession de cette hauteur et, par conséquent, de marcher vers elle avec toutes ses forces.

Est-ce à dire qu'il y fallait conduire toute la division? Non certes et pour deux raisons : il suffisait que les batteries que l'on avait l'intention d'y installer fussent en sûreté et l'on devait prévoir que des occasions favorables se produiraient peut-être de faire agir la cavalerie comme arme de choc, ce qui revient à dire qu'on n'avait pas à la jucher sur une hauteur mais à la maintenir dans le voisinage d'un terrain d'action favorable, représenté évidemment ici par la plaine située entre Ponas et la Fayette.

En résumé, l'opération se pouvait ainsi comprendre :

1° Une découverte, comprenant trois reconnaissances; une sur chaque route que l'ennemi utiliserait vraisemblablement, savoir :

Bonnefamille—Saint-Quentin.
Diémoz—Heyrieux.
La Fayette—Heyrieux

et chargée de prévenir de l'approche de l'adversaire, de dénombrer ses colonnes si possible ;

2° Une surveillance, en tout deux patrouilles, ayant pour but de garder les routes dont l'utilisation était invraisemblable, mais toutefois possible, savoir :

L'une sur le plateau nord de Villefontaine, regardant vers Saint-Quentin et la Verpillière ;

L'autre sur le plateau du Fayet (sud-ouest d'Heyrieux).

3° Une couverture pour la position que devait vraisemblablement occuper l'artillerie (hauteur de Diémoz), fournie par le régiment de dragons et ainsi répartie :

1 escadron à la Fayette,
2 escadrons à Diémoz et ses avancées sur la route d'Heyrieux,
1 escadron vers le Trievoz.

4° Un gros, la brigade de cuirassiers et l'artillerie en une position centrale et cependant non située trop en arrière du front du corps d'armée adverse, à l'effet d'éviter toute surprise, c'est-à-dire vers le Pillard.

Le commandant de l'artillerie, parcourant la crête à l'est de 424 (position battant la route de Bonnefamille à Saint-Quentin), Diémoz (position battant la route directe d'Heyrieux), le Costat (position battant les deux routes Valentier, la Fayette et Heyrieux, Grange-Basse, la Fayette), reconnaîtrait les emplacements à faire occuper à ses batteries, suivant que telle ou telle circonstance viendrait à se produire.

Quant à la brigade de cuirassiers, elle pouvait, du Pillard, se glisser, par le col à l'est de 424 ou par le vallon de Bonnefamille, jusqu'à la plaine de Grange-Neuve, et agir, par le choc, s'il arrivait que l'artillerie parvînt, grâce à son feu, à déterminer quelque désordre dans les rangs ennemis.

Le système, enfin, aurait été heureusement complété :

1° Par une patrouille de liaison avec le régiment de dragons resté rattaché au corps d'armée ;

2° Par une patrouille d'observation détachée au sud-est du Brachet, en vue de tenir le commandant de la division au courant des agissements de l'aile gauche du corps d'armée ennemi.

L'ordre de la division, daté de Saint-Alban-de-Roche, à 11 h. 59 du 1er septembre, pouvait se libeller ainsi :

I. Situation.

II. La division se portera demain matin dans la direction de la hauteur de Diémoz, dont la possession nous est nécessaire pour installer notre artillerie et commander les routes que l'ennemi peut utiliser pour se diriger vers le Sud.

III. Cette position, qu'il importe de tenir avant l'ennemi, sera occupée par le régiment de dragons, lequel rompra assez à temps pour avoir, à 4 heures du matin :

1 escadron à la Fayette (route de Saint Georges-d'Espéranche à Heyrieux) ;

2 escadrons à Diémoz et hameaux au nord (route directe de Diémoz à Heyrieux) ;

1 escadron au Trievoz-Gilet (sud-est de Ponas) (route de Ponas et de Saint-Quentin).

Le régiment de dragons aura une reconnaissance d'officier sur chacune des routes de la Fayette à Heyrieux, de Diémoz à Heyrieux, de Bonnefamille à Saint-Quentin ; chaque reconnaissance précédera d'une heure environ la fraction qui doit aller occuper la route correspondante.

IV. A l'effet :

1° De surveiller les routes excentriques, le régiment de dragons détachera deux patrouilles ; l'une sur Villefontaine pour observer la route de Fallavier et celle de la Verpillière ; l'autre sur le plateau du Fayet (sud-ouest d'Heyrieux). Ces patrouilles partiront à la même heure que les reconnaissances d'officier de droite et de gauche ;

2° De se lier avec le corps d'armée rouge et de tenir le commandant de la division au courant des agissements de la gauche du corps d'armée bleu, le 17e cuirassiers aura, pour 4 heures du matin, une patrouille de liaison avec le régiment de dragons laissé au corps d'armée, une patrouille d'observation, face au Sud, sur la hauteur à l'est du Brachet (nord-est de Saint-Georges-d'Espéranche).

V. La brigade de cuirassiers, artillerie entre les régiments, se présentera à Four, à 3 h. 15 du matin et se portera, par Roche, sur le Pillard, où elle se rassemblera.

Le général de division marchera avec elle.

VI. Au reçu du présent ordre, le commandant de l'artillerie se rendra à Four avec ses agents de liaison et se joindra aux deux escadrons de dragons qui doivent se rendre à Diémoz. Il fera une reconnaissance détaillée de la position : mamelon est de 424—424—Diémoz—le Costat, dans l'hypothèse où il serait appelé à y établir ses batteries pour tirer sur les routes (et abords des routes) de Bonnefamille à Saint-Quentin, de Diémoz à Heyrieux, de la Fayette à Heyrieux par Grange-Basse et par Valentier.

Ces dispositions diffèrent entièrement de celles adoptées par le chef hypothétique de la 9e division. On perd du temps à rassembler la division à Four, alors que la vitesse était une condition primordiale du succès ; on n'insiste nullement sur l'importance de la possession de la hauteur de Diémoz et on laisse le soin de fixer l'effectif du détachement qui tiendra cette localité au colonel du régiment de dragons ; on sent si peu la nécessité d'agir *avec toute l'artillerie* dès que les colonnes ennemies pourront présenter à cette arme un objectif vulnérable, *quelque éloigné qu'il soit*, qu'on ne désigne tout d'abord qu'une seule section pour accompagner l'avant-garde. Or, il était évident que — si grandement qu'on l'étalât sur le sol — cette section serait obligée de se taire presque immédiatement, dès l'instant où l'ennemi aurait déployé contre elle une unique batterie : il en pouvait être tout autrement si l'on disposait, d'un seul coup, des deux batteries à cheval, lesquelles divisibles en quatre sections pouvaient être disposées sur le sol avec de très larges intervalles et qui, défilées, pouvaient défier, sans y répondre, toutes les rafales d'une artillerie bien supérieure en nombre.

III. — Exécution de la manœuvre.

Un peu après 4 h. 30 du matin, la situation des deux partis peut se résumer ainsi :

A) *Brigade mixte bleue.* — 1 bataillon du 9e, dirigé sur Diémoz et venant de Valentier, reçoit des coups de fusil partant du carrefour de routes au nord de Diémoz et s'engage, sans trop savoir quelles forces il a devant lui.

1 bataillon du 9e atteint Ponas, en marche vers le Trievioz-Gilet.

Le bataillon du 9e formant tête du gros de la colonne principale vient de dépasser la bifurcation de routes de Valentier, se dirigeant sur Diémoz.

Des coups de canon partent de la hauteur de Diémoz (ouest de la cote 424) sur le bataillon (du 9e) qui commence à se déployer à hauteur de Grange-Neuve (1).

B) *Division de cavalerie rouge.* — La division de cavalerie rouge, en effet, se trouvait alors dans la situation suivante :

1 escadron de dragons à Diémoz et dans les maisons du carrefour situé au nord;

1 escadron de dragons au Trievoz-Gilet;

2 escadrons de dragons en réserve non loin de la batterie d'artillerie (2) placée à l'ouest de la cote 424.

Le gros de la division (brigade de cuirassiers et une batterie) se trouvait, à ce moment, entre Four et Roche.

Le commandant du régiment de dragons, bien informé par sa reconnaissance et ses patrouilles qui ne rencontraient devant elles aucune cavalerie bleue, savait la présence d'un seul bataillon à Ponas, d'un bataillon aux abords de Grange-Neuve et d'un bataillon non loin de Valentier. Quant au commandant de la division, il était encore éloigné du lieu de l'action et ne pouvait en rien intervenir : au bruit du canon, il faisait accentuer la marche, par Roche, sur le Pillard où le gros de la brigade se rassemblerait. De sa personne, avec une escorte, il prenait le même chemin, se dirigeant vers 424.

Le commandant du régiment de dragons, de son côté, ordonnait à l'escadron de Trievoz de retarder le plus possible le bataillon ennemi débouchant de Ponas et portait ses deux escadrons de réserve sur Diémoz à l'effet d'en renforcer et prolonger la défense sur les ailes (3).

---

(1) Tels sont les renseignements envoyés, à 6 heures du matin, par le directeur au chef de la brigade mixte bleue.

(2) Revenant sur sa décision de la nuit, le commandant de la division avait ordonné qu'une batterie entière, au lieu d'une section, accompagnerait le régiment de dragons.

(3) Le commandant du parti rouge avait reçu, à 6 heures du matin, du

Le commandant de la brigade bleue, pendant ce temps, laissait pousser ses deux bataillons de Ponas et de Grange-Neuve vers leurs objectifs respectifs (cote 424 et Diémoz) et ordonnait à la colonne principale de continuer son mouvement en utilisant, pour se couvrir, une crête parallèle à la route de Bonnefamille à la Fayette et aboutissant entre Grange-Neuve et la Forêt. Il ordonnait, en même temps, au commandant de son artillerie de reconnaître une position en arrière de ladite crête et d'y faire venir son 1er groupe (1).

Il est clair qu'un tel mouvement ne pouvait passer inaperçu du commandant de la batterie rouge placée sur la hauteur de Diémoz et que la descente des batteries bleues de Valentier sur le terrain à l'est de la Forêt était des plus dangereuses.

On voit aussi quelle supériorité momentanée aurait possédé le parti rouge s'il avait eu, sur la hauteur de Diémoz, deux batteries au lieu d'une seule. Ces deux unités, subdivisées en quatre sections pouvaient, *simultanément*, agir sur le bataillon de Ponas, sur le bataillon de Grange-Neuve, sur l'artillerie cherchant à gagner la crête entre la hauteur de Ponas et la Forêt, sur le gros de la colonne bleue principale continuant sa marche vers le Sud. En outre si ces batteries, par groupes de deux pièces, s'étaient attachées à se répartir sur toute la crête à l'est et à l'ouest de Diémoz, le temps ne peut être apprécié qu'il aurait fallu à l'artillerie bleue, même si elle entrait tout entière en ligne, pour dominer le feu des deux batteries rouges.

En tout état de cause, la descente de la colonne principale bleue sur Valentier et la Forêt ainsi que celle du 1er groupe d'artillerie vers les mêmes points semblèrent au directeur d'une réelle difficulté et il décida que si, *très à la longue*, ce mouvement parvenait à s'effectuer, ce ne

---

directeur, avis d'avoir à pousser sur la cote 424 l'officier représentant le régiment de dragons et à laisser à cet officier toute initiative jusqu'au moment où il parviendrait lui-même sur la hauteur 424.

(1) Telle fut la réponse du chef de la brigade bleue à la première communication du directeur. Cette réponse permit d'adresser au commandant du parti rouge un nouveau bulletin de renseignements et ainsi de suite.

pouvait être qu'au prix de précautions exigeant une perte de temps considérable.

Il jugeait également que le commandant du parti bleu commettait une faute en ne mettant pas immédiatement ses quatre batteries en action derrière la crête de l'Alouette, de manière à maîtriser, de suite, le principal obstacle qui s'opposait à sa marche, c'est-à-dire l'artillerie rouge.

C) *5 h. 30 du matin.* — Il était donc admis que le bataillon bleu de Grange-Neuve $\left(\frac{I}{9}\right)$ à la fois soumis au feu des carabines des trois escadrons maintenant arrivés à Diémoz et d'une section au moins d'artillerie ne pouvait que très lentement progresser vers son objectif, tandis que le bataillon de Ponas $\left(\frac{II}{9}\right)$, moins éprouvé par la raison que la demi-batterie rouge dirigée contre lui avait eu à tirer par intervalles sur la tête de la colonne principale et sur l'artillerie bleue (1er groupe) descendant sur Valentier, atteignait Trievoz-Gilet vers 5 h. 30.

L'escadron qui tenait ce hameau s'était retiré sur le Thévenard.

De son côté, le bataillon de Grange-Neuve $\left(\frac{I}{9}\right)$ atteignait le carrefour au nord de Diémoz, mais était vivement soumis à des feux partant de la lisière nord de cette localité.

Le bataillon de tête du gros $\left(\frac{III}{9}\right)$ de la colonne principale, franchissant par essaims la crête de l'Alouette était parvenu à se rassembler à la Forêt (1). Le 1er groupe d'artillerie (2 batteries) avait réussi à s'établir sur la crête avoisinant (à l'est) la Forêt; le 10e régiment et le 2e groupe d'artillerie (2 batteries) n'avaient pas encore franchi le passage difficile de Valentier. Toutefois, sur l'ordre du

(1) Derrière la crête joignant cette ferme à la hauteur de Ponas.

général de brigade, le commandant de l'artillerie avait reconnu, sur le mamelon de Ponas, une position où pourrait éventuellement prendre place son 2e groupe de batteries.

Du côté rouge, le commandant de la division était arrivé sur la cote 424, un peu après 5 heures et s'était rendu compte de la situation (1).

Tout le terrain compris entre les hauteurs de Diémoz et de l'Alouette s'étalait sous ses yeux : il avait donc une connaissance exacte des forces ennemies arrivées dans cette zone : seul, le gros de la brigade bleue (10e et 2 batteries) échappait à son regard.

Son régiment de dragons tenait, à 5 h. 30, Diémoz (3 escadrons) et le Thévenard (1 escadron). A l'effet de mieux protéger sa droite, il poussait un escadron du 17e cuirassiers pied à terre, au château de Moidière et un autre escadron derrière le mamelon nord de 424. De cette manière, il arrêtait les progrès du bataillon ennemi de Ponas $\left(\frac{\text{II}}{9}\right)$ (lequel marchait sur 424) et s'opposait à un débordement de Diémoz par l'Est. En revanche, la gauche du régiment de dragons restait le point sensible et aucun échelon de feu ne venait s'opposer à des tentatives de débordement de Diémoz par l'Ouest.

Il aurait été nécessaire d'envoyer vers le Costat un élément dont le feu aurait empêché les fractions de droite du bataillon $\frac{\text{I}}{9}$ de gravir les pentes montant vers ce hameau. L'oubli de cette précaution avança l'évacuation de Diémoz dans une notable proportion.

Le gros de la division était arrivé, sur ces entrefaites, au Pillard et la 2e batterie avait été appelée sur la hauteur

---

(1) Il y vint personnellement et y rencontra le commandant du régiment de dragons; les officiers représentant la brigade de cuirassiers restèrent provisoirement au Pillard.

de Diémoz. Cette mesure tardive pouvait encore donner des résultats, car l'infanterie adverse placée très en contre-bas ne pouvait avoir d'action sur les batteries rouges défilées derrière leur crête, mais ces résultats ne pouvaient plus être que provisoires pour les raisons qui vont être indiquées.

D) *6 heures du matin.* — Diémoz est pressé d'assez près par le bataillon $\frac{I}{9}$ et le Thévenard par le bataillon $\frac{II}{9}$; d'autre part, le bataillon $\frac{III}{9}$, rassemblé derrière la crête voisine de la Forêt, pousse de petites fractions pour prolonger la droite du bataillon qui se trouve devant lui : enfin, les deux groupes d'artillerie bleus sont maintenant en position derrière la crête de la Forêt et sur la hauteur de Ponas tandis que le 10e filtre peu à peu, au delà de Valentier, pour aller se reformer derrière la crête masquant le 1er groupe d'artillerie.

A ce moment, le commandant de la division rouge prend la surprenante décision de diriger tout le gros de ses forces avec une batterie sur le Costat, par les Renardières. Il espère pouvoir mettre « sa batterie en position « au Costat, sous la protection de deux pelotons, tandis « que le gros de la division se lancera à l'attaque, dans la « plaine, sur le flanc droit de l'ennemi, en partant de l'abri « formé par les bois du Chanos, du Tambourin et de Grange- « du-Loup ».

En cas d'insuccès, « la direction de retraite sera prise « sur Saint-Georges-d'Espéranche ».

Cette résolution, arrêtée à un moment où l'évacuation de Diémoz par les dragons ne pouvait plus être qu'une question de peu de temps, présentait de graves dangers pour le parti rouge.

Le mouvement, en effet, devait s'effectuer par les Renardières, c'est-à-dire par une gorge profonde que la brigade de cuirassiers ne pouvait franchir qu'en colonne par quatre : si le village de Diémoz était évacué à ce moment, les deux régiments du gros de la division et la batterie pouvaient tomber inopinément sous le feu et courir le risque d'être détruits sans résistance possible.

En outre, la manœuvre projetée pouvait avoir pour conséquence, au cas où l'ennemi percerait sur Diémoz ou le Thévenard une fois la division arrivée au Costat, de séparer entièrement la division rouge de son parti, en lui coupant la liaison si heureusement maintenue jusque-là.

Le directeur, dans le but de permettre au commandant de la cavalerie de se raviser, lui faisait alors connaître que Diémoz venait d'être évacué par le régiment de dragons sous la menace d'un mouvement débordant de l'ennemi par l'ouest du village (1).

Cette communication ne modifiait pas la manière de voir du chef du parti rouge qui maintenait ses dispositions premières en se contentant d'ordonner que deux pelotons s'installeraient aux Renardières et de modifier l'emplacement où la batterie prendrait position (bois au sud-est de la Fayette, au lieu du Costat).

Le chef du parti rouge paraît avoir été inspiré par une idée juste : ne pouvant arrêter la tête de colonne ennemie, il songeait à agir sur le flanc de cette colonne pour l'obliger à faire face, à déployer des moyens, en trois mots à « perdre son temps ». Mais encore fallait-il choisir le flanc à harceler et, ici, c'était évidemment le flanc est, à l'effet de demeurer toujours en liaison intime avec le corps d'armée rouge. D'autre part, bien qu'on voulût porter le principal effort sur l'un des flancs, il n'en restait pas moins utile d'agir sur la tête pour retarder sa jonction avec le reste du parti bleu et déterminer au moins la direction qu'elle avait l'intention de prendre.

Il semble donc que la solution pouvait être la suivante : occupation de 424 et du Pillard (face au Thévenard) (2), du bois au nord du Brachet (face aux Bruyères et aux Renardières) (3) ; recul de l'artillerie (une bat-

---

(1) On remarquera qu'une menace débordante est un procédé certain pour amener l'évacuation d'un point d'appui isolé et tout spécialement lorsque la garnison est constituée par de la cavalerie.

(2) Par les deux escadrons (16e dragons et 17e cuirassiers) opérant déjà dans la région.

(3) Par un escadron ou deux du 17e cuirassiers.

terie) sur la crête à l'ouest de Combe Rousse (1), pour tirer sur les débouchés sud de Diémoz ; rassemblement du gros de la division (2) vers la région au sud-ouest de la Tiercerye ; prise de position de la 2e batterie sur la hauteur de Vigneux ; ralliement des trois escadrons venant de Diémoz aux abords sud-ouest de Combe Rousse et établissement d'un repli sur la crête 419 ainsi qu'à la lisière nord du bois 400.

E) *6 h. 30 du matin.* — Au parti bleu, dès le moment où Diémoz avait été pris, le bataillon de tête $\left(\frac{1}{9}\right)$ recevait l'ordre de continuer dans la direction qui lui avait été assignée (chemin de terre passant au sud de 424), tandis que l'ex-bataillon de Ponas marcherait du Thévenard sur la même côte 424.

Des patrouilles de cavalerie rouge apparaissant du côté du Costat, le commandant du bataillon de Diémoz faisait à leur présence le sacrifice d'une compagnie qui était appelée à se diriger sur les Renardières et les Bruyères en passant par l'est du Costat.

Tout le reste de la brigade, artillerie comprise, reprenait sa marche sur Diémoz.

On voit que, dans ces conditions, si le commandant de la division rouge persistait dans son intention de marcher avec son gros sur le Costat, il ne pouvait manquer de se heurter, aux abords des Renardières : en tête, à la compagnie détachée par $\frac{I}{9}$ sur sa droite ; en flanc (nord), aux trois compagnies débouchant de Diémoz et, peu de temps après, en queue, au bataillon $\left(\frac{II}{9}\right)$ montant du Thévenard sur la hauteur 424. Sa situation eut été désespérée.

Si l'on considère, au contraire, la solution proposée par le directeur, on

---

(1) De là, elle échappait aux vues de **424** et pouvait se retirer sans être exposée aux coups, même si cette hauteur venait à être occupée par l'ennemi.

(2) 18e cuirassiers, 1 ou 2 escadrons du 17e cuirassiers.

voit que la colonne principale bleue ne pouvait, tout d'abord, persister dans son intention de marcher par le terrain au sud de la cote 424, car elle ne pouvait négliger ni les défenseurs du bois au nord du Brachet, ni la batterie jetée sur la croupe à l'ouest de Combe Rousse. Il lui fallait avant tout se débarrasser de cet adversaire posté sur son flanc sud : or, cette opération aurait demandé d'autant plus de temps que la compagnie détachée par $\frac{I}{9}$ ne débordait pas la gauche de la défense et que l'artillerie bleue ne pouvait pas, pour deux raisons, s'installer encore sur la hauteur de Diémoz : elle manquait de terrain entre elle et son infanterie et elle avait à parcourir, en outre, la distance séparant la Grange-Neuve de Diémoz.

En admettant qu'à 7 h. 30—8 heures, la brigade bleue ait réussi à s'emparer de tout le mouvement de terrain 424, Diémoz, le Brachet, elle se serait alors heurtée à la grande croupe Vigneux—Château-Tillet où la division rouge lui aurait opposé une nouvelle résistance.

Le même jeu, plus tard encore, aurait pu se renouveler sur les mamelons nord de Langot : d'ailleurs il est à croire que, déjà sur la position précédente, la division de cavalerie aurait été renforcée par un soutien d'infanterie fourni par la 2e brigade d'infanterie du 1er corps, car, à 8 heures du matin, ainsi qu'on l'a vu lors de la description des opérations sur le Vernay, le repli du corps bleu établi aux abords du petit lac du Pin, était depuis une heure rejeté vers le Sud (1).

A ce propos, il n'est pas sans intérêt de faire ressortir combien il eut été plus avantageux pour la brigade mixte bleue d'adopter l'itinéraire par la Fayette et Saint-Georges-d'Espéranche. Le fait qu'on aurait pu mettre quatre batteries en position sur la crête au sud-ouest de 338 dès le moment même où se serait révélée l'artillerie rouge, aurait diminué de beaucoup les longueurs inhérentes au franchissement de la crête de Valentier. Diémoz, dans ces conditions, aurait été enlevé une heure plus tôt, soit vers 5 heures. A ce moment, le gros de la brigade précédé par ses deux compagnies d'avant-garde parvenues déjà sur les premières croupes au sud de la Fayette, se serait mis en marche sur Saint-Georges-d'Espéranche. Vers 7 heures, il pouvait déboucher dans la région du Guillolet et jouer tout naturellement le rôle de repli pour la gauche du corps d'armée bleu, alors vivement chassée de la hauteur du Vernay.

En tout cas, l'offensive de la 2e brigade rouge, chargée du mouvement débordant, eût été arrêtée et c'était, pour cette brigade, un nouveau combat à livrer, si elle voulait débusquer la 5e brigade mixte de sa forte position du Guillolet.

---

(1) Voir page 204.

F) *Fin.* — La manœuvre à double action était arrêtée à ce moment de la journée : il était 10 heures du matin (1).

Le directeur remerciait les officiers des deux partis, réunis à l'ouest de la cote 424, du concours qu'ils lui avaient prêté et exprimait l'espoir que tous — qu'ils appartinssent à la direction, au corps d'armée rouge, à l'ennemi ou aux services — emportaient la conviction d'avoir utilement employé les cinq journées consacrées à l'étude des opérations du 1er corps.

(1) 6 h. 30 (heure des opérations).

TABLE DES MATIÈRES

PREMIÈRE PARTIE.

Documents relatifs à la préparation matérielle du voyage.

DEUXIÈME PARTIE.

Documents relatifs à la préparation tactique du voyage.

TROISIÈME PARTIE.

Travail de la première journée (27 mai).

QUATRIÈME PARTIE.

Travail de la deuxième journée (28 mai).

§ 1er. — *Matinée du 26 mai.*

§ 2. — *Après-midi du 28 mai.*

CINQUIÈME PARTIE.

Travail de la troisième journée (29 mai).

§ 1er. — *Matinée du 29 mai.*

§ 2. — *Après-midi du 29 mai.*

SIXIÈME PARTIE.

Travail de la quatrième journée (30 mai).

§ 1er. — *Matinée du 30 mai.*

§ 2. — *Après-midi du 30 mai.*

SEPTIÈME PARTIE.

Travail de la cinquième journée (31 mai).

---

§ 1er. — *Matinée du 31 mai.*

§ 2. — *Après-midi du 31 mai.*

HUITIÈME PARTIE.

Travail de la sixième journée (1er juin).

PARIS. — IMPRIMERIE R. CHAPELOT ET Ce, 2, RUE CHRISTINE.

LYON

Rhône Fl.

LA VERPILLIÈRE

HEYRIEUX

Villefontaine

Bonne-Famille

Diémoz

St Alban de Roche

BOURGOIN

Ruy

Cessieu

LA TOUR-DU-PIN

St Didier de la Tour

Le Passage

Nivolas

Oytier

Les Éparres

Succieu

Châteauvilain

VIENNE

Pont-Évêque

Estrablin

Beauvoir-de-Marc

Royas

St JEAN de Bournay

Châtonnay

Eclose

Biol

Montrevel

VIRIEU

Champier

Eyzin-Pinet

Chabons

Burcin

Chirens

Cour

Arzay

le Mottier

Gillonnay

St Hilaire de la Côte

Colombes

Apprieu

LE GRAND-LEMPS

La Murette

VOIRON

Faramans

Bellin

LA CÔTE ST ANDRÉ

Revel

Pajay

Sardieux

RIVES

St Barthélemy

Brézins

Beaucroissant

Moirans

BEAUREPAIRE

Marcilloles

Beaufort

St Siméon de Bressieux

ÉTIENNE-de St Geoire

St Geoire

A.C.

Vourey

TULLINS

Lens-Lestang

LE GRAND SERRE

ROYBON

Hauterives

Chasselay

Varacieu

P.A¹

VINAY

Murinais

Dionay

Montchenu

H.C

P.G

St MARCELLIN

P.A³

P.A²

Rhône Fl.

Arthemonay

Montmiral

Isère

St DONAT

Peyrins

Châtillon-St Jean

St Paul de Romans

Mours

G.PA¹

ROMANS

$C_1.C_2$

LE BOURG-du-Péage

Châteauneuf

$C_3.C_4$

VALENCE

G.P.A²

(G.R.)

Situation le 30 Août au soir

Carte N° 2

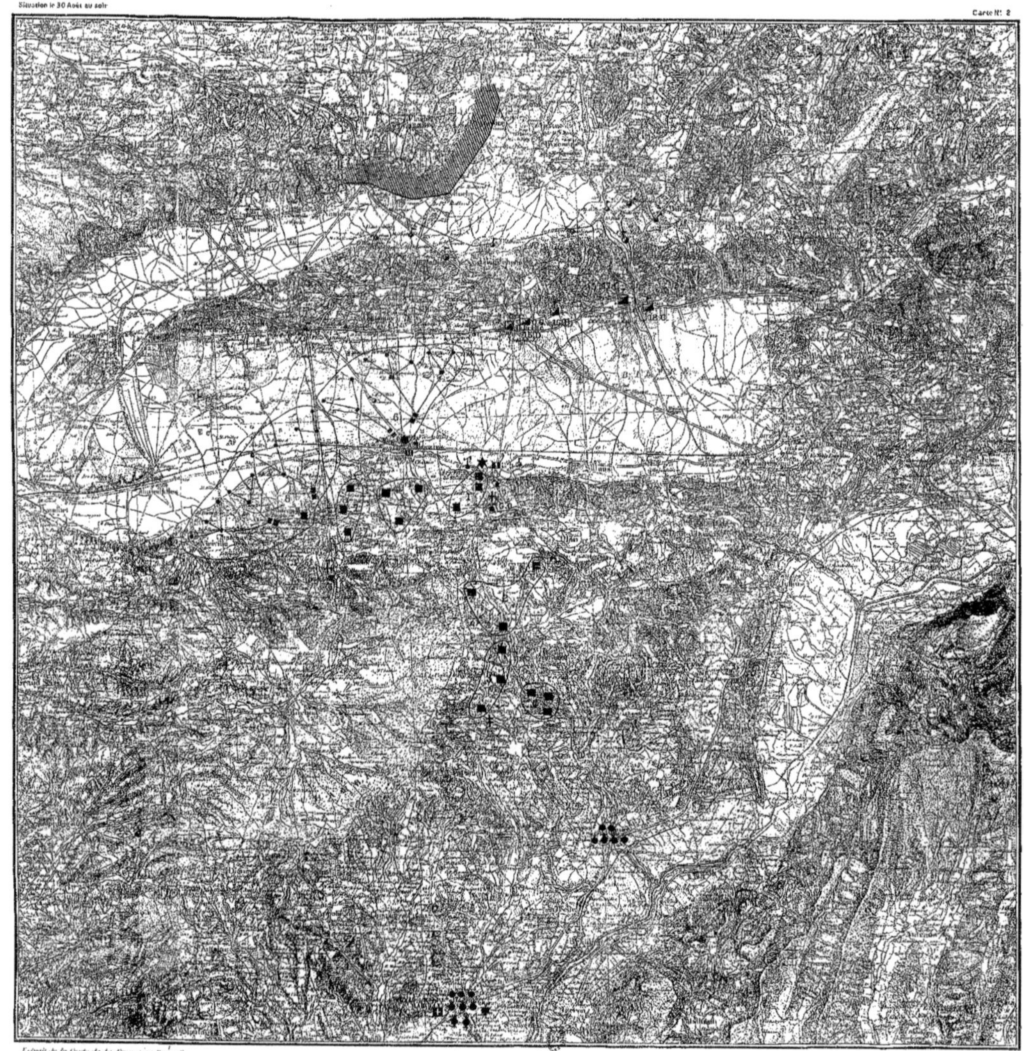

Extrait de la Carte de la France au $\frac{1}{80{,}000}$

Échelle au $\frac{1}{80{,}000}$

0 1 2 3 4 5 Kil.

Général de Lacroix Un voyage d'État-Major de Corps d'Armée

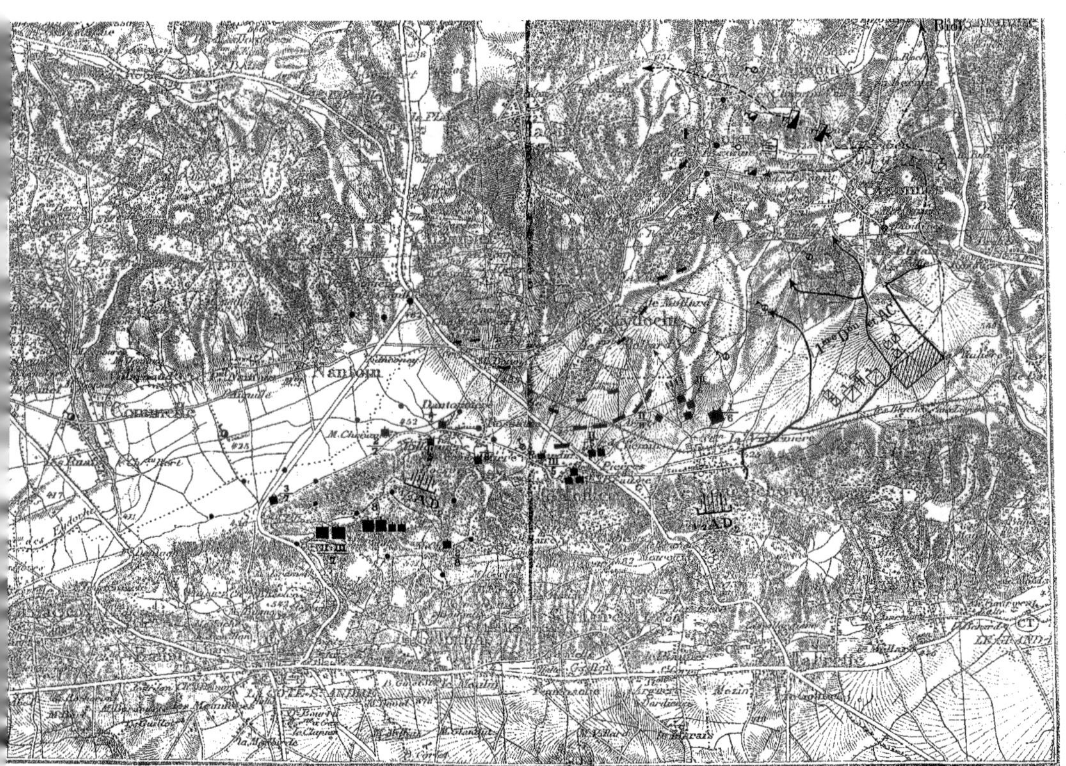

Extrait de la Carte de France au $\frac{1}{50.000}$

Général de Lacroix. Un voyage d'État Major de Corps d'Armée.

Échelle au $\frac{1}{50.000}$

0 1 2 3 4 Kil.

31 Août

Combats de Champier et de St Didier

Stationnement du 31 Août

Carte N° 4

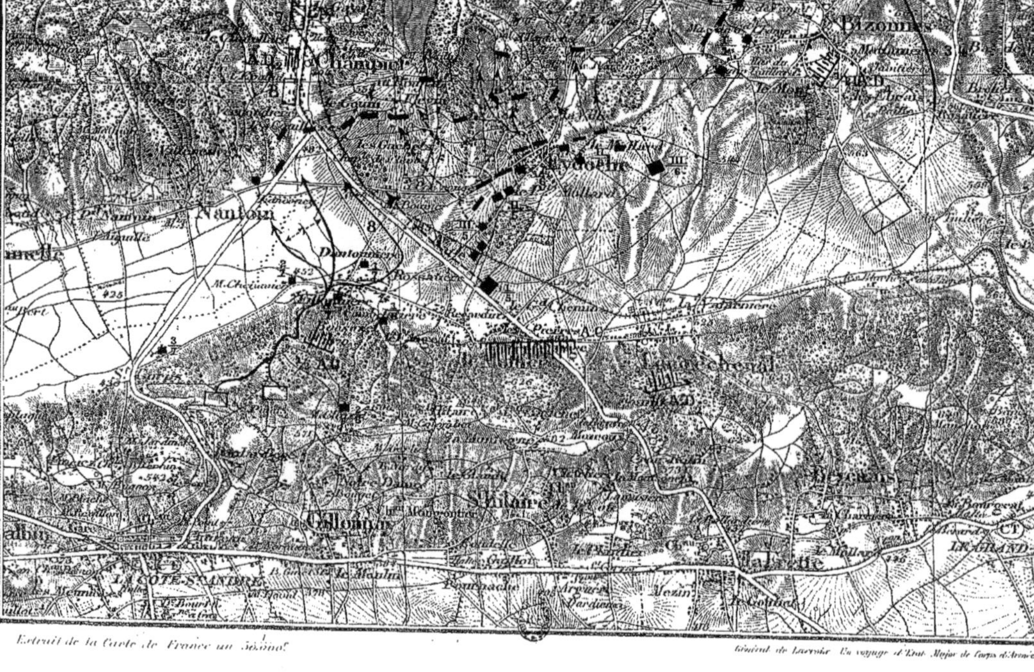

Extrait de la Carte de France au $\frac{1}{80.000}$

Général de Lacroix. Un voyage d'État-Major de Corps d'Armée

Situation des Services le 31 Août au soir

Carte N° 5

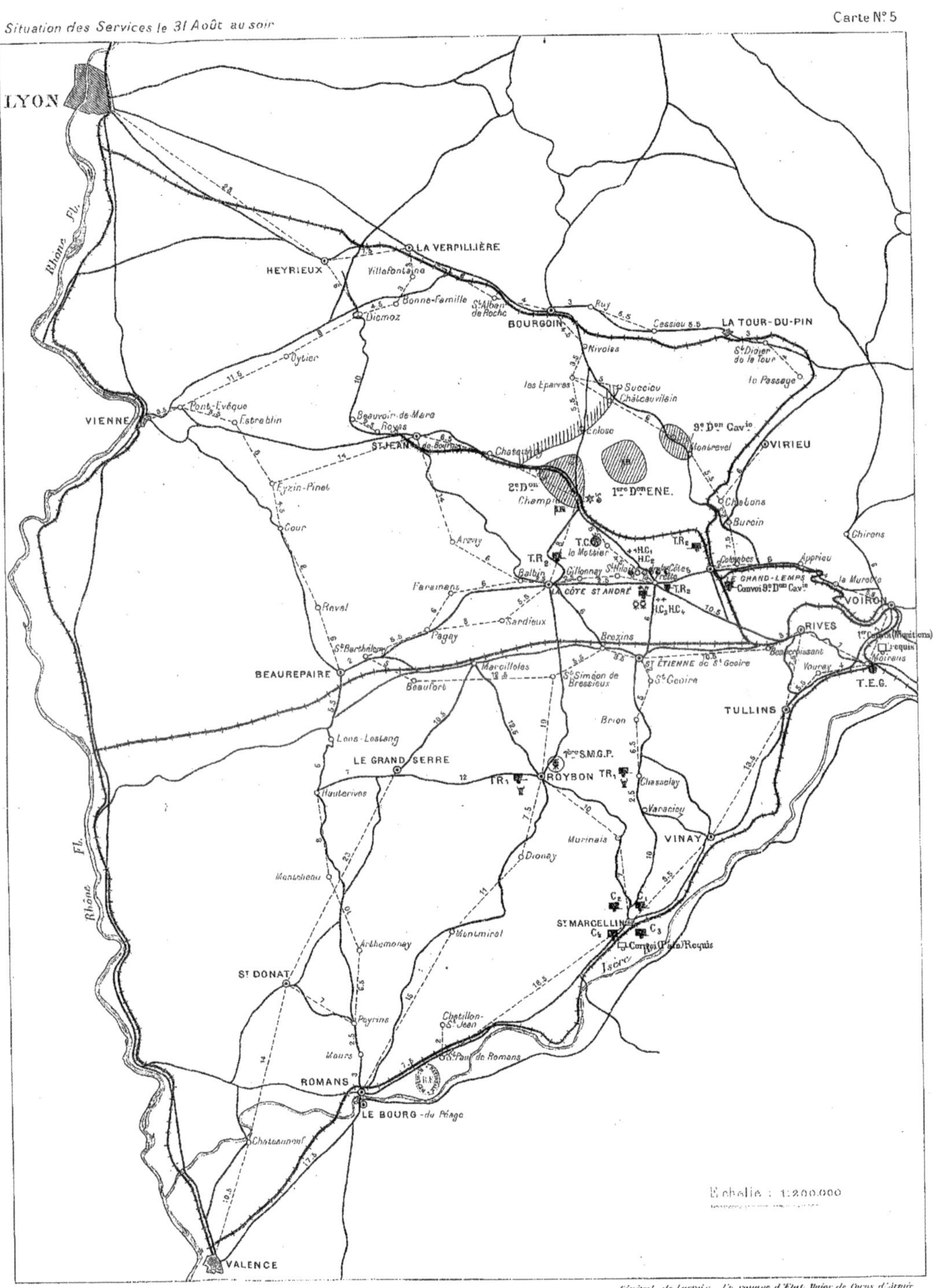

Général de Lacroix — Un voyage d'État-Major de Corps d'Armée

Combat du 1er Septembre

Carte N° 6

Extrait de la Carte de la France au 1/50.000e

Échelle au 1/50.000

Général de Lacroix - Un voyage d'État-Major de Corps d'Armée

Stationnement du 1er Septembre   Poursuite hypothétique du 2 Septembre

Carte N° 7

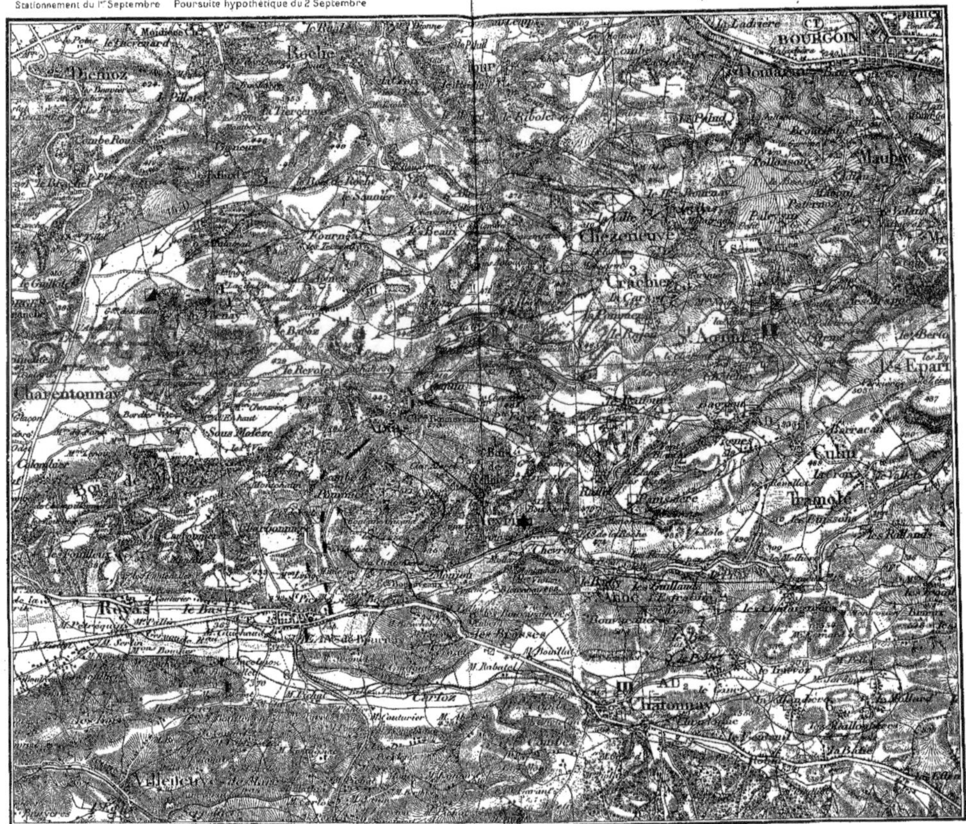

Extrait de la Carte de la France au 1/50000e

Échelle au 1/50.000

0 1 2 3 4 Kil.

Général de Lacroix. Un voyage d'État-Major de Corps d'Armée

Situation des Services le 1er Septembre au soir

Carte N° 8

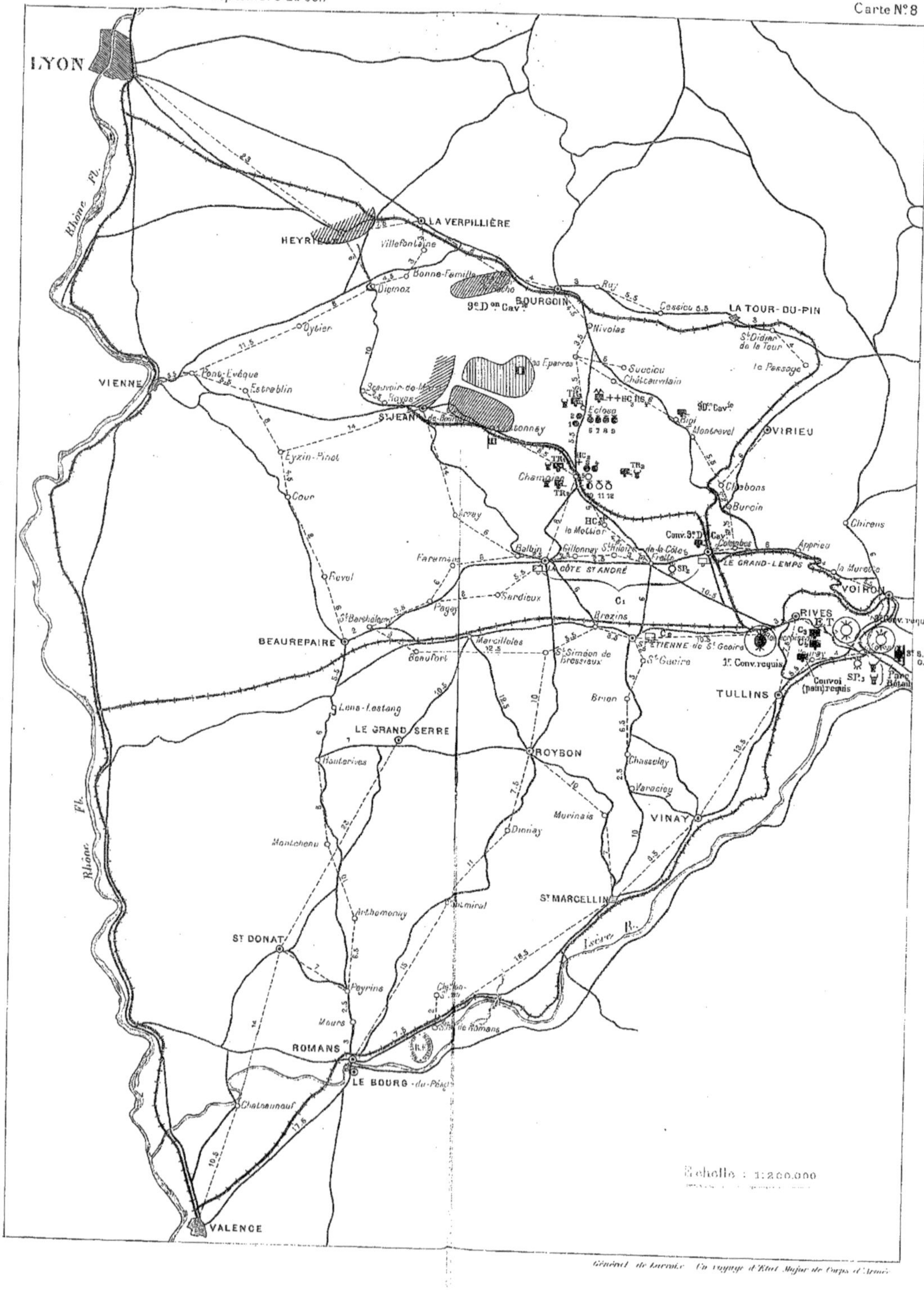

LYON
LA VERPILLIÈRE
HEYRIEUX
Villefontaine
Bonne-Famille
Diemoz
BOURGOIN
9e Don Cavie
Ruy
Cessieu
LA TOUR-DU-PIN
St Didier de la Tour
le Passage
Oytier
VIENNE
Pont-Évêque
Estrablin
Nivolas
Les Eparres
Succieu
Châteauvilain
Beauvoir-de-Marc
Royas
St JEAN de Bournay
Eclose
10e Don Cavie
Biol
Montrevel
VIRIEU
Eyzin-Pinet
Champier
Chabons
Cour
Arzay
Burcin
le Mottier
Chirens
Conv. 9e Don Cav.
Colombe
Apprieu
Faramans
Balbin
Gillonnay
St Hilaire de la Côte
LE GRAND-LEMPS
La Murette
LA CÔTE ST ANDRÉ
La Frette
Revel
Sardieux
Pajay
VOIRON
St Barthélemy
Brezins
RIVES
BEAUREPAIRE
Marcilloles
St ÉTIENNE de St Geoirs
1r Conv. requis
2e Conv. requis
Beaufort
St Siméon de Bressieux
St Geoire
Convoi (pain) requis
TULLINS
Brion
Lens-Lestang
LE GRAND SERRE
ROYBON
Hauterives
Chasselay
Varacieu
Murinais
VINAY
Dionay
Montchenu
St MARCELLIN
Arthemonay
Montmiral
Isère R.
St DONAT
Peyrins
Châtillon St Jean
Mours
Bourg de Romans
ROMANS
LE BOURG-du-Péage
Chateauneuf
VALENCE
Rhône Fl.

Échelle : 1:200.000

Poursuite du 2 Septembre – Prise d'Artas

Carte N° 9

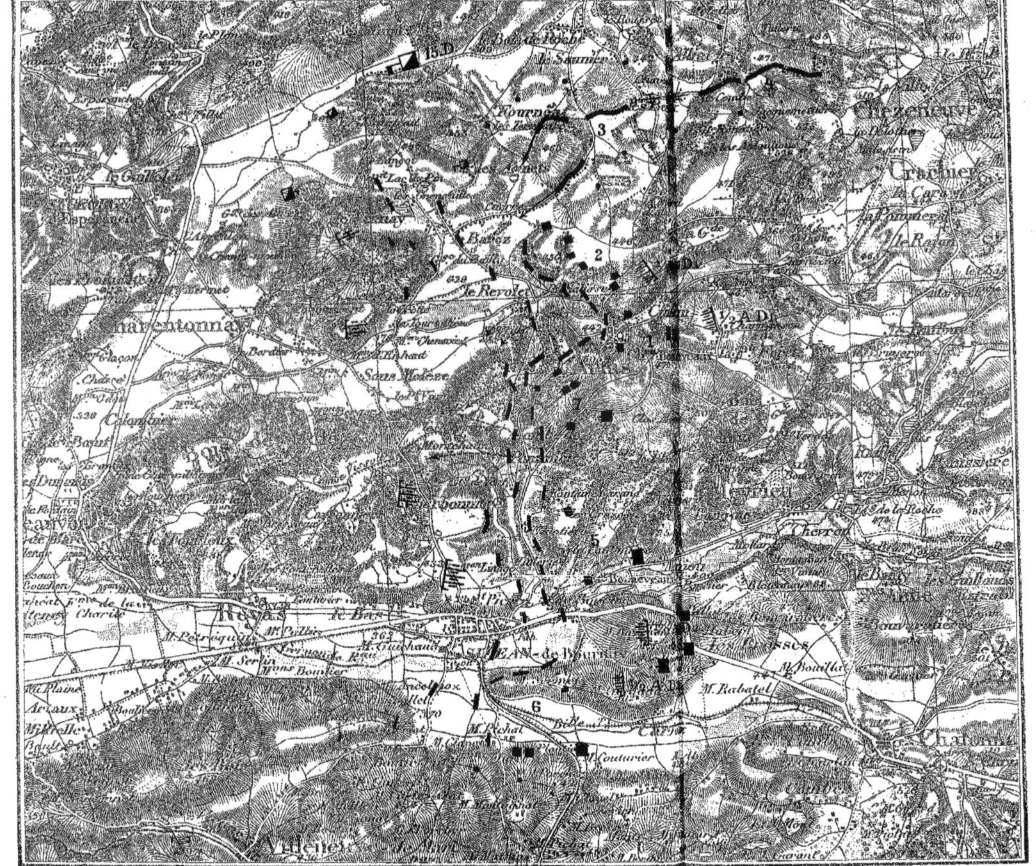

Extrait de la Carte de France au 50.000e

Echelle au 50.000

Général de Lacroix – Un voyage d'État Major de Corps d'Armée

Poursuite du 2 Septembre Attaque du Vernay

Carte N°9bis

Extrait de la Carte de France au 50.000e

Échelle au $\frac{1}{50.000}$

0 1 2 3 4 Kil.

Général de Lacroix. Un voyage d'État Major de Corps d'Armée

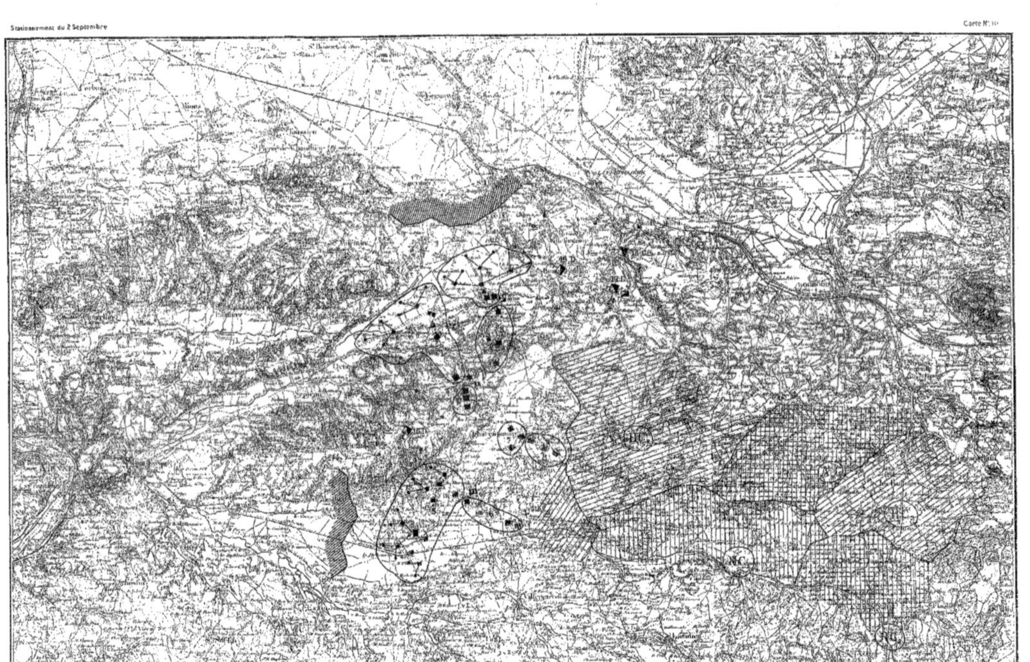
Stationnement du 2 Septembre
Carte N°
Echelle au 80,000

Situation des Services le 2 Septembre au soir

Carte N° II

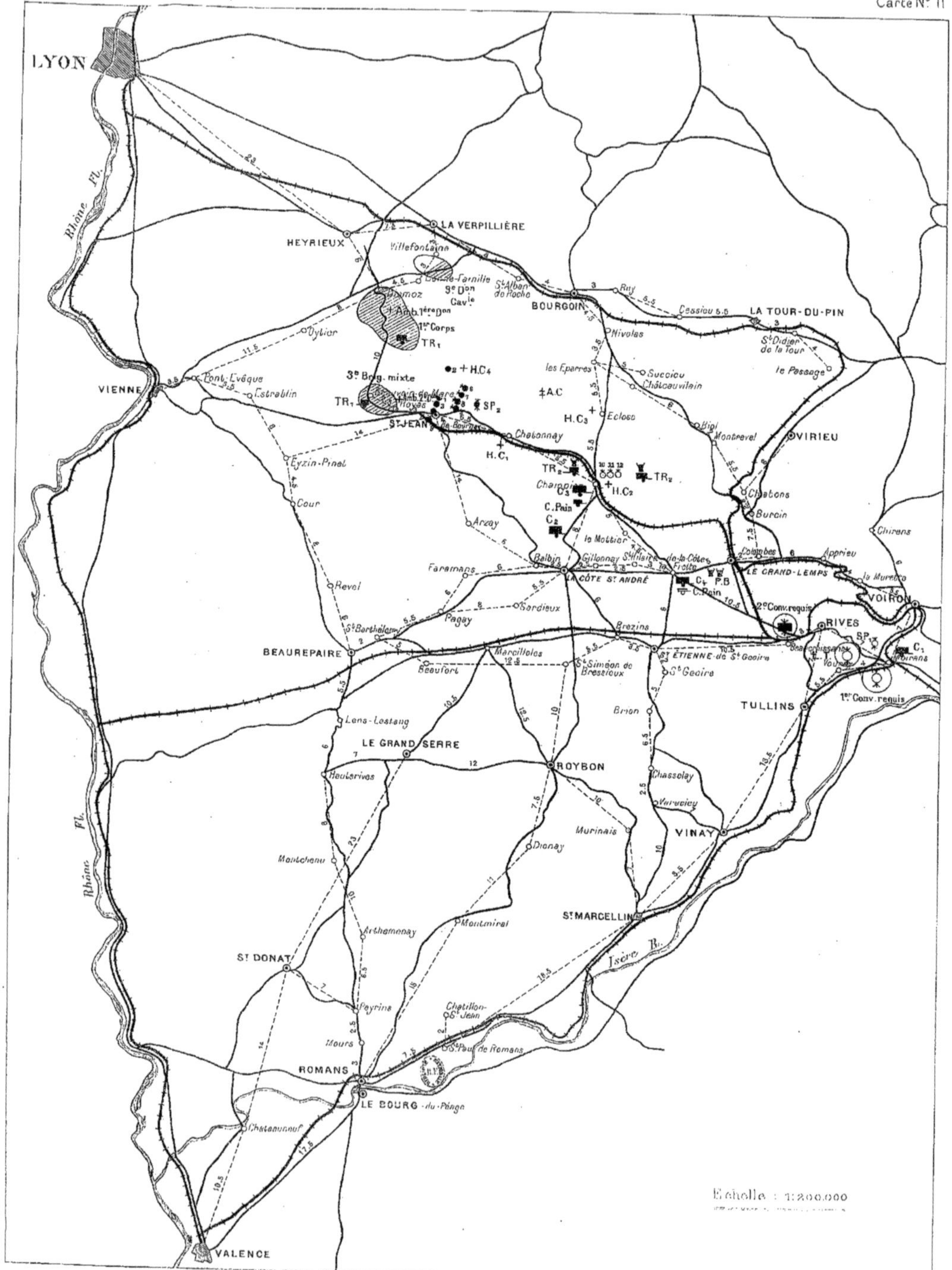

LYON

Rhône Fl.

HEYRIEUX

LA VERPILLIÈRE

Villefontaine

Bonne-Famille

9e Don Cavie

St Alban de Roche

BOURGOIN

Ruy

Cessieu

LA TOUR-DU-PIN

St Didier de la Tour

le Passage

Diémoz

Amb. 1ère Don

1er Corps

TR1

Oytier

Nivolas

3e Brig. mixte

H.C4

les Eparres

Succieu

Châteauvilain

A.C

VIENNE

Pont-Evêque

Estrablin

TR1

SP2

H.C3

Eclose

Biol

Montrevel

VIRIEU

ST JEAN

Chatonnay

H.C1

TR2

TR2

Champier

C3

H.C2

C. Pain

C2

Eyzin-Pinet

Cour

Arzay

le Mottier

Chabons

Burcin

Chirens

Balbin

Gillonnay

St Hilaire-de-la-Côte

Faramans

LA CÔTE ST ANDRÉ

Flachère

C4

P.B

C. Pain

Colombes

Apprieu

LE GRAND-LEMPS

la Murette

VOIRON

Revel

Pajay

Sardieux

2e Conv. requis

RIVES

SP1

C1

Moirans

St Barthélemy

Brezins

BEAUREPAIRE

Marcilloles

St ETIENNE-de-St Geoirs

Beaufort

St Siméon de Bressieux

St Geoire

1er Conv. requis

TULLINS

Lens-Lestang

Brion

LE GRAND SERRE

Hauterives

ROYBON

Chasselay

Varacieu

Murinais

VINAY

Montchenu

Dionay

Montmiral

St MARCELLIN

Arthemonay

Isère R.

St DONAT

Peyrins

Chatillon-St Jean

Mours

St Paul de Romans

ROMANS

LE BOURG-du-Péage

Chateauneuf

Rhône Fl.

VALENCE

Echelle : 1:200.000

Manœuvre à double action du 2 Septembre
Solutions hypothétiques initiales

Carte N°12

Extrait de la Carte de France au 50.000e

Échelle au $\frac{1}{50.000}$

0 1 2 3 4 Kil.

Général de Lacroix. Un voyage d'Etat-Major de Corps d'Armée

Manœuvre à double action _ Solution hypothétique

Carte N° 13

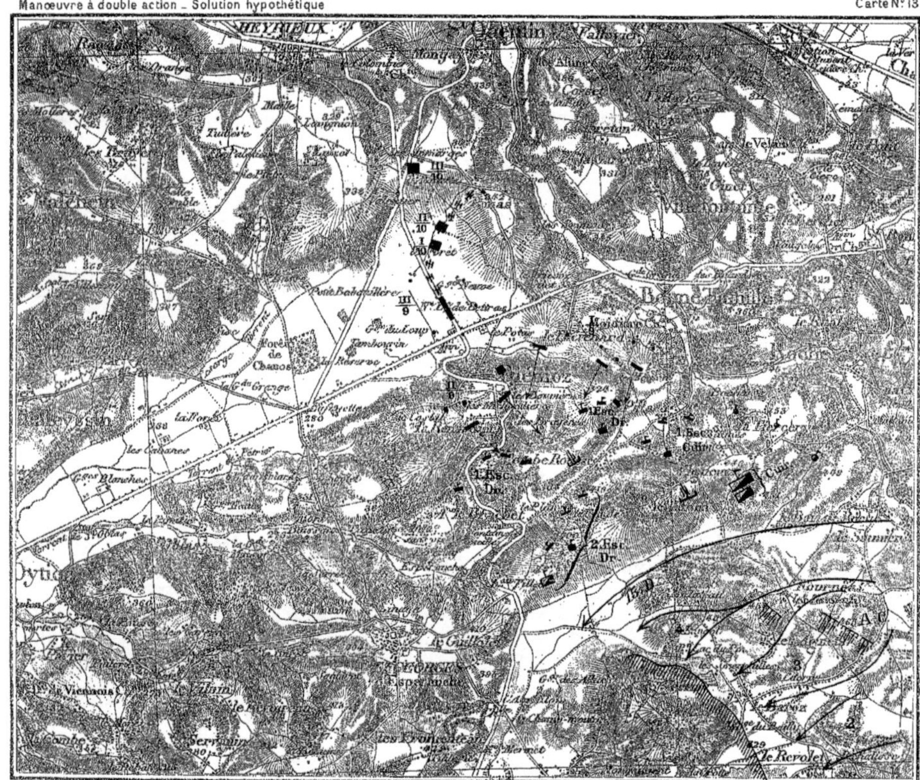

Extrait de la Carte de France au 80.000e

Échelle au 50.000

0 1 2 3 4 Kil.

Général de Lacroix. Un voyage d'État-Major de Corps d'Armée

Manœuvre à double action _ Solution adoptée

Carte N° 13 bis

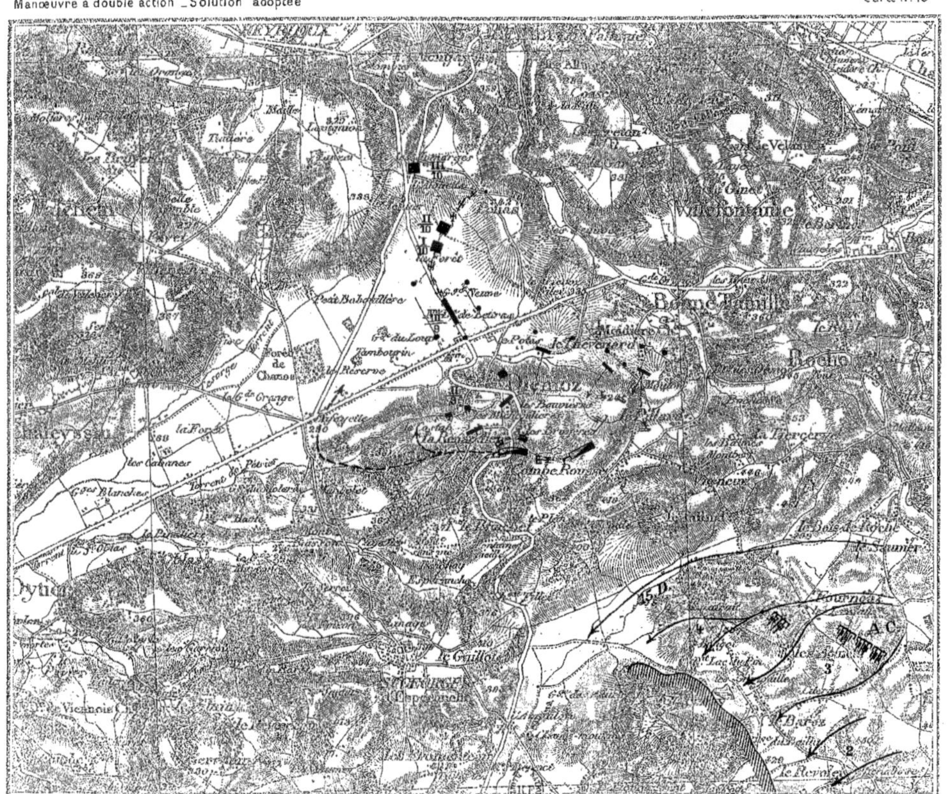

Extrait de la Carte de France au 50.000e

Échelle au 50.000

0 1 2 3 4 Kil.

Général de Lacroix. Un voyage d'État Major de Corps d'Armée

www.ingramcontent.com/pod-product-compliance
Ingram Content Group UK Ltd.
Pitfield, Milton Keynes, MK11 3LW, UK
UKHW020440200726
13857UKWH00002B/504

9 782012 932906